KRAFT FÜR EINEN NEUBEGINN

Melody Beattie

KRAFT FÜR EINEN NEUBEGINN

Wie man aus Krisen gestärkt hervorgeht

Ins Deutsche übertragen
von Gabriel Stein

WILHELM HEYNE VERLAG
MÜNCHEN

Die Originalausgabe erschien 1999 unter dem Titel
PLAYING IT BY HEART. Taking Care of Yourself No Matter What
bei Hazelden, Center City, Minnesota, USA

Umwelthinweis:
Dieses Buch wurde auf chlor- und säurefreiem Papier gedruckt.

Copyright © 1999 by Melody Beattie
Copyright © 2000 der deutschen Ausgabe by
Wilhelm Heyne Verlag GmbH & Co. KG
Umschlaggestaltung: Eisele Graphik-Design, München
Umschlagfoto: Lukasseck, Zefa
Satz: Leingärtner, Nabburg
Druck und Bindung: RMO, München
Printed in Germany

ISBN 3-453-17986-2

Inhalt

Widmung 7

Eine Verabredung mit dem Schicksal 10

Versprechen, Versprechen 30

Spring! 54

Dieses alte Haus 165

Bis zum Äußersten 208

Atme! 229

Obsession 249

Frieden und Krieg 265

Peng! 290

Spring noch einmal! 310

Danksagung 327

Widmung

Ich nehme an, viele Leser überschlagen die Widmungsseite einfach, ohne sie weiter zu beachten – es sei denn, der Verfasser hat sie informiert, dass ihr Name, korrekt geschrieben, auf dieser Seite erscheint. Doch für mich als eine etwas (und, wie ich aufrichtig hoffe und glaube, wirklich nur *etwas*) neurotische und immer noch co-abhängige Schriftstellerin hat die Widmungsseite eine ganz besondere Bedeutung. Indem ich mir begreiflich mache, für wen ich schreibe, wird mir klarer, was ich zu sagen habe – und, wichtiger noch, wie ich es sage. Vor allem aber werde ich dadurch motiviert, nochmals den Weg über die glühenden Kohlen der Sorge, Angst und Verwirrung, der Selbstanklage, Ichbezogenheit und Launenhaftigkeit, der Faulheit und der vorwurfsvollen Stimmen aus der Vergangenheit zu wagen. Dem gewohnheitsmäßigen Hang zur Zerstreuung musste ich ebenso Einhalt gebieten wie dem Hang, mich vorrangig den Dramen anderer Menschen zu widmen. Auch Apathie, Unsicherheit, Verschlossenheit gegenüber anderen Menschen und düstere Gedanken waren erst einmal zu überwinden. Aber das geht wohl den meisten Autoren so, wenn sie ein Buch beginnen.

Vor vielen Jahren besuchte ich auf einem Volksfest in Stillwater, Minnesota, ein Schweinerennen. Junge Schweine wurden auf einer Rennbahn losgelassen, die einer Pferderennbahn ähnelte, allerdings kleiner und kürzer war. Ein Teller mit Plätzchen motivierte die Schweine dazu, aus der Startmaschine zu preschen, immer schneller zu rennen und mit den anderen zu wetteifern. Der Gewinner bekam alles. Obwohl die Gründe, warum sie losstürmten, möglicherweise vielschichtiger waren und von zahlreichen äußeren Einflüssen abhingen, sind Schweine doch einfältige Wesen. Sie hatten es allein auf die Plätzchen abgesehen, und das genügte ihnen. Auf einer subtilen, aber zutiefst geistigen Ebene ergeht es mir genauso: Indem ich mir verdeutliche, wem ich das Buch letztlich zueigne, erhalte ich den entscheidenden Anstoß.

Nachdem ich nun – mit dem vorliegenden – insgesamt elf Bücher und ebenso viele Widmungen geschrieben habe, ist die Liste derer, die für eine solche Ehre infrage kommen, doch recht klein geworden.

Als ich nach der Initialzündung zur Niederschrift des vorliegenden Textes suchte, stieß ich auf die Figur der Fetten Dame in J. D. Salingers Roman *Franny und Zooey*. Franny ist eine Schauspielerin, die nicht mehr spielen will. Sie sieht nicht ein, warum sie sich weiterhin einem Beruf verschreiben soll, der ihr nun egoistisch und sinnlos erscheint.

Ihr Bruder Zooey versucht, sie davon zu überzeugen, dass es bei ihrer künstlerischen Arbeit nicht um sie selbst geht, sondern darum, dem Publikum etwas zu geben: »Das einzige Anliegen eines Künstlers besteht darin, irgendeine Art von Perfektion zu erreichen«, sagt er, »und zwar nach seinen eigenen Maßstäben, nicht nach denen irgendeines anderen. Ich schwöre dir, du hast kein Recht, daran zu zweifeln.«

Dann erinnert Zooey seine Schwester daran, was ihnen ihr Bruder Seymour, bevor er Selbstmord beging, beibrachte, als sie noch zu dritt in einer wöchentlichen Radiosendung auftraten.

Die Begebenheit fand statt, als Zooey eines Tages von Seymour aufgefordert wurde, sich vor der Radiosendung die Schuhe zu putzen. Das machte Zooey wütend. Er sagte zu seinem Bruder, alle Hörer seien, wie der Ansager und die Sponsoren, Idioten und er denke, verdammt noch mal, überhaupt nicht daran, seine Schuhe zu putzen, weil sie ohnehin niemand sehe. Daraufhin legte Seymour ihm nahe, seine Schuhe für die Fette Dame zu putzen.

Zooey wusste nicht genau, wer diese Fette Dame war, aber er stellte sich eine Frau vor, die den ganzen Tag auf ihrer Veranda saß, Fliegen totschlug und von morgens bis abends dem plärrenden Radio lauschte. Wahrscheinlich hatte sie auch Krebs. Und von da an putzte Zooey seine Schuhe – allein für diese Dame.

Und Franny erinnert sich, wie Seymour ihr einmal empfahl, der Fetten Dame zuliebe komisch zu sein. Auch sie hatte keine Ahnung, um wen es sich handelte, und malte sich eine Frau mit dicken Beinen aus, die in einem Korbstuhl saß und Radio hörte, derweil sie sich von ihrer Krebserkrankung erholte.

»Doch ich werde dir ein großes Geheimnis verraten – hörst du mir zu?«, fragt Zooey seine Schwester. »Jeder da draußen ist Seymours Fette Dame. Bist du dir darüber nicht im Klaren? Kennst du dieses ... Geheimnis noch nicht? Und weißt du nicht – hör mir jetzt bitte genau zu – weißt du nicht, wer diese Fette Dame eigentlich ist? ... Ach, meine Liebe ... es ist Christus selbst.«

Die Fette Dame wurde plötzlich zu meiner Initialzündung, zu meiner siegreichen Kandidatin für die Widmung, zu meinem Teller mit Plätzchen.

Ihr widme ich dieses Buch.

Eine Verabredung mit dem Schicksal

Die erste Geschichte, die ich Ihnen erzählen möchte, handelt von jenem Tag, an dem mein Schicksalsarmband zerriss, und davon, was das für mich bedeutete. Auch Ihnen mag diese Geschichte bedeutsam erscheinen.

Ich stand auf einem dieser Do-it-yourself-Autowaschplätze in Espanola, Neu-Mexiko, und beobachtete Scotty – *oder das, was von ihm noch übrig war* –, wie er tapfer und pflichtbewusst meinen Wagen wusch, einen burgunderfarbenen Infinity mit Vierradantrieb; wie er die Sachen hinter dem Rücksitz mindestens zum zwölften Mal in den drei Tagen, die wir jetzt zusammen verbracht hatten, neu ordnete und dann die Sitze und Fußmatten saugte.

Espanola ist eine Stadt mit gut 8000 Einwohnern, etwa 16 Kilometer westlich von Chimayo, das wiederum 40 Kilometer nordwestlich von Santa Fe liegt. In Chimayo – einer Kleinstadt mit einer Kirche, dem Santuario de Chimayo, weltweit bekannt für seine heilsamen Kräfte – leben rund 2700 Menschen. Man bezeichnet diese Stätte auch als das amerikanische Lourdes; ich besuche sie oft, wenn ich mich mit der geistigen Energie verbinden muss. Scotty hatte sich dort zu mir gesellt, und seine Gegenwart war ebenso unerwartet und doch selbstverständlich gewesen wie im ganzen Verlauf unserer immer wieder unterbrochenen und neu begonnenen Beziehung, die inzwischen seit 25 Jahren andauerte.

Ich hatte vorgeschlagen, durch eine jener Autowaschanlagen zu fahren, in denen man sich um nichts kümmern muss, aber Scotty sagte: »Nein, fahr in die hier.« Früher hätte ich ihm widersprochen.

»Das ist co-abhängiges Verhalten«, sagte ich gewöhnlich. »Du brauchst dich nicht so anzustrengen.«

»Nicht alles ist *co-abhängig*«, antwortete er dann. »Du benutzt diesen Ausdruck, um mein Verhalten zu beschreiben, obwohl er überhaupt nicht beschreibt, *warum* ich tue, was ich tue. Ich habe einfach Lust, den Wagen zu waschen und ihn in Ordnung zu halten. Das ist Männersache, und ich fühle mich wohl dabei, wenn ich's so mache.«

Wir hatten diese Diskussion schon so oft geführt, dass wir sie nicht nochmals wiederholen mussten. Ich ließ sie einfach in meinem Kopf ablaufen und schwieg. Abgesehen davon haderte ich mit mir selbst. Ich fühlte mich zutiefst schuldig, als ich zuschaute, wie er arbeitete, wie er seinen zerbrechlichen Körper bewegte, um zu waschen, zu sortieren und zu saugen. Mir war klar, dass jeder Schritt, jede Muskelanspannung all seine Kraft und Konzentration erforderte. *Wenn er schon darauf besteht, dass wir's selber machen, dann könnte er wenigstens ruhig dasitzen und mich die Arbeit tun lassen. Melody, sei still*, ermahnte ich mich. *Du weißt doch, wie wichtig ihm das Gefühl ist, gebraucht zu werden und nützlich zu sein. Lass ihm seine Würde. Wenn er jetzt dir zuliebe den Wagen säubert, dann empfindet er Würde und Sinn.*

Es war ja so einfach, auf niemanden wegen irgendetwas angewiesen zu sein – mich einfach abzuschotten und alles selber zu machen. Doch statt jetzt etwas zu sagen, hielt ich bewusst meinen Mund.

In diesem Augenblick blickte ich nach unten und merkte, dass mein Armband verschwunden war.

Ich spürte, dass am linken Handgelenk etwas fehlte.

Wie ein Windstoß stieg mir eine Welle der Angst vom Bauch in die Kehle hoch.

Meine rechte Hand berührte unwillkürlich die Stelle, wo sich das Armband befunden hatte. Ich wollte nicht, dass es weg war, konnte mich mit dem Gedanken überhaupt nicht anfreunden, dass es verloren gegangen war. Neun Monate hatte ich es getragen, und es gehörte inzwischen zu meinem Körper. Scotty war damit beschäftigt, auf der Fahrerseite zu saugen. Ich ging von der offenen Beifahrertür zur Rückseite des Wagens.

Dort, auf dem ölbefleckten Zement, lagen die winzigen, durchsichtigen Perlen, gelb und jadegrün. Einige hingen noch an der dünnen weißen Schnur, die anderen waren ringsum verstreut.

Ich wollte mich bücken, doch dann fielen mir die Worte des Babalawo ein. »Wenn es reißt, dann lässt du die Perlen dort liegen, wo sie hingefallen sind«, hatte er gesagt, als er das Armband an meinem Handgelenk befestigte. »Berühre sie nicht. Heb sie nicht auf. Geh einfach weg.«

Und er fügte hinzu: »Vergiss nicht, dich zu verbeugen. Wenn das Band entzweigeht, heißt das, der Tod ist nah. Aber es heißt auch, dass du beschützt wirst. Dann hat das Band seine Aufgabe erfüllt.«

Ich ging um den Wagen herum zu Scotty und zeigte ihm mein Handgelenk.

»Mein Schicksalsarmband ist gerissen«, sagte ich. »Das macht mich ein bisschen nervös. Ich weiß nicht, was es bedeutet.« Ich hielt inne. »Wenn es überhaupt etwas bedeutet.«

Diese Redewendung war für uns zu einem Bonmot geworden, das uns davor bewahrte, einzelne Begebenheiten überzubewerten, ehe wir ihre Bedeutung erkannt hatten. Sie hielt uns davon ab, etwas verstehen zu wollen, bevor die Zeit reif dafür und die Lektion deutlich war. Sie führte uns von den Abstraktionen im Kopf – unserem bevorzugten »Aufenthaltsort« – zur unmittelbaren Erfahrung.

Scotty beendete seine Tätigkeit und wandte mir seinen zerbrechlichen Körper zu. »Vielleicht bedeutet es, dass es Zeit ist, ein neues Armband zu bekommen«, sagte er.

»Oder ein neues Schicksal«, fügte ich murmelnd hinzu.

Er reichte mir einen Lappen und forderte mich auf, in den Wagen zu steigen und zu wischen. Ich begann mit den Scheiben, froh, etwas zu tun zu haben. Ich wollte nicht wieder in Tränen ausbrechen, die mir in den letzten drei Tagen immer wieder gekommen waren, sobald ich Scotty genauer betrachtete und offen blieb für das, was ich sah und fühlte.

Eine Weile stand er da und schaute mir zu, wie ich versuchte, die Scheiben von innen zu säubern. Aber je mehr ich wischte, desto größer wurden die Streifen. Schließlich nahm er mir den Lappen weg. »Diese Art Lappen musst du erst mal feucht machen, sonst hat das alles keinen Sinn«, sagte er. »So ist das nun mal vorgeschrieben.« Er entfernte sich ein wenig und drehte sich zu mir um. »Aber dann sagst du doch immer: *Es gibt keine Vorschriften und Regeln.*«

»Das habe ich nicht gesagt«, warf ich ein.

»Doch, hast du«, erwiderte er.

Auch ich erinnerte mich an dieses Gespräch. Es ähnelte eher einer ständigen Auseinandersetzung, die begonnen hatte, als er etwa ein Jahr nach dem Tod meines Sohnes Shane wieder in mein Leben getreten war. Scotty beharrte darauf, dass es sehr wohl gewisse Regeln gebe. Darunter verstand ich – wie in den meisten Lebensabschnitten zuvor – ein strenges Regelsystem, das alles in »richtig« und »falsch« einteilt, ein rigides, beengendes Verhaltensmuster, dem kein Mensch folgen kann. Ich sagte, dass ich außerstande sei, mein Leben zu meistern, wenn ich mich in dieser Weise beurteilte. Dann befände ich mich in einem permanenten Zustand des Selbsthasses.

»Es gibt keine Regeln und Vorschriften«, insistierte ich, »nur Lektionen.«

»Doch, es gibt Regeln«, entgegnete er. Jetzt ging mir ein Licht auf. Er meinte damit jene Funktionsmechanismen, die die Welt im Innersten steuern, die universalen Gesetze, die überlieferten Grundsätze. Als er damals zu mir zurückkehrte, wusste ich nicht, welche Lektion diese Erfahrung für mich enthielt. Es dauerte acht lange Jahre, bis ich allmählich begriff: Er war dabei, mir jene Gesetze nahe zu bringen.

Vor allem aber rettete er mir damals das Leben. Auf einer tiefen, fast unerforschlichen Ebene, die man manchmal erreicht, hatte ich aufgegeben und zugemacht.

Scotty hatte mich dann ins Dasein zurückgeführt, mir neue Kraft gegeben. Während unserer Diskussionen, unserer Aufenthalte am Strand, in den Bergen und in der Wüste hatte er meine Lebensgeister geweckt. Selbst die Auseinandersetzungen im Auto – es war die Hölle, auf einer Fahrt quer durchs Land mit ihm im Auto eingesperrt zu sein – hatten zu meiner Wiedergeburt beigetragen.

»Du streitest gern mit mir«, sagte er. »Ich bin der Einzige, der den Mut hat, das mit dir zu tun. Dadurch fühlst du dich lebendig. Dadurch merkst du, was in dir vorgeht.«

Er hatte Recht.

Er war mein Freund, mein Liebhaber und mein geistiger Lehrmeister.

Und jetzt ließen *seine* Kräfte immer mehr nach.

Ich konnte nichts dagegen tun, nur beobachten, zuhören und ihn den Wagen selber waschen lassen, wenn das sein Wunsch war.

Es gab eine Zeit, die noch gar nicht so lange zurück lag, als seine straffe, 83 Kilogramm schwere Gestalt mit kurzem, gewelltem Haar die Leute dazu brachte, ihn auf der Straße anzuhalten und zu fragen, ob er Robert Redford sei. Doch jetzt sah er aus wie ein Fünfsiebzigjähriger und wog nur noch 60 Kilo. Seine Muskeln waren geschwunden – bis auf einige verhärtete Knoten in den Armen. Er glich einem wandelnden, mit Haut überzogenen Skelett. Er litt am Guillain-Barré-Syndrom, einer neuromuskulären Erkrankung, die ähnliche Auswirkungen hat wie die Kinderlähmung, sowie unter Hepatitis B. Nun machten sich 25 Jahre exzessiven Alkoholkonsums mit unzähligen Rückfällen und gelegentlichen Trockenphasen bemerkbar, die ebenso unerwartet eintraten wie die Trunkenheitsphasen, in denen er sich auf dem Weg zum Lebensmittelgeschäft oder zum Meditationskurs plötzlich auf einem Hocker in einer schäbigen Bar wieder fand, ein leeres Bierglas in der Hand. Dieses Leben hatte ihn nun eingeholt.

Der Tod hatte ihn schon fast im Griff.

Ebby Thacher, einer der ersten Teilnehmer am Programm der Anonymen Alkoholiker, jener Zwölf-Schritte-Organisation, die vielen Menschen auf der ganzen Welt hilft, von der Krankheit Alkoholismus zu genesen, war Scottys Vorbild. Ebby hatte die Organisation mit aufgebaut, war aber nicht imstande gewesen, ständig nüchtern zu bleiben. So kam von ihm zwar die Botschaft der Hoffnung, doch er selbst hatte sie nie wirklich verstanden, jedenfalls nicht so, dass sie ihn nicht wieder losgelassen hätte.

Seltsamerweise war Ebbys Geschichte für Scotty Grund genug, Würde, Zuversicht und Sinnhaftigkeit zu empfinden. Sie half ihm, sein Leben sinnvoll zu gestalten. »Die Botschaft ist entscheidend, nicht der Botschafter«, trichterte er mir ein. »Wann kapierst du das endlich?«

Ich brauchte lange, um einzusehen, dass nicht alle Schicksale gleich sind.

In den 25 Jahren, die ich ihn kannte, hatte ich ihn nur selten betrunken erlebt. Ich mochte diesen Anblick nicht, hatte dann keine Lust, mit ihm zusammen zu sein. Denn dann verwandelte sich der starke, zugleich aber sanfte Mann in ein Ungeheuer. So wurde aus dem intelligentesten, großartigsten Lehrmeister, den ich kannte, ein sabbernder, besinnungsloser Schakal, aus dem Menschen, den ich liebte, jemand, der mir völlig fremd war. Scotty wollte nicht, dass ich ihn in solchem Zustand antraf, und wahrscheinlich konnte auch er sich dann nicht ausstehen. Folglich entfernte er sich von mir oder ich mich von ihm.

Genauso wenig aber hielt ich es aus, ihn im jetzigen Zustand zu sehen – einen kaum noch erkennbaren Schatten seiner selbst. Manchmal kniff ich die Augen zusammen, um mir vorzustellen, wie er früher war. Wenn ich mich entspannte und nicht zu streng oder zu genau hinschaute, gab es Augenblicke, da ich ihn fühlen konnte, ihn so fühlte, wie ich ihn gekannt und geliebt hatte – und wie ich ihn immer noch liebte.

Diese Erinnerung stellte sich jedoch nur kurzzeitig ein. Dann erschien wieder das verkümmerte, wandelnde Skelett.

Kurz bevor ich von meinem Wohnort Malibu zu dieser Reise aufgebrochen war, hatte ich einige Papiere durchstöbert, sortiert und geordnet, Überflüssiges weggeworfen und dabei auch eine Postkarte gefunden, die Scotty mir vor einigen Jahren geschickt hatte. Es handelte sich um eine Fotografie von Stephen Hawking, dem Autor von *Eine kurze Geschichte der Zeit*, den viele als einen der brillantesten theoretischen Physiker unserer Zeit rühmen. Man sah, wie Hawking, an einer unheilbaren Erkrankung des motorischen Systems (ALS) leidend, völlig gekrümmt und verbogen in seinem Rollstuhl saß. Auf der Rückseite hatte Scotty ein paar Zeilen notiert, die ein Hawking-Zitat paraphrasierten. Im Laufe der Zeit war dieses Zitat zu einer unserer bevorzugten Redewendungen geworden, zu einer jener kurzen verschlüsselten Botschaften, die sich nahe stehende Menschen einander übermitteln, um dem Gegenüber eine Geschichte zu erzählen, ein Gefühl mitzuteilen – oder um einen Sachverhalt knapp zusammenzufassen.

»Ehe du dir nicht hundertprozentig sicher bist, dass du am Galgen enden wirst, fährst du nicht in einem kleinen Boot aufs Meer hinaus, über dem der Sturm tobt«, hatte Scotty hingekritzelt. »Alles ist vorherbestimmt, aber du kannst dich auch so verhalten, als ob es anders wäre.«

ㄨ

Mein Schicksalsarmband hatte ich im Frühjahr 1998 in Los Angeles bekommen. Mein Freund Francisco hatte mich mitgenommen, um es zu besorgen. Ich sollte dabei den Babalawo treffen, die ranghöchste Person jener Glaubensrichtung, die Francisco oft geheimnisvoll als »Die Religion« bezeichnete. Dort ist ein Babalawo so etwas wie ein Pfarrer, Priester oder Rabbi. Francisco wusste, dass ich mich in den vorangegangenen Jahren näher mit den Weltreligionen beschäftigt hatte. Ich war in Ägypten gewesen und hatte mit den Muslimen gebetet, meditiert und aus ihrer Liebe, ihrem Respekt gegenüber Mohammed meine Lehren gezogen. Ich war durch Israel gewandert, hatte das Grab Davids besucht und die schöne, rituelle Religion des Judentums in Augenschein genommen. Ich war in die Stadt Safed marschiert und dort auf die Heimat und die Wurzeln der Kabbala gestoßen. Ich war ins Tote Meer gewatet, das derart salzhaltig ist, dass man sich mit gekreuzten Beinen auf der Oberfläche treiben lassen und Zeitung lesen kann. Ich hatte am See Genezareth gesessen und mich gefragt, wie es wohl damals gewesen sei, als die Menschen hinausblickten und Jesus übers Wasser wandeln sahen. Ich war in der Altstadt von Jerusalem die Via Dolorosa hinuntergegangen, die heute eine enge Straße mit Kopfsteinpflaster ist und über einen Marktplatz voll kleiner Geschäfte führt. Vor 2000 Jahren hatte Christus sein Kreuz hier entlang getragen, wissend, dass man ihn bald daran nageln würde. Ich wollte diese Religionen nicht nur durch Bücher kennen lernen, obwohl auch die Lektüre mir neue Einblicke gewährte. Vielmehr wollte ich gleichsam an ihrer Wiege stehen, mit den Leuten reden und speisen, ihnen zuhören, wenn sie von ihrem Leben, ihren Leiden, Kämpfen, Gebeten, Hoffnungen und Überzeugungen berichteten. Deshalb war Francisco der Meinung, dass es für mich interessant und nützlich wäre, mit dem Babalawo zu sprechen.

»In meiner Religion«, sagte Francisco, »glauben wir, dass es nur einen Gott gibt. Und wir glauben an Jesus Christus. Außerdem glauben wir, dass Gott das Weltall und diese Erde mit gewissen Mächten oder Kräften ausgestattet hat. Der Babalawo besitzt spezielle Rechte. Er ist ein heiliger Mann und der Einzige, der mit jener Macht oder Kraft, die von den Menschen als *Schicksal* bezeichnet wird, kommunizieren darf.«

Für mein Treffen mit dem Babalawo hatte ich an jenem Morgen zunächst meine übliche Straßenkleidung angelegt: eine dunkle Hose, einen hellen Pullover und schwarze Schuhe. Ich wollte schon aus der Tür gehen und draußen auf Francisco warten, aber irgendetwas stimmte nicht. Ein quälender Gedanke ging mir durch den Kopf, veranlasste mich, etwas anderes anzuziehen. Auf meinen Reisen war mir klar geworden, dass in einigen Religionen der weißen Kleidung höchste Bedeutung zukommt. Bevor ich während meines ersten Aufenthalts in Ägypten die Pyramiden aufsuchte, um darin zu meditieren, hatte mein Freund und Lehrmeister Essam darauf bestanden, dass ich ganz in Weiß gekleidet sein müsse, wenn ich die von ihm so genannten »Besonderen Kräfte« empfangen wolle. Ich hatte mich zunächst lächerlich und unsicher gefühlt, zumal ich mir ein weißes Tuch als Turban um den Kopf wickeln sollte, aber dann sah ich ein, dass die Gläubigen mit der weißen Kleidung ihre Demut, Reinheit und Achtung zum Ausdruck brachten. Weiße Kleider anzuziehen war ein Akt der Liebe, obgleich ich das damals noch nicht ganz verstanden hatte.

Ehe Francisco eintraf, wechselte ich schnell mein Outfit und schlüpfte in weiße Sachen: von der Unterwäsche bis zu den Schuhen. Anstelle der Hosen trug ich nun einen langen weißen Rock. Anschließend bedeckte ich meinen Kopf mit einem weißen Schal, den ich hinten zusammenknotete. Als ich zur Tür hinausging, überprüfte ich meine äußere Erscheinung im Spiegel. Ich sah seltsam aus, irgendwie altmodisch, ja altertümlich, und präsentierte ein völlig anderes Bild von mir als sonst. Ich zuckte mit den Schultern und trat aus dem Haus. Diese Begegnung war zwar wichtig für mich, aber es handelte sich nicht um eine Verabredung zum Ausgehen. Mein Aussehen war weniger bedeutsam als die Botschaft, die es übermittelte.

Nach fast zweistündiger Autofahrt erreichten wir das Haus des Babalawo – ein einfaches Gebäude mit einem großen, gepflegten Vorgarten in einer Gegend von Los Angeles, die ich noch nie besucht hatte. »Es ist für dich eine Ehre und ein Privileg, den Babalawo treffen zu können«, sagte Francisco, als wir aus dem Wagen stiegen und zum Tor gingen. »Die Menschen meines Glaubens schließen ihre Herzen und Häuser nicht oft für Fremde auf. Doch du gehörst zu den Glücklichen.«
Wir läuteten. Wenige Augenblicke später öffnete sich die Tür. Ich entspannte mich sofort, froh um meine weiße Kleidung. Der Babalawo, der angeblich mit starken Energien in Verbindung stand, wirkte ganz anders, als ich ihn mir vorgestellt hatte. Er war klein, ein wenig untersetzt, hatte dunkles, kastanienbraunes Haar und einen unschuldigen, freundlichen, zugleich aber einprägsamen, sanften Gesichtsausdruck. Er war von Kopf bis Fuß – von Hemd und Hose bis zu Socken und Schuhen – vollständig in makelloses Weiß gehüllt.
Vielleicht war dies ja doch eine Verabredung.
Er führte uns ins Innere des Hauses, in einen kleinen, gemütlichen Raum mit einem großen Schreibtisch aus Holz. Eine Weile redeten wir über dieses und jenes. Der Babalawo erzählte, dass er in Kuba geboren und als Jugendlicher in die Vereinigten Staaten gekommen sei. Eine Zeit lang habe er in Florida gelebt und sei dann vor einigen Jahren nach Los Angeles gezogen. Seine Mutter, eine ältere Dame, die sowohl Zerbrechlichkeit als auch Stärke ausstrahlte, servierte mir ein Tässchen mit etwas dicker, schwarzer Flüssigkeit. Sie schmeckte süß und wärmte meine Kehle.
»Kubanischer Kaffee«, sagte Francisco, »ist er nicht köstlich?«
Ich nickte.
Dann räusperte sich der Babalawo, und ich fühlte mich ein wenig eingeschüchtert. Ich wusste nicht, was ich erwarten sollte. »Ich bin sehr beeindruckt, dass Sie sich in Weiß gekleidet haben und einen Rock tragen«, sagte der Babalawo. »Auf

diese Weise respektieren Sie meine Stellung, meine Religion – und mich als Mann. Viele Leute kommen in Shorts. Das ist ein seltsamer Aufzug, wenn man mit dem Sprecher der Schicksalsmacht zu reden gedenkt. Weiß ist die Farbe, die man tragen muss, wenn man geistige Kraft empfangen möchte.«

Dank seiner Worte und seines Kompliments entspannte ich mich ein bisschen. Aber ich fühlte mich noch nicht ganz wohl. Mir war, als wäre ich in einer anderen Welt, einer anderen Zeit, einem anderen Land, obwohl ich Kalifornien nicht verlassen hatte. Dann endete der Smalltalk, und wir kamen zum eigentlichen Anlass unserer Begegnung. Der Babalawo bat mich, meinen Namen zu buchstabieren, einschließlich meines Mädchennamens. Dann reichte er mir zwei Steine mit der Aufforderung, sie zu schütteln, dann einen in jede Hand zu nehmen und sie ihm einzeln zurückzugeben, damit er den Stein sehen könne, den die jeweilige Hand gehalten habe.

Er stellte keine Fragen und arbeitete konzentriert. Jedes Mal, wenn ich die Steine schüttelte und meine Hände ausstreckte, las er in einem Buch nach und machte sich einige Notizen. Mit jeder Notiz wirkte er umso verwirrter.

Er sprach kurz mit Francisco auf Spanisch und wandte sich dann an mich. »Ich habe in den Aufzeichnungen nachgesehen«, sagte der Babalawo. »Zuerst konnte ich nicht glauben, was Sie über Ihr Leben berichteten, über das, was Ihnen widerfahren ist. Also prüfte ich das Ganze noch einmal. Es scheint alles zu stimmen. Aus den Aufzeichnungen geht hervor, dass Sie als Kind misshandelt wurden. Ihre Ehe scheiterte. Dann ist offensichtlich Ihr Sohn, den Sie sehr geliebt haben, in jungem Alter gestorben. Sogar der Mann, der Ihr geistiger Lehrmeister war, hatte mit seinen Dämonen und seiner Schattenseite zu kämpfen.«

Der Babalawo neigte sich zu mir. »Solche Dinge widerfahren einem nur sehr selten, aber wenn nicht alles täuscht, sind Ihnen viele davon zugestoßen. Wie haben Sie es geschafft, nicht den Verstand zu verlieren, nicht verrückt zu werden?«

Seine Frage löste weitere Fragen in mir aus. Was wollte er mir eigentlich sagen? Dass mein ganzes Leben ein einziger Irrtum war? Das hatte ich mir auch schon oft gesagt. Bestätigte er nur eine meiner tiefsten Ängste? Hatte Gott oder das Schicksal mich vergessen, mich übersehen? Und wer behauptete, dass ich nicht verrückt geworden war? Einige meiner Verhaltensweisen waren jedenfalls völlig absurd gewesen.

Nachdem ich seinen betroffenen und ungläubigen Blick bemerkt und er mir mitgeteilt hatte, die Aufzeichnungen ein zweites Mal auf ihren Wahrheitsgehalt überprüfen zu müssen, lag mir eine Frage besonders am Herzen. Ich konnte sie nicht länger für mich behalten.

»Was wollen Sie mir sagen? Vielleicht, dass das alles ein Irrtum war?«

Er schaute wieder in die Aufzeichnungen. »Es musste so sein«, erwiderte er ruhig. »Es war Ihr Karma. Ihr Schicksal.«

»Was ist Karma?«, fragte ich sofort. Der Begriff »Karma« war mir nicht neu. Seit Jahren schon hatte ich Leute darüber sprechen hören. Einige meinten, er bedeute, dass alles, was du tust, durch die Welt zirkuliert und am Ende wieder vor deiner eigenen Türe landet. Andere – besonders jene, die an Reinkarnation glauben – betrachteten Karma als einen universellen Balanceakt. Wenn wir gewisse zwischenmenschliche Angelegenheiten noch nicht erledigt haben – weil Gefühle nicht aufgearbeitet wurden, weil eine Misshandlung weiterhin Schmerzen verursacht oder weil die Macht ungleich verteilt ist –, dann werden wir die betreffenden Personen immer wieder treffen, bis die Probleme geklärt sind und die Waagschale nicht mehr nach einer Seite ausschlägt. Wir schulden diesen Leuten etwas, oder sie schulden uns etwas. Ob die unerledigte Angelegenheit aus diesem Leben oder einem früheren stammt – wir begegnen den Menschen so lange, bis unsere Schuld oder die ihre beglichen ist. Was wir dem anderen schulden, mag einfach nur darin bestehen, dass wir Mitgefühl zeigen oder die Wahrheit offenbaren müssen. Oft beinhaltet das Karma ein schuldhaftes Verhalten, als hätte jemand etwas falsch gemacht. Deshalb wollte ich genau wissen, was der Babalawo mit dem Satz »Es war Ihr Karma« meinte.

»Ihr Karma ist das, was Sie erleiden mussten«, sagte er. »Karma bedeutet: die Vergangenheit in die Zukunft überführen, die frühere Negativität nutzen, um etwas Neues zu entwerfen.«

Was er mir zu verstehen gab, überstieg fast meine Aufnahmefähigkeit. All diese Umschwünge und Wendungen in meinem Leben waren also Umschwünge und Wendungen des Schicksals, wurden verursacht durch die Hand oder, wie ein Freund sagt, den Finger Gottes?

»Die Aufzeichnungen enthalten auch eine besondere Warnung. Ich habe sie bereits im Leben anderer Menschen gesehen. Sie müssen sich vom Alkohol fern halten. Und riechen Sie nicht an den Blumen.«

Mit einem verwirrten Gesichtsausdruck wandte ich mich Francisco zu.

»Nicht an den Blumen riechen heißt, nicht mit Drogen in Berührung kommen«, erklärte Francisco. »Der Babalawo meint: Wenn du trinkst oder Drogen nimmst, wirst du, angesichts der Spuren, die das Schicksal bei dir hinterlassen hat, verrückt werden. Du drehst durch.«

»Was arbeiten Sie?«, fragte der Babalawo.

»Ich bin Schriftstellerin«, antwortete ich. »Früher schrieb ich für Zeitungen. Jetzt schreibe ich Bücher.«

»Ich verstehe«, sagte er. »Schreiben Sie romantische Erzählungen, Bücher über die Liebe?«

Zu Beginn meiner schriftstellerischen Laufbahn hatte ich vorgehabt, Liebesromane zu schreiben, aber auch diese Absicht war der Veränderung unterworfen gewesen. Als ich mich hinsetzte, um mein erstes Buch über die Liebe zu schreiben, wurde mir klar, dass ich sie nicht verstand, zumindest nicht in ihrer romantischen Form. Also schrieb ich Bücher über andere Themen. Ich konnte diesem Mann weder meine

Co-Abhängigkeit erklären noch ihm sagen, dass es nicht nur darum ging, wie ich mit meinem Leben fertig geworden war, sondern vor allem darum, dass mich die Co-Abhängigkeit wahnsinnig gemacht hatte.

»Ich schreibe Bücher über Spiritualität, über das Leid und das Verlustgefühl, das ich ertragen musste, über die Lehren, die ich aus jeder Erfahrung gezogen habe, und darüber, was zu meiner inneren Heilung beitrug«, antwortete ich.

Der Babalawo betrachtete mich aufmerksam. »Sie haben einen obsessiven Geist«, sagte er. »Davor müssen Sie sich in Acht nehmen.«

Ich lehnte mich nach vorn, bereit, mich zu verteidigen, darzulegen, dass Obsession und Passion eng miteinander zusammenhängen – und wie die Obsession mir half, die Dinge in den Griff zu bekommen. Dann entspannte ich mich. Vielleicht verstand dieser Herrscher über das Schicksal die Co-Abhängigkeit besser, als ich dachte.

»Glauben Sie, dass jeder von uns frühere Leben hatte?«, fragte er mich. Ich erwiderte, dass ich mir darüber nicht schlüssig sei. In meinen Augen handele es sich um eine unbewiesene Hypothese.

Der Babalawo sagte, die Vorstellung von früheren Leben sei wahr.

»All die Verluste und negativen Energien, die Sie umgeben, müssen bereinigt werden«, fuhr er fort. »Diese wurden von der Großmutter Ihres Vaters an seine Mutter weitergegeben, dann an ihn und schließlich an Sie. Desgleichen von Ihrer Großmutter mütterlicherseits an Ihre Mutter und schließlich an Sie. Es ist wie ein Fluch.«

Ich folgte ihm in ein kleineres, besonderes Zimmer, das er nach hinten, zu einem Garten voller exotischer Blumen und Kräuter hin, angebaut hatte. Er setzte sich auf eine Strohmatte vor einem runden, mit Sand bedeckten Holztisch. Ich setzte mich ihm gegenüber auf einen kleinen, türkisfarbenen Hocker, öffnete die Hände, die Innenflächen nach oben, und legte sie auf meine Knie – ein Zeichen für ihn und für Gott, dass ich bereit war, ihre Segnungen zu empfangen.

Der Sprecher des Schicksals begann nun, auf dem Sandtisch konzentriert und hingebungsvoll zu arbeiten. Er sagte, dieser runde Tisch, dessen äußeren Rand Markierungen zierten, während der Sand gleichmäßig um die Mitte verteilt war, stehe für mein Leben. Er zeichnete Spuren in den Sand und richtete ständig Gebete an Gott. Neben ihm lag eine kleine Papiertüte mit Inhalt, die mit einer Schnur zugebunden war. Gelegentlich machte er eine kurze Pause, berührte mit der Tüte meine Stirn, meine Unterarme, mein Herz und machte das Kreuzzeichen. Dann berührte er mit der Tüte meine Füße, meine Knie, meine Hände, den oberen Teil meines Kopfes und verband so meinen Körper mit jener Serie von Zwischenfällen, Ereignissen, Menschen und seltsamen Begebenheiten, die ich als »mein Leben« bezeichnete.

Trotz meines inneren Widerstandes fühlte ich mich allmählich wie hypnotisiert, angezogen von Raum und Zeit einer anderen Welt. Fast konnte ich das Schlagen von Trommeln hören, den Herzschlag des Universums, der mir den Takt schlug, während ich an jenen anderen Ort geführt wurde.

In den nächsten drei Stunden sprach der Babalawo mit mir über alle Dinge unter der Sonne, dem Mond und den Sternen. Er sagte mir vieles über mich und mein Leben, das niemand anders wissen konnte. Ich warf ein, dass ich einige Fragen hätte, sogar viele Fragen, und diese mystische Macht, dieser Herrscher über das Schicksal, erklärte mir nun geduldig einige Geheimnisse des Lebens – zum Beispiel auch, warum die Dinge so sein mussten, wie sie waren, wie sie sind und wie sie sein werden.

Am Ende unserer Begegnung befestigte der Babalawo das zarte Perlenarmband an meinem Handgelenk. »Schließ einen Pakt mit dem Tod«, sagte er, »und schwöre feierlich, dass du nicht gehst, bevor deine Zeit gekommen ist.«

Es war eine Zwiesprache mit dem Schicksal, und darum willigte ich sofort ein. Ich wusste immer noch nicht, ob ich an ein früheres Leben glaubte. Aber schon die geringste Wahrscheinlichkeit, zurückkehren und mit den gleichen Menschen die gleichen Erfahrungen noch einmal machen zu müssen, war bedrohlich genug, um mich wach und lebendig zu halten.

»Ein weiterer Verlust bahnt sich an, aber er kann vermieden werden«, warnte der Babalawo, als ich zur Tür hinausgehen wollte.

Verwirrt drehte ich mich zu ihm um. »Nur einen Augenblick«, bat ich. »Sie haben gerade gesagt, dass mein Schicksal, mein Karma absolut notwendig waren. Und jetzt sagen Sie mir, dass einige Dinge vermieden werden können? Das verstehe ich nicht. Heißt das, dass wir mehr als ein Schicksal haben?«

»Genau. Vor uns dehnen sich ständig zwei parallele Schicksale aus. Das eine ist positiv, das andere negativ. In jeder Situation kann man sich für eines der beiden entscheiden. Sie sind nicht weit voneinander entfernt. Achten Sie einfach stets auf das richtige.«

In diesem Moment ging mir ein Licht auf, wenngleich es noch schwach war. Parallele Universen. Die Zeit war nicht so, wie ich sie mir vorgestellt hatte. Eine Sekunde lang expandierten, ja explodierten meine beschränkten Gedanken über Zeit, Raum, Zukunft und darüber, wie diese Welt funktioniert: Ich berührte den Saum der Möglichkeiten, Wahrscheinlichkeiten und des freien Willens im Universum. Geschehen kann nur, was vorher festgelegt wurde. Aber nicht alles ist in Stein gemeißelt. Wir sind nicht zuletzt deshalb außerstande, die Zukunft klar zu erkennen, weil wir sie im Laufe unseres Lebens mit erschaffen. Wir können uns so viel Zeit wie nötig nehmen, um die Lektion einer bestimmten Geschichte zu begreifen. Wir können sie uns auf ganz unterschiedliche Weise aneignen. Wir können aber auch den Kopf in den Sand stecken und abwarten, bis uns die Klarheit regelrecht aufgezwungen wird, weil wir den Tatsachen ins Auge sehen müssen. Manchmal brauchen wir diesen Schock, brauchen wir diese unvermeidliche, folgerichtige Explosion, um unsere Lektion zu lernen und den eigenen Weg fortzusetzen.

»Das Armband wird Sie beschützen«, sagte der Babalawo, als wir an der Tür standen. »Nehmen Sie es für niemanden ab. Wenn es reißt, heißt das, dass es seine Aufgabe erfüllt hat. Sie werden überleben.«

༄

An jenem Tag, als mein Armband in Espanola, Neu-Mexiko, riss, geschah nichts Schlimmes. Scotty beendete die Autowäsche. Ich nahm auf dem Fahrersitz Platz, er stieg auf der Beifahrerseite ein; dann fuhr ich los.

Unterwegs machten wir bei der Kirche in Chimayo Halt. Wir gingen hinein, sprachen einige Gebete und berührten die heilige Erde, die derart energiegeladen sein soll, dass sie körperliche Krankheiten und seelischen Schmerz auf der Stelle heilt. Auf dem Weg zum Ausgang suchten wir den Priester in seinem Büro auf und baten ihn um einen Segen. Er, Ende 70, machte das Kreuzzeichen auf unserer Stirn und berührte mit seinem Daumen unsere Haut.

Anschließend fuhren wir Richtung Phoenix. An den Tagen zuvor hatte ich Scotty gedrängt, mit mir die heißen Quellen zu besuchen, sich akupunktieren zu lassen und sich wirklich zu konzentrieren, zu beten und zu versuchen, durch Gott geheilt zu werden, sich selbst zu heilen. Doch als mir klar wurde, was ich da tat, dass ich sogar über diesen Teil seines Lebens bestimmen wollte, ließ ich los und fragte ihn stattdessen, was er vorhabe. Er äußerte den Wunsch, nach Phoenix zurückzukehren. Ich sagte, dass ich ihn dorthin bringen würde und dann weiter nach Hause fahren müsse.

Nachdem wir ein Motel gefunden hatten und später am Abend im Bett lagen, schmiegte ich mich an Scotty. »Wirst du wieder mein Mädchen sein?«, fragte er.

»Ja«, versicherte ich ihm. »Wenn du wieder gesund wirst.«

»Heiratest du mich dann?«
»Das haben wir doch schon ausprobiert. Es ging nicht. Ich denke, wir sollten eine unkonventionelle Beziehung führen, so wie wir es schon jahrelang getan haben.«
»Was heißt das?«
»Sobald ich dich wirklich brauche oder du mich, rufen wir den anderen, und dann ist er einfach da. Und wenn es Zeit ist, aufzubrechen, geht jeder wieder zu sich nach Hause.«

Ich dankte ihm für alles, was er mir beigebracht hatte, und dafür, dass er mir geholfen hatte, über den Tod meines Sohnes hinwegzukommen. »Zugleich aber hast du mich verdorben«, sagte ich leise. »Du bist mein Seelengefährte und die Liebe meines Lebens. Ich kann mich auf niemand anderen mehr so einlassen wie auf dich.«

»Das stimmt nicht«, erwiderte er. »Ich habe dich nicht *verdorben*. Vielmehr kannst du jetzt deinen Einsichten nicht mehr entkommen. Du kannst den Kopf nicht mehr in den Sand stecken.«

In dieser Nacht hatte Scotty Schmerzen in den Beinen. Er sei der Schmerzen überdrüssig, sagte er mir. Dann schaute er mich an. »Ich weiß, dass auch du jeden Tag viele Schmerzen ertragen musstest«, sagte er. »Vielleicht schließt sich durch meinen Tod dein Kreis. Vielleicht ist er der letzte fehlende Teil.«

Im Laufe der Jahre hatten wir immer wieder zueinander gefunden, weil zwischen uns gewisse Probleme noch nicht gelöst waren. Sie gehörten zu unserem Tanz einfach mit dazu. Jetzt war ich nicht mehr wütend. Ich ärgerte mich nicht darüber, dass mir dieser Mann nicht das geben konnte, was ich von ihm erwartete. Ich war nicht rachsüchtig, weil Scotty, obwohl er mir geholfen hatte, den Verlust meines Sohnes schließlich zu verschmerzen, für mich zu einem weiteren Verlust geworden war. Ich haderte nicht mit Gott, weil ich ihn loslassen musste. Ich hatte keine Wut auf mich selbst, weil ich nicht so sein konnte, wie er es gerne wollte. Diese altbekannten und zugleich unangenehmen Gefühle waren Schnee von gestern.

Als ich Scotty in Phoenix absetzte, hatte ich das Gefühl, dass dies kein normaler Abschied sei. Wir hatten uns im Lauf der Jahre schon so oft voneinander verabschiedet, und ich wusste nicht, ob oder wann ich ihn wieder sehen würde. Vielmehr war mir, als hätten wir jetzt einen wichtigen Punkt unserer karmischen Angelegenheit geklärt. Ich machte Scotty und meinen Sohn nicht länger dafür verantwortlich, dass ich mich liebesunfähig fühlte. Ich gewann meine Kraft zurück, hörte auf Opfer zu sein, und verließ Scotty ohne gebrochenes Herz.

Allmählich verstand ich nun auch, was der Babalawo gemeint hatte, als er das Schicksalsarmband an meinem Handgelenk befestigte und über die Umkehrung des familiären Fluchs sprach.

Co-Abhängigkeit äußert sich auf vielerlei Weise – in einer geringen Selbstachtung, einem quälenden Gefühl von Unzulänglichkeit und Ungerechtigkeit, im Verzicht auf seelisches Gleichgewicht und auf Stärke, in der Angst vor Kontrollverlust. Aber hauptsächlich wirkt sie wie ein Fluch. Eine Generation gibt ihre Beschränkungen, Schwächen, Neigungen, Gedanken, Überzeugungen, Emotionen und Verhaltensmuster an die nächste weiter, wodurch die Fähigkeit stark beeinträchtigt wird, klar zu sehen, Gefühle wirklich zu empfinden, glücklich zu sein, den eigenen Lebenszweck zu erfüllen, autonom zu agieren und der inneren Kraft zu vertrauen. Wenn wir dann mit einem Elternteil, einem Kind, einem geliebten Wesen, einem Freund oder einem Geschäftskollegen eine Beziehung eingehen, haben wir – wie unser Gegenüber – oft schon so viel dysfunktionalen *Ballast* geerbt, dass beide Seiten glauben, unter einem *Bann* zu stehen. Wir fühlen uns misshandelt, gegeißelt, behindert, sind sprachlos – und haben das fast unkontrollierbare Bedürfnis, es dem anderen heimzuzahlen, ihm das einzutrichtern, was wir selbst unbedingt lernen müssten.

Der Babalawo hatte mir geraten, mein Energiefeld zu bereinigen. Einige Menschen verstehen darunter, dass man die Verstrickungen innerhalb der Herkunftsfamilie aufarbeitet. Ich für meinen Teil erkannte, welch heilbringende Wirkung die produktive Auseinandersetzung mit der Vergangenheit hat.

Ich halte mich zurück und lächle in mich hinein, wenn Leute mir sagen, sie hätten an einem zweitägigen Seminar teilgenommen und dabei die Arbeit an Ihrer Herkunftsfamilie beendet. Durch den Babalawo wurde mir bewusst, dass diese Auseinandersetzung mit dem Gestern viel tiefer geht. Die Wurzeln des eigenen Verhaltens in zwei oder drei Tagen genauer zu untersuchen ist zwar extrem wichtig, doch nur ein Anfang.

An dem Tag, als mein Schicksalsarmband zerriss, stellte ich mir eine entscheidende Frage. Wenn ich mir von vornherein im Klaren gewesen wäre, was im Einzelnen passieren würde – mit Scotty oder meinem Sohn –, hätte ich dann irgendetwas anders gemacht? Hätte ich mich zurückgehalten, mein Herz verschlossen, meine Liebe verweigert, weil diese beiden Menschen mich aller Voraussicht nach ins Unglück stürzen würden? Meine Antwort war ebenso deutlich wie spontan.

Ich würde mich wieder genauso verhalten.

Oder, mit Scottys Worten: »Ich hätte um nichts in der Welt darauf verzichten wollen.«

Versprechen, Versprechen

»Co-Abhängigkeit oder wie immer Sie es nennen wollen – gemeint ist die Eigenschaft, sich von Alkoholikern, Drogensüchtigen oder Menschen mit zahlreichen Problemen angezogen zu fühlen; die Neigung, sich in die Angelegenheiten anderer einzumischen und darin aufzugehen, egal, wie schlecht man sich dabei fühlt – ist ein beschämendes Leiden. Sie hat keinerlei Zauber, keinerlei Würde. Ihre Ursachen, Symptome und Manifestationen rühren von jenen verletzten, schwachen, kindischen Regungen her, die sich niemand gern eingesteht: von der Angst vor dem Verlassenwerden und vor der Autorität, vom Wunsch, zu beschwichtigen und zu gefallen, und von einem schwach ausgeprägten Selbstwertgefühl. Co-Abhängigkeit ist gekennzeichnet durch die verzweifelte Anstrengung, das Unkontrollierbare zu kontrollieren, Liebe und Geborgenheit zu gewährleisten, das Unsichere sicher zu machen. Sie ist gekennzeichnet durch das ohnmächtige Bestreben, auf gewundenen Umwegen Macht zu erlangen.«

Diese treffende Definition von Co-Abhängigkeit findet sich in Mary Allens Buch *The Rooms of Heaven* (Die Räume des Himmels). Darin schildert die Autorin ihre Liebesgeschichte mit Jim, einem Kokainsüchtigen, der später Selbstmord beging, anstatt eine Entziehungskur zu machen und sie zu heiraten. Niemals habe sie kommen gesehen, wie sie sich in der Falle seiner Sucht verstrickte. Oder, genauer gesagt, sie habe es nur unterschwellig kommen gesehen – so wie wir eben manche Dinge ahnen, zugleich aber die Augen davor verschließen. Sie war Jim in Iowa begegnet, und als sie endlich begriff, dass sie es mit einem Kokainabhängigen zu tun hatte, war es schon *zu spät*. Sie saß schon da wie angeschnallt und konnte nicht mehr aussteigen.

Sie war verliebt.

Dies ist eine Geschichte über eine anstrengende Bergtour, über Erfahrungshorizonte, über Punkte, von denen aus es kein Zurück mehr gibt – und über tiefe Verstrickungen, die nur einen Ausweg lassen: den Weg mitten hindurch.

∞

Der Sinai ist ein Gipfel, eigentlich eine Kette von Bergen oder Gipfeln, auf der kahlen Sinai-Halbinsel gelegen, die zu Ägypten gehört. Nach Westen grenzt sie an Ägypten, nach Osten an Israel, Jordanien und Saudi-Arabien, nach Norden ans Mittelmeer, nach Süden ans Rote Meer. In einem Reiseführer wird sie als »tausend Quadratkilometer Nichts« bezeichnet. Eine andere Bezeichnung lautet: »Die Wüste der Sünde«. Mir kam eher das Wort »leblos« in den Sinn.

Es heißt, vor vielen, vielen Jahren, in jener weit zurückliegenden Epoche, die wir heute die vorchristliche nennen, noch vor der Zeit Davids, habe ein 80-jähriger Mann namens Moses eine große Zahl von Israeliten aus Ägypten über die Halbinsel Sinai in das Land geführt, wo Milch und Honig flossen – in das »Verheißene Land«. Jahrhundertelang waren die Kinder Israels in ägyptischer Gefangenschaft gewesen. Während dieser Zeit hatten sie sich innerhalb des bestehenden Gesellschaftssystems zu Handwerkern und Händlern hochgearbeitet. Die Sklaven stellten den größten Teil der ägyptischen Arbeiterschaft und sorgten für das wirtschaftliche Wohlergehen des Landes.

Bibel und Thora zufolge wandte sich Gott eines Tages an Moses und forderte ihn auf, zum Herrscher des ägyptischen Volkes, zum Pharao, zu gehen und diesem zu sagen, er solle »mein Volk freilassen«. Da Moses ein vernünftiger Mann war, widersprach er Gott. Er kannte den Pharao, da dessen Tochter ihn als Säugling im Schilfrohr am Fluss gefunden und dann aufgezogen hatte. (Moses' leibliche Mutter hatte ihn dort versteckt, um ihn vor dem Tod zu retten, weil der Pharao damals aus Gründen der Bevölkerungs- und Geburtenkontrolle befohlen hatte, alle männlichen Nachkommen der Juden sofort nach der Geburt zu töten.) Der Pharao galt als streng und unerbittlich, und Moses wusste, dass er sich einer Befreiung der Sklaven widersetzen würde – eben weil sie aus dem täglichen Leben in Ägypten nicht wegzudenken waren. Ohne sie würde die Wirtschaft zusammenbrechen. Außerdem hatte Moses keinerlei Zweifel, dass der Pharao, der ihn ja gut kannte, einen solchen Vorschlag aus seinem Mund von vornherein ablehnen würde. Zu allem Übel hatte Moses einen Sprachfehler. Einige glauben, er habe gelispelt. Nein, er wollte auf keinen Fall derjenige sein, der dem Pharao lispelnd nahe legte, das jüdische Volk ziehen zu lassen.

Moses sagte zu Gott, dass er sich dieser Aufgabe nicht gewachsen fühle und ein Mann mit deutlicher Aussprache sie besser bewältigen könne. Aber Gott beharrte auf seinem Ansinnen und erklärte ihm genau, was im Einzelnen geschehen werde.

Viele Menschen haben von Moses gehört. Seine persönliche Geschichte ist zwar nicht Gegenstand dieses Kapitels, aber die Geschichte, die ich Ihnen erzählen möchte, hängt teilweise mit den entsprechenden Ereignissen in der Bibel zusammen.

Gott teilte Moses also mit, er, Moses, werde in den Besitz magischer Kräfte gelangen, um übernatürliche Dinge zu bewirken – Zeichen und Wunder – und den Pharao damit zu beeindrucken. Auch wies er Moses auf einen Trick, eine List hin. Denn immer, wenn Moses etwas unternehme, das die Aufmerksamkeit des Pharaos errege, werde dieser nachgeben und die Freilassung der Sklaven anordnen, im letzten Augenblick jedoch seine Meinung wieder ändern. Das sei dann für Moses das Signal, eine weitere wundersame Tat zu vollbringen.

Moses dachte über all das nach und fragte Gott dann, wie er dem Pharao die Botschaft beibringen und wen er als deren Urheber ausgeben solle.

»Sag ihm, du wurdest vom ICH BIN geschickt«, antwortete Gott.

Moses tat, was ihm aufgetragen worden war. Er warf seinen Stab vor die Füße des Pharaos, und der Stab verwandelte sich in eine Schlange. Der Pharao hob leicht die Augenbrauen, aber die Zauberer an seinem Hof konnten das Wunder wiederholen. Er blieb unbeeindruckt.

Daraufhin verwandelte Moses das Wasser der Flüsse in Blut. Aber die anwesenden Zauberer konnten auch dieses Kunststück nachahmen. Der Pharao zeigte immer noch keine Regung.

Auf Gottes Befehl schickte Moses eine Plage in Gestalt von Fröschen, Mäusen und Fliegen über das Land. Die Zauberer waren zwar imstande, die Frösche zu kopieren, aber nach den Mäusen und Fliegen mussten sie passen. Jedes Mal, bevor er eine Plage schickte, verkündete Moses dem Pharao, was Gott vorhabe. Doch dieser ignorierte die Warnung, bis die Plage tatsächlich hereinbrach. Dann bat er Moses, sie rückgängig zu machen, und versprach, die Israeliten freizugeben. Doch sobald Gott die Plage beseitigte, änderte der Pharao seine Meinung wieder und hielt sich nicht an die gegebene Zusage.

So ging es eine Zeit lang zwischen Gott, Moses und dem Pharao hin und her. Das Vieh verendete. Die Heuschrecken fielen ein und fraßen das Korn. Ein fürchterlicher Hagelschauer peitschte über das Land. Bei jeder Plage flehte der Pharao, Moses möge Gott doch bitten, der Qual Einhalt zu gebieten, und versprach, dessen Wunsch zu erfüllen. Aber in dem Augenblick, da der Schrecken vorbei war, besann er sich anders. Das konnte Moses nicht überraschen. Denn durch Gottes Prophezeiung war er auch auf den Wortbruch vorbereitet. Gott gab Moses zu verstehen, dass *Er* das Herz des Pharaos hart gemacht habe.

Sogar die Umschwünge und Wendungen und die Gegenwart des Bösen waren Teil des göttlichen Planes.

Schließlich hatte Gott genug. Die letzte Plage sollte über das Land kommen. Moses sagte zum Pharao, Gott werde alle erstgeborenen männlichen Nachkommen Ägyptens auf einen Schlag umbringen lassen, wenn er dem Volk Israel nicht die Freiheit schenke. Die Israeliten erhielten die Weisung, ein Lamm zu opfern und ihre Türpfosten mit dessen Blut zu bestreichen. Dann werde der Engel des Todes ihr Heim und ihre Kinder verschonen. (Noch heute begeht man diese Zeremonie beim Passahfest.)

Die Israeliten taten, wozu sie angehalten wurden, aber der Pharao schlug die Warnungen in den Wind. In dieser Nacht überquerte der Engel des Todes das Land. Alle erstgeborenen männlichen Nachkommen in Häusern, die nicht mit dem Blut eines Lammes gekennzeichnet waren, starben – auch der innig geliebte Sohn des Pharaos.

Damit war der Kampf vorbei. Gott triumphierte über den Pharao. Und der sagte Moses, er solle mit seinem Volk von dannen ziehen. Er erklärte sich sogar bereit, die Israeliten reichlich mit Gold und Silber und Proviant für die Reise zu versorgen.

Alles geschah so, wie Gott es Moses versprochen hatte. Auf diese Weise zwang er den Pharao, sein Volk in die Freiheit zu entlassen.

Aber die Reise hatte gerade erst begonnen.

Moses musste die Israeliten – eine klagende Menge, die nur das Leben als Sklaven kannte – aus Ägypten und über die Sinai-Halbinsel führen, um ins »Verheißene Land« zu gelangen. Doch ehe sie die Halbinsel erreichten, änderte der Pharao erneut seine Meinung. Er war wütend über das, was sich zugetragen hatte. Darum schickte er eine Streitwagenarmee los mit dem Befehl, die Israeliten entweder zu töten oder zurückzubringen.

Als Moses und sein Volk hörten und sahen, dass die Streitwagen näher rückten, bekamen sie es mit der Angst zu tun.

Die ägyptischen Verfolger waren ihnen direkt auf den Fersen, und vor ihnen lag das Ufer des Roten Meeres.

Die eingeschüchterten Israeliten beschwerten sich bei Moses: »In der Sklaverei hatten wir wenigstens etwas zu essen, das Leben war angenehm, und wir wussten genau, was uns erwartet. Nun aber führst du uns aus der Sicherheit direkt in den Tod.«

Daraufhin forderte Gott Moses auf, jenen Stab zur Hand zu nehmen, den er vorher benutzt hatte, um Zeichen und Wunder zu wirken. Moses richtete ihn auf das Wasser und bewegte ihn wie ein Zauberer seinen Zauberstab. Plötzlich öffnete sich das Meer. Indem es sich einfach teilte, entstand ein sicherer Durchgang, der ins »Verheißene Land« mündete. Die Israeliten hörten auf zu murren und marschierten den Pfad zwischen den Wasserwänden entlang. Als der Letzte von ihnen die Strecke zurückgelegt und das Land auf der Seite des Sinai erreicht hatte, stürzten die kurzzeitig aufgetürmten Wände in sich zusammen und ertränkten die Ägypter, die hinterher gejagt waren. Gott sagte: »Sie sollen wissen, dass ich der Herr bin.«

Auf der Seite des Sinai waren Moses und sein Volk nun zwar in Sicherheit, aber eben noch nicht im Verheißenen Land. Als sie sich umsahen, entdeckten sie nur dieses kahle, leblose, tausend Quadratkilometer große Nichts. Die Leute wurden unruhig und jammerten. Woher sollten sie Nahrung bekommen? Was taten sie hier eigentlich? In der ägyptischen Gefangenschaft hatten sie wenigstens ein überschaubares Leben gehabt – sie waren geborgen und satt gewesen.

Der biblischen Geschichte zufolge hatte Gott all ihre Bedürfnisse vorausgesehen, und er befriedigte sie auch weiterhin auf gnädige, oft wundersame Weise. Wenn die Israeliten hungrig waren, kamen Manna und gebratene Wachteln vom Himmel, die jeden Einzelnen sättigten. Wenn sie Durst hatten, schoss frisches Wasser aus den Felsen. Doch der Haken bestand darin, dass Gott ihnen lediglich das gab, was sie jeweils brauchten. Wenn sie etwas horten wollten, verschwanden Nahrung und Wasser auf ebenso geheimnisvollem Wege, wie sie erschienen waren. Die Israeliten fürchteten sich vor diesem neuen Leben, das von ihrem Gottvertrauen abhing. Also taten sie, was Menschen gewöhnlich tun – sie klagten über jeden Schritt. Sie begehrten immer wieder gegen Moses auf, beschuldigten ihn, dass er sie aus der wohl behüteten Sklaverei in diese Wüste geführt habe, wo Qual und Tod lauerten.

Schließlich erreichten Moses und seine unzufriedene Schar jene Gipfel, die als Sinai bekannt sind. Dort machten sie Rast und schlugen ein Lager auf. Moses erstieg einen der Gipfel, um mit Gott zu sprechen, und als er zurückkehrte, erzählte er den Seinen, was Gott ihm mitgeteilt hatte.

Moses versicherte ihnen, dass alles gut würde, aber dass sie eine Sache, eigentlich zehn Punkte, im Gedächtnis bewahren müssten. Die Menschen seien aufgefordert, nachfolgende Gebote zu beachten. Sie versprachen es und baten Moses, ihnen die Gebote zu nennen. Also zählte er auf:

1. Ich bin der Herr, dein Gott. Du sollst keine anderen Götter neben mir haben.
2. Du sollst den Namen des Herrn, deines Gottes, nicht missbrauchen.
3. Du sollst den Sabbat heilig halten.
4. Du sollst deinen Vater und deine Mutter ehren.
5. Du sollst nicht töten.
6. Du sollst nicht ehebrechen.
7. Du sollst nicht stehlen.
8. Du sollst nicht falsch Zeugnis reden wider deinen Nächsten.
9. Du sollst nicht begehren deines Nächsten Weib.
10. Du sollst nicht begehren deines Nächsten Haus, Acker, Knecht, Magd, Rind, Esel noch alles, was sein ist.

Huldige niemandem außer Gott. Rufe ihn nicht mit törichten oder verächtlichen Worten an. Lege ab und zu eine Pause ein, nimm dir jede Woche einen Tag frei. Achte deine Eltern und Vorfahren. Von ihnen stammst du ab, sie sind ein Teil deiner selbst. Begehe keinen Mord. Wenn du verheiratet bist, dann bleibe deinem Partner treu. Nimm keinem Menschen etwas weg, ohne ihn vorher zu fragen und um Erlaubnis zu bitten. Wenn ihm etwas gehört, das er dir verweigert, ist es nicht dein Eigentum. Lüge die Leute nicht an, verletze sie nicht mit deinen Worten. Und verbringe deine Zeit nicht damit, dass du deinen Nächsten beneidest und überlegst, wie du ihm etwas entwenden kannst – ob seine Frau oder seinen Besitz. Sei nett und anständig.

Das war Moses' Botschaft, wenn man das »du sollst« oder »du sollst nicht« einmal weglässt.

»Wenn ihr diese zehn Gebote befolgt«, sagte Moses zu seinem Volk, »werdet ihr im Verheißenen Land friedlich leben.«

Nachdem Moses die ersten zehn Gebote übermittelt hatte, stieg er abermals auf den Berg und blieb dort 40 Tage und 40 Nächte. Während dieser Zeit hatte er intensive Begegnungen mit Gott, der die zehn und Hunderte von weiteren Geboten auf Steintafeln schrieb. Gott gab Moses Anweisungen, wie alles vonstatten zu gehen habe – sämtliche Gesetze für Land und Menschen im Jahre 613 v. Chr., um genau zu sein.

Aber als Moses schließlich vom Berg zurückkehrte, waren die Menschen gelangweilt, unruhig und vergesslich. Sie hatten gewissermaßen einen Rückfall erlitten, ihre alten Gewohnheiten wieder angenommen und bereits begonnen, goldene Kälber herzustellen und als Götzen anzubeten. Moses gelang es nicht, die ersten zehn Gebote aufzuschreiben, ehe die Menschen, ohne sich ihrer zu erinnern, das erste schon brachen.

Das kann ich nachvollziehen. Auch mir sind Missgeschicke passiert. Nach einer Umfrage weiß nicht einmal jeder zweite Amerikaner zumindest fünf dieser Gebote zu nennen.

Moses war bestürzt und geriet in Wut. Er schleuderte die Steintafeln zu Boden, zertrümmerte sie und musste dann erneut auf den Berg, um noch einmal in 40 Tagen und Nächten Gott zu begegnen. Gott und Moses gravierten all die Gebote und Gesetze wiederum in Stein. Als Moses dann vom Berg Sinai stieg, blieben sie unversehrt und gingen in die Bücher Mose ein. Sie bilden die ersten fünf Bücher des Alten Testaments, der heiligen Schrift des Christentums, und der Thora, der heiligen Schrift des Judentums. Auch Mohammedaner ehren und achten Moses für die von ihm geleistete Arbeit. Sie hat bis heute überdauert.

Moses war nun schon 80 Jahre alt. Er hatte eine Sprachstörung. Er war von Pflegeeltern aufgezogen worden. Er sträubte sich gegen seine Aufgabe. Aber er gilt als einer der größten Propheten der Geschichte. Er verkörpert den Geist des Gesetzes. Und darüber hinaus gibt er uns ein Gleichnis, ein Beispiel dafür, wie es ist, die Reise aus der Sklaverei in die Freiheit zu unternehmen.

֍

Aus all diesen Gründen – und noch einigen weiteren – beschloss ich, auf die Gipfel des Bergs Sinai zu steigen. Es herrscht eine gewisse Unstimmigkeit darüber, auf welchem der Gipfel Moses Gott sah und die Zehn Gebote empfing. Aber das ist nicht weiter wichtig. An einem kalten Januartag kletterte ich auf alle Gipfel. Das war eigentlich gar nicht meine Absicht. Es ergab sich einfach so. Bis dahin hatte ich geglaubt, einen genauen Plan zu besitzen.

Ich war kreuz und quer durch den Nahen Osten gefahren, ungewiss, wonach ich suchte oder was ich finden würde. Ich befand mich auf einer geistigen Expedition, die mich durch diesen Teil der Welt führte. Aber es ermüdete mich immer mehr, den Zustand der Erleuchtung zu erlangen. Ich hoffte, irgendwo die Inspiration zu empfangen, die mir helfen würde, etwas anderes als ein Selbsthilfebuch zu schreiben. Doch meine Pläne zerschlugen sich. Schließlich »feuerte« ich meinen Fremdenführer in Ägypten. Eine Viruserkrankung fesselte mich zehn Tage an ein Kairoer Hotelbett.

Ich überlegte, ob ich heimkehren sollte, doch ich war zu schwach, um zu fliegen. Inzwischen hatte ich überhaupt keine Erwartungen mehr. Ich wusste nicht, wohin ich als Nächstes fahren würde. Ich reiste blind. Mein Projekt, wie vage auch immer, war ungültig geworden. Und ich fragte mich, wozu ich die Reise eigentlich unternommen hatte.

Ich durchquere die Sinai-Halbinsel im Auto. In Gise, einem Ort südlich von Kairo nahe den Pyramiden, hatte ich einen Wagen mit Fahrer gemietet, der mich bis zum Berg Sinai chauffieren sollte. Stundenlang fuhren wir durch die kahle Wüstenlandschaft. Ich hatte vor, am Fuße des Berges ein paar Tage in einem kleinen Touristendorf zu bleiben und mich auszuruhen, dann nach Israel weiterzureisen und dort die Kraft einiger Heilquellen auf mich wirken zu lassen. Wenn ich mich schon in dieser Region aufhielt, wollte ich das Verheißene Land auch erkunden. Das, so schien mir, war der Zweck meines Unternehmens, mein nächstes Ziel.

Als ich mich im Hotel des Touristendorfs anmeldete, drängte mich der Direktor, während meines Aufenthalts doch in jedem Fall auf die Berge zu steigen. »Es ist eine großartige geistige Erfahrung«, sagte er. »Machen Sie sie bei Sonnenaufgang oder Sonnenuntergang. Daran werden Sie sich Ihr ganzes Leben lang erinnern. Sie brauchen sich keiner Gruppe anzuschließen. Ich besorge Ihnen einen Führer, der nur für Sie da ist.«

Der Hoteldirektor erwischte mich in einem schwachen Moment. Ich nahm seinen Vorschlag an. Ja, es war meine Entscheidung. Aber sie versetzte mich nicht in Euphorie. Ich fühlte mich krank und schwach, verloren und verwirrt. Selbst jetzt hatte ich keine Ahnung, wonach ich suchte oder was ich hier sollte. Ich war kein Opfer, doch ich war verletzlich. Ich glaubte ihm und gab nach. Ich fügte mich.

Am Mittag des darauf folgenden Tages ging ich ins Foyer, um den Reiseführer zu treffen. Geplant war, den bequemen Weg über die Rückseite zu gehen – nicht jenen mit den Touristenfallen. Ich würde eine Weile oben auf dem Gipfel sitzen, die Aussicht genießen und dann am Nachmittag ins Hotel zurückkehren, um ein wunderbares ägyptisches Festmahl einzunehmen. Einige Minuten später tauchte ein Junge auf. Er sprach kurz mit dem Hoteldirektor, der ihn sogleich zu mir führte. Der Junge war klein, hatte gewelltes Haar, stechende dunkle Augen und ein breites Lächeln, das ihm einen heiteren Gesichtsausdruck verlieh. Ich schätzte ihn auf elf oder zwölf Jahre; deshalb überraschte es mich, zu hören, dass er bereits 14 war.

»Er heißt Shobin. Und er spricht kein Englisch«, sagte der Hoteldirektor. »Er wird Ihr Führer sein.«

Ich betrachtete den schwungvollen, strahlenden Jungen. »Ich weiß nicht, ob ich für diesen Ausflug fit genug bin«, sagte ich. »Ich fühle mich nicht gerade großartig.«

»Keine Bange. Sie nehmen die Abkürzung«, versprach der Hoteldirektor. Er wechselte mit Shobin einige Worte auf Arabisch. »Er wird Sie nicht überfordern«, sagte der Hoteldirektor. Er wandte sich dem Jungen zu: »Stimmt's?«

»Kein Problem«, versicherte Shobin.

Im Souvenirgeschäft erstand ich eine billige Leinentasche, einen Rucksack und eine Beduinenjacke. Diese streifte ich mir über meinen Rollkragenpullover. Zusätzlich kaufte ich für umgerechnet neun Dollar eine schwarze Trainingshose, zog sie über meine schwarze Stretchhose, um es wärmer zu haben. Und ich besorgte eine Flasche Mineralwasser, tat sie mit einigen Papiertaschentüchern in die Tasche. Draußen war es kalt. Mir lief die Nase. Aber ich war bereit. Ich sagte zu Shobin: »Brechen wir auf.«

Ich trottete dahin, versuchte, tief zu atmen und mit Shobin Schritt zu halten, während er mich durch Straßen und über kahle Felder zum Fuß des Bergs führte. Bis dahin hatten wir schon mindestens eineinhalb Kilometer zurückgelegt. Die Berge, die aus der Ferne gleichförmig erschienen waren, entpuppten sich nun als riesige Felshaufen. Ich schaute zurück. Das Touristendorf hatte sich bereits in einen kleinen Fleck verwandelt. Vor mir erhob sich eine endlose Wand aus Steinen und Gipfeln. *Ich weiß nicht,* dachte ich. *Vielleicht sollte ich jetzt umkehren, solange das Hotel noch nicht zu weit weg ist.*

Shobin marschierte in Richtung der monumentalen Felslandschaft.

Ich wollte keine weiteren Abenteuer. Ich hatte genug davon.

Trotzdem folgte ich ihm. Bisher war es meine Entscheidung gewesen, den Berg hochzusteigen. Ohne es zu wissen, passierte ich gerade den Punkt, von dem aus es kein Zurück mehr gab. Das eindrucksvolle Gebirge, das ich von fern hatte sehen und nachdenklich betrachten können, war inzwischen zur Realität geworden – zu einer unmittelbaren Erfahrung.

Eine Stunde lang kletterte ich Shobin hinterher. *Gleich werden wir da sein,* sagte ich mir. *Gleich werden wir den Gipfel erreichen.* Shobin hüpfte über die Steine wie eine Bergziege. Das konnte ich nicht; vielmehr versuchte ich vorsichtig, den einen Fuß auf festen Grund zu setzen und den anderen dann hochzuziehen, während ich ständig nieste und hustete und Shobin zurief, er solle auf mich warten. Vor mir und um mich herum entdeckte ich nichts als aufeinander getürmte Felsen. Und hinter mir sieht es genauso aus, dachte ich, als ich mich irgendwo hinfallen ließ und die Wasserflasche hervorholte. Ich spielte mit dem Gedanken, den Rückweg anzutreten, aber mir war klar, dass ich bereits zu tief in diese steinerne Welt eingedrungen war, um mühelos aus ihr herauszukommen.

»Wie weit noch?«, fragte ich Shobin.

Fragend hob er die Augenbrauen. Er verstand kein Wort von dem, was ich sagte.

»Shobin, ich bin müde.« Ich deutete auf die vor uns aufragenden Felsen. »Wie weit müssen wir noch gehen?«

Er lächelte: »Kein Problem.«

Mir dämmerte, dass dies die einzigen englischen Wörter waren, die er kannte.

Vielleicht sollte ich jetzt wirklich kehrtmachen, dachte ich. Ihn bitten, mich zurückzubringen. Ich blickte auf die Steinlandschaft, die bereits hinter uns lag. Doch umzudrehen, über die Felsen hinunterzuklettern und dann die eineinhalb Kilometer bis zum Hotel zurückzugehen, erschien inzwischen anstrengender, als weiter voranzuschreiten.

Als ich mich wieder aufrichtete, um Shobin zu folgen, tröstete ich mich damit, dass es bis zum Ziel ja nicht mehr sehr weit sein konnte.

Wir wanderten Stück um Stück, erstiegen Stein um Stein. Die Sonne war schon auf halbem Wege zum Horizont. Ich schätzte, dass es etwa fünfzehn Uhr war. Shobin deutete in die Ferne. Eine dürre Ziege knabberte an einem Zweig. In ihrer Nähe stand eine beduinische Ziegenhirtin, in ein langes Gewand gehüllt. Shobin winkte ihr und rief ein paar Worte. Sie schrie zurück. Dann ging er auf sie zu und ich ihm nach.

Als wir die Hirtin erreichten, setzte er sich auf den Boden. Sie betrachtete mich misstrauisch, während sie mit einem Jagdmesser zwischen ihren Zähnen herumstocherte. Ich setzte mich sofort hin, froh um jeden Vorwand, ausruhen zu können.

Wir redeten eine Weile; es war eine dieser seltsamen Unterhaltungen, die Leute führen, wenn sie unterschiedliche Sprachen sprechen. Ich glaube, sie erzählte mir, dass sie Kinder habe, und ich erzählte ihr, dass ich ebenfalls welche habe. Sie erklärte, dass Shobin ein guter Junge sei. Dann war die Pause vorbei, und wir setzten unseren Weg fort.

Wir kletterten und kletterten. Ich erinnerte mich immer wieder daran, was mein *sensei* im Aikido, der japanischen Kampfsportart, die ich erlernte, gesagt hatte: *Mach nichts mit*

Gewalt. Entspanne dich. Atme tief. Benutze das chi, *die Energie, die dich durchdringt und umgibt, um alles Nötige zu tun.* Dennoch fiel mir das Loslassen schwer, weil ich besorgt an den weiteren Aufstieg dachte. Als wir uns endlich dem Gipfel näherten, einer Stelle, wo ich keine höheren Berge mehr sah, entspannte ich mich ein wenig. *Gut. Die Sache ist fast ausgestanden*, dachte ich.

Aber in dem Augenblick, da wir auf dem Gipfel standen, erschien in der Ferne ein anderer. Ich konnte nicht einmal mehr einen Pfad entdecken, der abwärts führte. Es gab nur einen in die Höhe.

Wir kamen zu einem Plateau, einer kleinen Oase in dieser Steinwüste. Der Boden war mit samtigem Moos überzogen, und in der Mitte blühte ein knorriger Baum. Shobin kletterte hinauf und rannte dann zu mir. Er streckte eine Hand aus.

»Essen«, sagte er und hielt mir eine kleine, harte, rote Beere hin.

Ich verzog das Gesicht. Mir war schleierhaft, um was für eine Beere es sich handelte.

»Essen«, wiederholte er. »Für Kraft.«

Ich steckte sie in den Mund und ließ den Blick schweifen.

Ich fragte mich, wie diese Stelle grün bleiben konnte und welche Bedeutung sie für mich hatte, ging derlei Gedanken jedoch nicht weiter nach. Es war mir egal, wer hier oben für die Bewässerung sorgte. Ich wollte nur eines: nach Hause – oder wenigstens in mein Hotelzimmer zurück.

Wir durchquerten erneut zerklüftetes Gebiet, erstiegen einen Gipfel nach dem anderen. Jedes Mal dachte ich: *Geschafft. Wir können mit dem Abstieg beginnen.* Doch wir kletterten immer noch höher. Es gab keinen anderen Ausweg.

Einmal hatte ich eine Meditation über das Bergsteigen und die Bezwingung des Gipfels geschrieben. »Du meinst nicht nur, es sei anstrengend gewesen, es war wirklich anstrengend. Dauernd wurdest du auf die Probe gestellt und musstest beweisen, ob du deine Lektionen wirklich gelernt hattest. Du bist höher und höher gestiegen. Es war nicht leicht, doch das Klettern ist nie leicht. Jetzt bist du dem Gipfel nahe. Noch einen Augenblick, und der Triumph wird dir gewiss sein ... Es gibt weitere Berge, aber nun weißt du, wie du sie erklimmen kannst. Außerdem kennst du das Geheimnis, das einen auf dem Gipfel erwartet.«

Ja, dachte ich, *das kenne ich jetzt. Aber da oben erwarten mich vor allem weitere Gipfel.*

Mein ganzes Leben erschien mir wie diese Bergtour. Kaum lag eine Verwirrung, ein strapaziöser Aufstieg hinter mir, tauchte auch schon der nächste Gipfel auf. Kein Wunder, dass ich so lange das Gefühl hatte, konfus, verloren und zutiefst ängstlich zu sein.

Als wir auf einem weiteren Gipfel standen, ging gerade die Sonne unter. Das Abendlicht war atemberaubend, aber ich nahm fast keine Notiz davon. Das Virus hatte meinen Kopf derart verstopft, dass ich praktisch nie frei atmen konnte. Zudem wurde es kälter. Ich musste ein Bad nehmen. Ich war krank, müde. Und allmählich drehte ich durch.

»Shobin, du musst mir sagen, wie weit es noch ist«, sagte ich.

Er zeigte auf den nächsten Gipfel und lächelte: »Kein Problem.«

Ich drehte mich um. Die Stelle, wo wir den Aufstieg begonnen hatten, war nicht mehr zu erkennen. Ich wollte nicht hier sein. Ich hatte keine Ahnung, wohin wir gingen. Es war höchste Zeit, umzukehren. Der Ausweg aber führte mitten hindurch.

∞

Jetzt, auf diesem Gipfel, in der Hoffnung, den höchsten Gipfel bald zu erreichen, begriff ich endlich, was es mit dem Karma auf sich hat. Es bedeutet, sich derart tief zu verstricken, dass man nicht mehr loskommt. Auch wenn wir mit unserem gegenwärtigen Zustand nicht zufrieden sind, können wir nicht einfach umkehren oder weglaufen – und so tun, als sei das alles gar nicht wahr. Frommes Wunschdenken führt zu nichts.

Die Alkohol- und Drogensucht hatte sich meiner damals ganz allmählich bemächtigt. Die Anfänge lagen in meinem zwölften Lebensjahr, als ich heimlich aus der Whiskeyflasche trank, die ich aus dem Schrank unter dem Spülbecken hervorholte. Als ich dann heranreifte und merkte, was vor sich ging, war es schon zu spät. Die Suchtmittel hatten mich fest im Griff.

Mit 27 heiratete ich. Inzwischen lebte ich abstinent und dachte, mein Mann würde ebenfalls dem Alkohol und den Drogen abschwören. Als mir klar wurde, dass er es nicht tat, war es zu spät. Ich hatte zwei Kinder, kein Geld und kein Auto. Ich war nicht glücklich bis in alle Ewigkeit. Ich war eine handfeste Co-Abhängige – und bald darauf eine allein erziehende Mutter.

Nachdem ich mich von der Co-Abhängigkeit befreit hatte, fand ich mich in Verhältnissen wieder, die sich meinem Einfluss zu entziehen schienen. Eine Beziehung mit einem neuen Freund. Eine Liebschaft. Sogar der Erfolg meines ersten Buches *Codependent No More* (Die Sucht, gebraucht zu werden) kam über Nacht und veränderte mein Leben völlig. Nicht, dass alle diese Ereignisse schlecht gewesen wären; aber nur selten riefen sie bei mir die Wirkung hervor, die ich erwartet hatte.

»Wie würden Sie Co-Abhängigkeit definieren?«, fragte mich einmal ein Journalist. Ich holte tief Luft, blickte um mich und stellte mir die Frage, wie und warum ich gerade auf diesem Gebiet zur Expertin geworden war. Ich suchte nach Worten, bemühte mich um klaren Ausdruck, ständig daran denkend, dass Erfolg ganz anders war, als ich ihn mir vorgestellt hatte.

Als dann mein Sohn Shane auf einer vereisten Skipiste einen tödlichen Unfall erlitt, dachte ich: *Mein Gott, ich will das nicht durchmachen.* Aber auch da war es zu spät. Das Unglück war bereits geschehen.

Meine Beziehung zu Scotty war damals, als er wieder in mein Leben trat, an einen Punkt gelangt, von dem aus es kein Zurück gab. Ich wusste, dass ich weggehen konnte, wenn mir das Zusammensein mit ihm nicht behagte. Das tat ich dann auch. Aber ich war nicht in der Lage, mein Herz zu verschließen.

Mein ganzes Leben hatte ich davon geträumt, eine Familie zu haben. Doch als ich den Verlust meines Sohnes zu verwinden begann, war meine Tochter Nichole schon groß, eine junge Erwachsene. Wieder einmal war es zu spät. Sie war von zu Hause ausgezogen und ging ihre eigenen Wege.

Jedesmal wenn ich mit einer Situation konfrontiert war, änderte sie sich. Die Ereignisse nahmen einen Verlauf, den ich nicht vorhergesehen hatte. Der Satz »Versprechen werden gegeben, um gebrochen zu werden« entwickelte sich zu einer Art Leitmotiv meiner Existenz. Keines der Versprechen, die das Leben bereitzuhalten schien, wurde eingelöst. Immer, wenn ich meine Richtung neu gefunden und meinen Zustand erkannt hatte, spielte es keine Rolle mehr, ob ich ihn mochte. Ich war darin gefangen, ob es mir passte oder nicht.

Die Leute meinen oft, sie könnten über ihr Schicksal bestimmen. Und bis zu einem gewissen Grad stimmt das ja auch. Aber dort oben, auf dieser Gipfelkette, die den Namen Sinai trägt, fing ich an zu begreifen, was Karma eigentlich ist – und dass es Situationen gibt, in denen man einfach nicht zurückkann.

Wir hoffen, dieses und jenes zu erleben. Aber schneller als erwartet befinden wir uns mitten in einem Abenteuer. Plötzlich werden wir von einer Erfahrung völlig absorbiert. Wir erinnern uns zwar daran, wie sie begann und sich weiterentwickelte, doch wir können nicht mehr zurück – nur nach vorn.

Der Babalawo hatte Recht, als er in Bezug auf mein Leben sagte: »Ihr Karma ist das, was Sie erleiden mussten.«

Karma bedeutet, dass man wie angeschnallt dasitzt und nicht mehr aussteigen kann – zumal wenn die Fahrt nicht jene Versprechen erfüllt, die sie ursprünglich zu beinhalten schien. Manchmal ahnen wir eine grundlegende Veränderung, noch ehe sie eintritt.

Ja, den Horizont einer Erfahrung sehen wir schon kommen, bevor wir diese Erfahrung machen, ganz gleich, worum es dabei geht. Wir können ihn fast sehen und fühlen. Vielleicht wissen wir sogar, dass wir die betreffende Sache tun oder versuchen werden. Trotzdem stehen wir erst am Anfang. Wir haben uns noch nicht eingelassen. Ein innerer Sog macht sich bemerkbar, aber wir haben weiterhin die Wahl.

Ich bin in meinem Leben schon häufig an jenen Punkt gelangt, von dem aus es kein Zurück mehr gibt: während meiner Suchtphase und meiner Co-Abhängigkeit, in geschäftlichen Angelegenheiten und in der Liebe – sowie mit meinen Kindern. An einem solchen Punkt hat man nicht mehr die Wahl, auf dem Absatz kehrtzumachen. Die Erfahrung entwickelt ihre eigene Energie, ihre eigene Gesetzmäßigkeit.

∾

Shobin schlug den Pfad ein, der zum nächsten Gipfel führte. Ich folgte ihm widerwillig. Mein Magen schmerzte ebenso wie meine Fußsohlen. Der ganze Körper tat mir weh. Meine Hände waren taub vor Kälte. Ich hielt es für unmöglich, die Bergtour fortzusetzen, aber mir blieb keine Wahl. So setzte ich einfach einen Fuß vor den anderen und versuchte nicht durchzudrehen.

Schließlich erreichten wir einen Gipfel, von dem aus wir hinabschauen konnten. Ich erspähte einen Pfad. Dort ritten Menschen auf Kamelen. Zu beiden Seiten befanden sich Hütten und kleine Stände. Am Ende des Pfads, fast 2500 Meter unter uns, erhob sich das Kloster der Heiligen Katharina. Und irgendwo in der Ferne war eines der funkelnden Lichter – inzwischen hatte sich das nächtliche Dunkel ausgebreitet – das Hotel, in dem mein Bett stand. Wir waren angekommen!

Wir begannen mit dem Abstieg. Shobin hüpfte frohgemut den Pfad hinunter. Ich stolperte hinterher. Nach wenigen Minuten erreichten wir den ersten Stand, an den zwei Kamele angebunden waren; dort konnte man Getränke und Snacks kaufen. Mit meinen tauben Fingern zog ich einige Geldscheine aus der Hosentasche und knallte sie auf den Ladentisch.

»Ich hätte gerne eine Tüte mit Kartoffelchips und eine Flasche Wasser«, sagte ich zu dem Mann. »Und dazu ein Kamel.«

»Was?«, fragte er.

»Ich bin zu müde, um den ganzen Rückweg zu Fuß zurückzulegen. Mir ist kalt, und ich bin krank. Ich möchte ins Bett. Bitte leihen Sie mir ein Kamel. Ich nehme eins von diesen«, sagte ich, auf das Tier deutend.

»Das kann ich nicht«, erwiderte er. »Die Leute sind darauf hierher geritten, um sich die Gegend anzuschauen, und sie werden wiederkommen, um zurückzureiten.«

Ich griff in meine Hosentasche, holte weitere Geldscheine hervor, lehnte mich über den Tresen und kam dem Mann sehr nahe. »Sie werden mir ein Kamel leihen«, sagte ich mit fester Stimme. »Ich marschiere nicht den Berg hinunter.«

Er atmete tief durch. »Gut«, sagte er, »wenn Sie ungefähr 20 Minuten warten, wird wohl ein Kamel eintreffen, das Sie nehmen können. Binden Sie es dann am Parkplatz beim Kloster fest.«

»In Ordnung«, sagte ich. »Ich warte.«

Das Kamel kniete sich hin. Shobin half mir aufzusitzen. In Erwartung des Rucks, den das Tier beim Aufstehen verursachen würde, lehnte ich mich zurück. Der Mann vom Stand lief herbei und gab mir ein Paar dünne Handschuhe. »Hier«, sagte er. »Die werden Ihre Hände ein wenig wärmen.«

Shobin, das Kamel und ich begannen den Abstieg vom Berg Sinai. Ich wurde lockerer. *Dieser Teil der Expedition sollte mühelos vonstatten gehen,* dachte ich. Shobins Spruch »Kein Problem« würde sich schließlich doch noch als richtig erweisen. Der Junge sprang voraus, führte das Kamel am Zügel.

Er mag das, dachte ich. *Er mag es wirklich. Es bereitet ihm Vergnügen.*

Wir befanden uns in einer Höhe von fast 2300 Metern. Der Rücken des Kamels schwebte etwa 1,80 Meter über dem Erdboden. Darauf sitzend, waren meine Augen circa drei Meter vom Erdboden entfernt. Das Kamel wollte Shobin nicht folgen. Es trottete immer wieder zum Rand des gewundenen, steil abfallenden Pfades, und seine Hufe fanden keinen rechten Halt. Unter jedem Schritt löste sich Geröll und stürzte in den gähnenden Abgrund.

Die rechten Beine des Kamels waren nicht standfest. Was würde geschehen, wenn ein größeres Stück des Grats abbröckelte? Das Kamel würde ausrutschen und mich mit in die Tiefe reißen!

»Shobin«, schrie ich. »Führe das Kamel in die Mitte des Wegs!«

Er drehte sich um und warf mir wieder jenen verwirrten Blick zu, der zum Ausdruck brachte, dass er kein Wort verstand. Ich zeigte auf die Mitte des Wegs. »Führe das Kamel dorthin«, sagte ich.

»Kein Problem«, erwiderte er.

Nach zehn Schritten marschierte das Kamel erneut zum Rand und rutschte ebenso weg wie vorher. Von meinem Sitz aus sah ich nichts als ein steiles, Furcht erregendes Gefälle.

»Shobin«, schrie ich, »es geht wieder zum Abhang!«

Er wandte sich mir zu. Diesmal lächelte er nicht. Er war entrüstet.

»Kein Problem«, sagte er.

»Doch, Shobin, es gibt ein Problem«, rief ich. »Ich habe Angst. Hilf mir herunter!«

Ich deutete auf den Boden. »Sofort!«

Bisher hatte ich mich in Geduld und Toleranz geübt. Jetzt war es an der Zeit, meine Gefühle herauszulassen.

Shobin gab dem Tier den Befehl, sich hinzuknien, und zwar direkt am Rand. Das Kamel und ich ruckelten hin und her. Ich hing über dem Abgrund.

»Im Namen all dessen, was heilig ist: Führe es in die Mitte des Weges!«, brüllte ich.

Endlich begriff er und tat, wozu ich ihn aufgefordert hatte. Das Kamel sank auf die Vorderbeine, und ich stieg ab. Shobin trabte frohgemut weiter und zog die ganze restliche Strecke das Kamel ohne Reiterin hinter sich her.

Ich folgte den beiden, ständig murrend und schimpfend.

Manchmal ist selbst der Ausweg aus unserem Karma eine schwierige, ja widerliche Aufgabe. Die Tatsache, dass wir unsere Lektion gelernt haben und dem Ziel näher kommen, garantiert noch keine unbeschwerte Heimreise.

Nachdem wir das Kloster am Fuß des Hügels erreicht hatten, veranlasste ich Shobin, in den dortigen Speisesaal zu gehen und jemanden ausfindig zu machen, der uns im Auto zum Hotel zurückfahren konnte. Ich fröstelte und war hungrig, brauchte dringend eine warme Mahlzeit. Doch als wir schließlich im Hotel eintrafen, war es wieder einmal zu spät. Das Abendessen war bereits serviert, verzehrt und abgeräumt worden.

Ich ging auf mein Zimmer, eine Art Zelle mit zwei gleichen Einzelbetten und ohne Heizung. Ich zog eine der Bettdecken herunter, wickelte sie um mich, kroch unter die Decke des anderen Bettes und betete um Schlaf und Wärme. Ich war immer noch vollständig bekleidet.

Der Hoteldirektor hatte Recht. Diese Erfahrung werde ich mein ganzes Leben lang nicht vergessen.

Moses führte sein Volk aus der Sklaverei ins Verheißene Land. Viele von uns haben eine ähnliche Reise durch die Wüste unternommen. Vielleicht waren wir abhängig von Alkohol und Drogen – oder von der Abhängigkeit eines anderen Menschen. Dann entschlossen auch wir uns, in Richtung Freiheit aufzubrechen.

Die Bergtour, die wir bewältigen mussten, war nicht so strapaziös wie die zum Sinai und nicht so öde wie die Sinai-Halbinsel. Sie beinhaltete nur zwölf Schritte. Diese Zwölf Schritte bilden die geistige Grundlage der Anonymen Alkoholiker und von Al-Anon. Sie ersetzen nicht die Zehn Gebote, eben weil es sich lediglich um Vorschläge handelt. Sie wurden entworfen, um fehlbaren Menschen ein einfaches Programm an die Hand zu geben, das ihnen als Methode zur Bewältigung der drängenden Probleme dient.

Zuerst einmal geben wir zu, dass wir, sobald wir die Kontrolle verloren haben, machtlos sind. Wir erkennen, dass wir unser Leben nicht mehr bewältigen können, selbst wenn wir diese Tatsache lieber verdrängen würden. Dann glauben wir so fest wie möglich daran, dass eine Höhere Macht uns die geistige Gesundheit wiedergibt, und vertrauen unser Leben der Fürsorge und dem Willen Gottes an.

Wir hören auf, mit dem Finger auf andere zu zeigen, und betrachten uns selbst. Daraufhin teilen wir Gott, uns selbst und einer Vertrauensperson all die unschönen Eigenschaften und Verhaltensweisen mit, die wir bei uns wahrnehmen. Wir sprechen die Wahrheit offen aus.

Diese Schritte sind eigentlich keine Selbsthilfen. Nicht wir ändern uns; vielmehr bereiten wir uns darauf vor, von Gott geändert zu werden. Als Nächstes bitten wir Ihn darum. Außerdem erstellen wir eine Liste der Personen, denen wir Schaden zugefügt haben, und entschuldigen uns bei ihnen – es sei denn, wir würden sie dadurch noch mehr verletzen. Von da an achten wir stets auf unser Verhalten, um zu gewährleisten, dass wir nicht wieder vom rechten Weg abkommen. Unser

Ziel besteht darin, Gott und uns selbst näher zu sein. Aus diesem Grunde wird uns empfohlen, zu meditieren und zu beten. Sobald wir beim letzten der Zwölf Schritte angelangt sind, wird uns erklärt, dass wir ein geistiges Erwachen erlebt und das Licht gesehen haben. Folglich sollen wir in all unseren anderen Lebensbereichen ebenso verfahren und versuchen, den Mitmenschen begreiflich zu machen, wie wir die Wüste durchquert haben, damit sie sich uns auf dieser Reise in die Freiheit anschließen können.

Das Gesetz des Landes lautet, anderen Menschen wie sich selbst Liebe entgegenzubringen.

»Wenn wir uns mit dieser Phase unserer Entwicklung gewissenhaft auseinander setzen, werden wir schon auf halbem Wege eine positive Überraschung erleben«, verspricht das *Große Buch* der Anonymen Alkoholiker. »Wir werden eine neue Freiheit und ein neues Glück kennen lernen. Wir werden die Vergangenheit weder bereuen noch verdrängen wollen. Wir werden die Bedeutung des Wortes ›Gelassenheit‹ verstehen und inneren Frieden empfinden. Ungeachtet dessen, wie tief wir gesunken sind, werden wir merken, dass unsere Erfahrung für andere Menschen von großem Wert sein kann. Jene Gefühle von Nutzlosigkeit und Selbstmitleid werden verschwinden. Wir werden das Interesse an egoistischen Belangen verlieren und das Interesse für unsere Gefährten entdecken. Die Ichsucht wird verschwinden. Unsere Einstellung zum Leben insgesamt wird sich ändern. Die Angst vor Menschen und vor wirtschaftlicher Unsicherheit wird uns genommen. Wir werden intuitiv wissen, wie wir Situationen in den Griff bekommen, die uns früher in Verwirrung stürzten. Plötzlich werden wir einsehen, dass Gott für uns tut, was wir niemals für uns tun könnten. Sind das übertriebene Versprechen? Wir sagen: Nein. Sie werden eingelöst.«

All unsere Bedürfnisse werden befriedigt. Das Rote Meer wird sich vor unseren Augen teilen. Gott wird den Weg frei räumen. Manchmal murren und klagen wir zwar, aber wir können Sorge tragen für uns selbst, egal, was uns widerfährt – und manchen von uns widerfährt sehr viel. Wenn wir etwas nicht schaffen, wird Gott sich darum kümmern – Stunde um Stunde, Tag für Tag.

Nicht alle Versprechen werden gegeben, um gebrochen zu werden. Einige werden tatsächlich erfüllt.

Spring!

Nichole fuhr, und ich saß neben ihr. Wir waren auf der kleinen Straße hinter meinem Haus auf dem Weg zum Lebensmitteleinkauf, als das Auto vor uns, ein älterer dunkler Mercedes, plötzlich scharf bremste. Fast gleichzeitig hörten wir den durchdringenden Schrei eines Tieres, der die abendliche Stille zerriss. Dann sahen wir, wie eine Katze in die Büsche am Straßenrand flog. Der Mercedes startete wieder. Nichole trat aufs Gaspedal, überholte, steuerte nach rechts, stoppte und hinderte ihn so am Weiterfahren. Sie ließ das Fenster auf meiner Seite herunter und beugte sich über mich. Der Fahrer des Mercedes, ein dunkelhaariger Mann mit sorgenzerfurchter, hoher Stirn, ließ seine Scheibe ebenfalls herunter.

»Und was wollen Sie jetzt mit der Katze machen?«, schrie Nichole.

Der Mann runzelte die Augenbrauen. »Mit welcher Katze denn?«, fragte er, fuhr um uns herum und entschwand in der Dämmerung.

»Warum tun die Leute so was?«, sagte Nichole zu mir. Sie war ebenso wütend wie verwirrt. »Warum erzählen sie solche Lügen?«

Ich fing an, den Mann psychisch zu analysieren, brach dann aber ab.

Auf meiner Reise durch den Nahen Osten hatte ich mich mit der gleichen Frage beschäftigt; schon seit vielen Jahren war sie mir immer wieder durch den Kopf gegangen. Kurz nach meiner Besteigung des Sinaigebirges hatte ich meinen Weg damals in Richtung Israel fortgesetzt. Ich verbrachte zehn Tage im Heiligen Land und fuhr dann mit dem Auto nach Jordanien. Aus irgendeinem Grund wollte ich unbedingt auch Pakistan besuchen. Das war wie eine Obsession, obwohl ich erfahren hatte, dass es schwierig, wenn nicht gar unmöglich sei, ein Visum zu erhalten. Doch ich wollte es unbedingt wissen. Unverzagt und entschlossen brach ich nach Jordanien auf und nahm mir den Visa-Beamten in der pakistanischen Botschaft von Israels Nachbarland vor. Mit Bitten, Druck und Überzeugungskraft versuchte ich, ihn dazu zu bringen, mich in sein Land einreisen zu lassen.

Nachdem ich mich mehrere Tage mit diesem finsteren Beamten auseinander gesetzt hatte, gab er schließlich nach und erteilte mir ein Visum – für eine Woche. Ich war dankbar, stolz und aufgeregt. Genau zu dieser Zeit fanden in Pakistan Wahlen statt, und die Regierung wollte keine Fremden im Land haben, schon gar keine Journalisten oder Schriftsteller. Darum betrachtete ich mich nun als bevorzugte Person – so als hätte ich gerade einen Preis verliehen bekommen.

Ich fühlte mich gesegnet.

An jenem Abend ging ich in einen jordanischen Supermarkt und kaufte mir Schuhputzzeug. Nach all den Wanderungen waren meine schwarzen Stiefel schmutzig. Nach der Rückkehr ins Hotel hielt ich mich kurz im Foyer auf. Es war Ramadan. Für die Araber hieß das, von Sonnenauf- bis Sonnenuntergang nicht zu essen, zu trinken, zu rauchen oder sexuelle Kontakte zu haben. Einen Tag hatte ich ebenfalls zu fasten versucht – um der islamischen Religion meine Reverenz zu erweisen und um zu sehen, wie diese Art der Teilnahme auf mich wirken würde. Aber um die Mittagszeit hielt ich es vor Hunger und Durst nicht mehr aus. Ich schlich auf mein Zimmer, verschlang eine Tüte Kartoffelchips und trank eine ganze Flasche Mineralwasser.

Inzwischen herrschte im Restaurant neben dem Foyer eine festliche Atmosphäre; sobald es dunkel geworden ist, unterbrechen die Mohammedaner das Fasten durch ein echtes Festessen. Ich war jedoch nicht in Feststimmung, sondern fühlte mich schuldig wegen der Kartoffelchips und des Mineralwassers. »Es tut mir Leid«, sagte ich und richtete ein einfaches, tief empfundenes Gebet zur Decke – direkt an Gott, wie ich hoffte.

Was ich dann hörte und fühlte, wird mir lange im Gedächtnis bleiben. Vielleicht lag es an der intensiven spirituellen Atmosphäre, erzeugt durch Fasten und Beten, dem sich die meisten Menschen des Landes hingaben, wobei sie die Luft mit Worten, Gedanken und Verehrung erfüllten – etwa so, wie Weihrauch seinen Duft verströmt. Vielleicht hatte es aber auch etwas mit mir zu tun, mit diesem veränderten Zustand, in den ich immer wieder gelange, wenn ich mit ausgefahrenen Antennen durch die Welt eile, um so viel wie möglich zu sehen, zu hören und zu entdecken, während ich mich schütze und herauszufinden versuche, wohin ich mich als Nächstes wenden soll. Möglicherweise ging es bei dieser Begebenheit auch gar nicht um mich, sondern um Gott und seine überfließende Kraft.

Jedenfalls schwöre ich, dass ich folgende Worte vernahm: *Du hast es versucht.* Das genügte. Es war eine leise, sanfte, fürsorgliche Stimme, die zu meinem Herzen sprach. Dann überkam mich von Kopf bis Fuß ein äußerst seltsames Gefühl: zugleich wunderbar wonnig und liebevoll, bejahend und reinigend.

Oh, sagte ich, mich erinnernd. *So also fühlt sich Gottes unbedingte Liebe und Nachsicht an.*

Ich ging auf mein Zimmer, zog die Stiefel aus und putzte beide mit großer Sorgfalt. Ich hatte keine Ahnung, was mich erwartete, was dieser Abstecher nach Pakistan bringen würde, aber ich wollte auch an meinen Füßen bestens gerüstet sein. Im Moment war ich in Hochstimmung. Ich hatte gerade den Himmel hier auf Erden gekostet.

Als ich dann nach Pakistan kam und im Flugzeug nach Lahore saß, spürte ich, dass es Probleme geben würde. Ein junges Mädchen stapfte in schweren, viel zu großen Männerstiefeln den Gang entlang. Während des gesamten Flugs konnte ich die Toilette nicht benutzen, weil sich ein Mann fast eine Stunde darin eingeschlossen hatte und ich nicht die Nächste sein wollte. Ringsum streckten sich Menschen auf ihren Gebetsteppichen aus. Das kannte ich bereits aus anderen islamischen Ländern. Aber irgendetwas war befremdlich. Bisher hatte der Sprechgesang einer beruhigenden, geistlichen Musik geähnelt, einem wohlklingenden Mantra, das mich innerlich berührte. Hier glich er dem Gesumme von Fliegen, einem verzweifelten Stöhnen – so als bettelten in einem Verlies eingesperrte Menschen um ihre Freilassung.

Im Flughafen ging ich, auf mein Gepäck wartend, Richtung Ausgang, um frische Luft zu schnappen. Eine große Menschenmenge drückte jammernd, bettelnd und schreiend gegen das Metallgitter, das den Flughafen von der Außenwelt abtrennte. Eine eigenartige, zuvor nie erlebte Stimmung lag in der Luft. »Gehen Sie nicht dort hinaus«, sagte einer der Aufsichtsbeamten, während er mich am Ärmel packte. »Da draußen sind Sie nicht sicher. Man wird Ihnen wehtun. Und nehmen Sie ja kein Taxi, sonst werden Sie ausgeraubt.« Er hielt inne. »Oder umgebracht.«

Ich atmete tief durch, ließ den Blick schweifen, um zu überlegen, was als Nächstes zu tun war. Ein großes, zerrissenes Plakat, das an einer Seite herabhing, pries die Vorzüge eines Hotels: »Das einzige Hotel in Lahore, wo alles funktioniert.«

Ich marschierte zu einer der Wände und lehnte mich dagegen. Ich musste sehr genau darüber nachdenken, wie ich weiter verfahren und wohin ich gehen wollte.

Wenn ich in Jordanien einen Geschmack von Himmel gehabt hatte, so stand ich jetzt vor den Toren zur Hölle.

Dass man eine Schlange bildet und wartet, bis man an der Reihe ist, diese Verhaltensregel war noch nicht bis nach Pakistan vorgedrungen. Das merkte ich in jenem Hotel, wo alles – oder besser: fast alles – funktionierte. Es gab nur eine Möglichkeit, überhaupt an die Reihe zu kommen: die anderen in der Menge beiseite zu schieben und darauf zu beharren, dass man der Nächste sei.

Die pakistanischen Frauen sahen sehr schön aus. Auch die Wachmänner im Hotel waren freundlich. Eines Abends, als ein Hotelangestellter an der Fassade des Gebäudes zu meinem Balkon im dritten Stock hochkletterte und einzubrechen versuchte, während ich im Bett lag und ein Buch las, reagierten sie – kaum war ich aufgesprungen und nackt und schreiend in den Flur gerannt – ebenso schnell wie effizient.

Bei meinem Ausflug in die Hauptstadt Islamabad raste mein Fahrer über eine zweispurige Schnellstraße, wobei die Autos allerdings beide Fahrbahnen in beiden Richtungen benutzten. Wie bei der unter Jugendlichen beliebten Mutprobe war unter den aufeinander Zusteuernden derjenige der Verlierer, der zuerst auswich. Als wir einmal langsamer durch eine Kleinstadt fuhren, rannte ein Mann ohne Hände zu unserem Wagen und hämmerte mit seinen Stümpfen auf die Motorhaube. Männer, denen die Beine abgetrennt worden waren, bewegten sich mit rudernden Armen flink über den Asphalt, so als wollten sie mit den Last- und Personenkraftwagen mithalten. Durch Stress, seelische Anspannung und Ekel völlig ausgelaugt, sank ich schließlich in einen tiefen Schlaf. Das war zwar ein Abenteuer, aber keines, das mich euphorisch stimmte.

Das war mehr, als ich sehen wollte oder musste.

In Israel hatte ich das Holocaust-Museum zum Gedenken an die jüdischen Kinder besucht, einen abgedunkelten Raum mit Spiegeln, welche die Illusion erzeugten, dass für jedes getötete Kind eine funkelnde Kerzenflamme brannte. An der Wand eines Ganges in einem benachbarten Gebäude sah man eine Fotografie, auf der ein Mann einen kleinen Jungen auf dem Arm hielt. Die Augen des Jungen folgten der Hand des Mannes. Er zeigte zum Himmel. »Er sagt seinem Sohn, dass sie dorthin kommen – in den Himmel, um bei Gott zu sein«, erläuterte mein Reiseführer.

Nach meinen Erlebnissen im Holocaust-Museum und dann hier in Pakistan konnte ich die Vorstellung vom Elend der Welt nicht mehr verdrängen. Seit meinem dritten oder vierten Lebensjahr hatte ich verwirrt und bedrückt gegen sie angekämpft. Nun war ich außerstande, sie weiter zu ignorieren, ihr zu entfliehen. Die Lektion, die ich gerade lernte, wurde auf abstoßende, deprimierende Weise immer klarer: Auch wenn wir gern etwas anderes glauben würden, ist nicht alles auf diesem Planeten und in unserem Leben angenehm und licht.

Das Böse in seinen unterschiedlichen Erscheinungsformen – Lüge, Leiden, Schmerz, Krankheit, Unterdrückung, Korruption, Ungerechtigkeit – stellt in der Welt eine stets vorhandene, aktive Kraft dar.

Und das schon seit sehr langer Zeit.

Einige Leute bedienen sich der Idee des Bösen, um ihren Glauben an die Macht Gottes in Zweifel zu ziehen oder einzuschränken, indem sie die Frage stellen, wie ein liebevoller Gott so etwas wie den Holocaust zulassen konnte – zumal sich dergleichen ja im Lauf der Geschichte schon mehrfach ereignet hat. Auch ich weiß darauf keine Antwort. Und auch das Elend in Pakistan kann ich mir nicht erklären.

Vielleicht ist selbst dies Bestandteil des göttlichen Plans.

»Monotheistische Religionen – Religionen, die an einen einzigen Gott glauben – haben mehr miteinander gemein, als die meisten Leute annehmen«, sagte mir mein Reiseführer in Israel an dem Tag, als wir eine heilige Stätte besuchten, die von den Gläubigen dreier Religionen – Judentum, Islam und Christentum – gleichermaßen verehrt wird. »Mir ist schleierhaft, warum sie sich die ganze Zeit bekämpfen müssen.«

»Und worin bestehen diese Gemeinsamkeiten Ihrer Meinung nach?«, fragte ich ihn. Ich wollte wirklich herausfinden, was dieser gebildete, 65-jährige Jude dachte.

»Alle glauben an die Auferstehung«, erwiderte er. »Sie glauben an den Himmel. Und sie glauben an ...« Er war zu höflich, um das Wort auch nur auszusprechen.

»Die Hölle«, ergänzte ich.

Ich kannte eine weitere Gemeinsamkeit. Darauf war ich auf meinen Reisen rund um den Globus immer wieder gestoßen, wenn ich mir die Häuser der Menschen von innen ansah, die Bilder an ihren Wänden, die Dinge in den Souvenirläden – oder wenn ich in den heiligen Schriften dieser drei Religionen las. Im Judentum wie im Islam versinnbildlichten die Künstler die Idee des Bösen, indem sie – in Metall oder auf Glas – ein einzelnes geöffnetes Auge formten oder malten. Auch in der Bibel ist davon die Rede. Hier wie dort wird vor der Macht des bösen Blicks gewarnt.

In allen drei Religionen vertritt man die Auffassung, dass sich das Böse nicht nur im Tun manifestiert, sondern dass auch die Gedanken, Absichten und Motive – von Neid und Eifersucht bis zu Rachegelüsten, Habgier, Wut und Hass – wirkungsvolle Werkzeuge sind, die andere Menschen tatsächlich beeinflussen und verletzen. Und dass diese üblen Neigungen durch das Tor zur Seele übermittelt werden – eben durch das Auge.

»Man hat am Toten Meer jene inzwischen berühmt gewordenen Schriftrollen gefunden«, sagte mein Reiseführer kurz darauf. »Sie enthalten Prophezeiungen für die Welt – darüber, was im Laufe der Zeit geschehen wird. Sie sagen voraus, dass es zu einem Entscheidungskampf zwischen Finsternis und Licht kommt.«

»Und wer gewinnt?«, fragte ich.

»Nun, das Licht natürlich«, antwortete er.

Der Himmel ist ebenso real wie die Hölle, und beide Gewalten existieren hier und jetzt auf Erden.

Auf dem Rückweg von dieser speziellen Reise durchblätterte ich während eines Zwischenaufenthalts in Kuwait ein Reisemagazin. In einem der Artikel hieß es, einige Leute glaubten, der Garten Eden habe sich hier in Kuwait befunden.

Die Geschichte vom Garten Eden ist ein weiterer Punkt, in dem sich die drei Religionen begegnen. Sie taucht in den drei heiligen Büchern auf, die von den jeweiligen Gläubigen gelesen und studiert werden.

Damals, in diesem Garten, als die Schlange erschien, begann das Böse. Die Schlange verführte Eva, von der Frucht des Baumes zu essen. Sie pflückte sie, obwohl Gott gewarnt hatte: »Esset nicht von den Früchten des Baumes, rühret sie auch nicht an, dass ihr nicht sterbet!«

Die Schlange aber sprach: »Ihr werdet keineswegs des Todes sterben, sondern Gott weiß: An dem Tage, da ihr davon esset, werden eure Augen aufgetan, und ihr werdet sein wie Gott und wissen, was gut und böse ist.«

Anstatt darauf zu vertrauen, dass Gott sie schützen wollte, als er ihr befahl, sich von diesem Baum fern zu halten, dachte Eva, Gott würde ihr etwas vorenthalten, das ihr gut tun könnte – etwas, das ihr mehr Macht verleihen würde, als sie schon besaß. Also biss sie in die Frucht und aß und reichte sie an Adam weiter, der ebenfalls aß. Der Name des Baumes? Baum der Erkenntnis.

Vor dem Sündenfall gab es nichts als Unschuld. Alles war durchdrungen von Licht, umgeben von Zauber. Seither haben wir das Gute und das Böse kennen gelernt – wobei *kennen lernen* hier so viel heißt wie: »vertraut sein mit, erfahren, auf so bewusste wie quälende Weise erkennen, sehen, hören, riechen, ertasten, fühlen, manchmal damit übereinstimmen, daran teilnehmen und davon beeinflusst sein«.

Das Böse ist in dieser Welt nicht nur gegenwärtig, es kann auch – wie das Gute – auf uns einwirken und durch uns entstehen. In dem Film *Star Wars* wird es »die dunkle Seite der Kraft« genannt.

Während meines Aufenthalts in Israel konnte ich einmal in den frühen Morgenstunden nicht mehr einschlafen. Ich stand auf, zog mich an und ging am See Genezareth spazieren. An einer Stelle erspähte ich ein Feinkostgeschäft mit einem Innenhof. Es war hell erleuchtet, und Menschen liefen umher. Ich schritt darauf zu, kaufte eine Tasse Kaffee sowie eine

Blätterteigrolle und setzte mich in den Innenhof. Die Sonne war noch nicht am Himmel erschienen. Ringsum herrschte eine friedliche, von heiterer Gelassenheit geprägte Atmosphäre. Ein gut aussehender junger Mann mit dunklem, zerzaustem Haar trat an meinen Tisch, zog einen Stuhl hervor und fragte, ob er sich zu mir setzen dürfe. Er plauderte ein bisschen, fragte, woher ich käme, was ich hier täte und ob das nicht ein schöner Tag würde. Dann wollte er wissen, ob ich ihn zum Strand begleiten und mit ihm einen Joint rauchen wolle.

»Nein, danke«, sagte ich.

»Warum nicht?«, fragte er. »Mögen Sie kein Haschisch?«

»Ich mag es sehr«, erwiderte ich. »Aber ich rauche nicht mehr.«

»Wir könnten am Strand sitzen, high sein und den Sonnenaufgang betrachten«, versuchte er es erneut. »Es könnte eine wunderbare Erfahrung sein...«

»Nein, danke«, wiederholte ich, als ich mich erhob und zum Aufbruch rüstete. »Ich brauche nicht high zu sein, um einen wunderbaren Sonnenaufgang oder einen wunderbaren Tag zu genießen.«

Nach dieser ausführlichen Einleitung will ich Ihnen jetzt die Geschichte erzählen, die mir in diesem Kapitel eigentlich am Herzen liegt. Sie handelt vom Kampf zwischen Finsternis und Licht, sie offenbart, warum ich jenen jungen Mann abwies, und sie verdeutlicht, was Leute meinen, wenn sie auf jemanden zeigen und sagen: »Ohne die Gnade Gottes wäre ich auch so wie der, der da geht.«

༄

Die Aufseherin, eine kräftige Frau mit kurz geschnittenem, dunklem Haar und dicker Hornbrille, sperrte meine Tür auf und gab mir ein Kleid aus hellblauem Baumwollgewebe mit kurzen, leicht gebauschten Ärmeln.

Es war eines meiner adretten Kleider, das ich für solche Gelegenheiten im Wandschrank hatte.

Ich dankte ihr und wartete darauf, dass sie die Zellentür wieder absperrte und ich mich umziehen konnte.

Sie aber blieb stehen, starrte mich an, wartete. Ich legte das Kleid auf das dünne Feldbett mit der braunen Wolldecke, die die Aufschrift *Ramsey County Correctional Services* (Strafvollzugsdienst von Ramsey County) trug, setzte mich daneben, nahm das aufgeschlagene Buch zur Hand und ignorierte sie ganz bewusst.

Sie verschloss meine Tür und rasselte mit den Schlüsseln. »Du hast eine halbe Stunde Zeit«, bellte sie. »Dann komme ich wieder. Und dann bist du fertig.«

»Ich werde hier warten«, sagte ich, ohne aufzuschauen.

Als ich hörte, wie die Tür ins Schloss fiel, die an einen schmalen, entlang der Zellen verlaufenden Gang grenzte, erhob ich mich, zog die khakifarbene Uniform aus, schlüpfte ins hellblaue Kleid und knöpfte es vorne zu. In der Zelle gab es keinen Spiegel. Das war nicht erlaubt. Wir hätten das Glas zerbrechen und mit den Scherben unsere Pulsadern – oder die von jemand anders – aufschlitzen können. Zum Glück war mein Haar kurz, sodass es sich leicht frisieren ließ.

Ich rauchte eine Pall-Mall-Zigarette nach der anderen, bis ich hörte, wie die Tür im Gang geöffnet wurde. Ich warf die angefangene Zigarette in die Toilette, stand auf und ging zur Zellentür. Die Aufseherin schloss auf, musterte mich von oben bis unten und legte mir Handschellen an.

»Viel Glück, Mädchen!«, rief Sherelle, als ich an ihrer Zelle vorbeikam. Sherelle war eine gertenschlanke Schwarze, etwa zehn Jahre älter als ich. Wegen Prostitution hatte man sie erneut hierher gebracht. Da sie so dünn war, hielt ich sie auch für eine Fixerin. Sie eilte zur Zellentür und schob ein Stück Papier zwischen den Gitterstäben hindurch.

»Schreib mir«, sagte sie. »Lass mich wissen, wie's dir ergangen ist.« Sherelle wollte nicht nur wissen, wie es mir ergangen war. Sie wollte meine Geliebte sein, wollte mich zur Freundin haben.

»Ich habe keine Angst«, erwiderte ich. »Es wird schon gut gehen.«

Das war eine Lüge. Ich hatte sehr wohl Angst. Selbst die dreißig Milligramm Methadon, die ich früher am Tag geschluckt hatte, konnten mich nicht beruhigen. Gestern war Yvonne, eine schöne junge Frau mit langem dunklem Haar und großen braunen Augen, zu fünf Jahren Gefängnis in Shakopee, der Strafanstalt für Frauen, verurteilt worden. Fünf Jahre. Dabei handelte es sich erst um ihr zweites Delikt. Sie hatte lediglich ein paar ungedeckte Schecks ausgestellt.

Ich war gerade auf Bewährung gewesen und dann wegen eines weiteren Vergehens inhaftiert worden. Mein Schicksal hing an einem seidenen Faden. Noch in meinem Drogenrausch war mir irgendwie klar, dass ich diesmal nicht ungeschoren davonkommen würde. Als ich morgens mein Methadon getrunken hatte, diese dicke süßliche Flüssigkeit, die wie Heroin wirkte, aber keine ekstatischen Zustände hervorrief, war ein Anflug von Kummer spürbar gewesen, fast so, als würde ich mich von einem Geliebten verabschieden und sagen: »Die Zeit ist um, mein Freund.« Dieses Gefühl war äußerst seltsam und brachte mich beinahe um meinen Rausch.

Wieder einmal fühlte ich den altbekannten Wind der Veränderung wehen. In solchen Situationen scheint unsere Seele Bescheid zu wissen, so betäubt oder abgestumpft sie auch sein mag.

Ich folgte der Aufseherin durch das Labyrinth aus Gängen, verschlossenen Türen, Aufzügen und Tunnel, bis wir das Gerichtsgebäude erreichten. Sie führte mich in den Warteraum neben dem Gerichtssaal, nahm mir die Handschellen ab und verschwand.

Nach etwa 20 Minuten öffnete sich die Tür, und die kräftige Frau mit der Hornbrille gab mir das Zeichen hereinzukommen. Ich betrat den dunklen Saal, in dem die Stimmen der Beamten, Verteidiger und Zuschauer dröhnten. Ich überblickte den Raum. Eine kleine Frau mit dunklem, gewelltem Haar stand da und starrte mich an. Ja, Mama war auch gekommen.

Ich wich ihrem Blick aus und nahm den mir inzwischen vertrauten Platz vor dem Richter ein.

Mama und ein Herr – offenbar der Rechtsanwalt, den sie mit der Angelegenheit beauftragt hatte – gingen ebenfalls nach vorn. Sie befanden sich jetzt auf gleicher Höhe links von mir.

Der Richter prüfte mit finsterem Blick die vor ihm liegenden Papiere. Dann sah er auf, nahm seine Drahtgestellbrille ab und schaute mir in die Augen. »Normalerweise frage ich die Personen, die in meinen Gerichtssaal kommen, ob sie irgendetwas zu sagen haben. Das werde ich heute nicht tun. Ich habe zwei volle Seiten mit Ihrem Strafregister vor mir. Ich habe Aufnahmen von Ihren Armen, die im Rahmen des Programms zur Vorbeugung gegen Drogensucht benutzt werden – und zwar an allen Schulen dieses Bundesstaates. Sie verbüßen gegenwärtig eine Strafe auf Bewährung. Was Sie jetzt getan haben und weswegen Sie letzte Woche festgenommen wurden, ist ein schändliches Verbrechen gegen die Stadt. Den Berichten zufolge musste man Sie von oben bis unten in Ketten legen, um Sie überhaupt in dieses Gefängnis transportieren zu können.«

Der Rechtsanwalt neben meiner Mutter begann seine Ausführungen, doch der Richter schlug mit dem Hammer auf den Tisch und unterbrach ihn mitten im Satz.

»Junge Frau«, fuhr er fort, »es ist mir egal, wen Sie heute in diesen Gerichtssaal mitgebracht haben. Es ist mir egal, ob Sie wieder Ihre Mutter angeschleppt haben. Es ist mir egal, ob Sie die besten Anwälte haben. Es ist mir egal, ob Ihr Name auf der Liste der besten Schüler von Minneapolis und St. Paul steht. Es ist mir egal, wie gescheit Sie sind oder wer bei Ihnen ist, und ich werde Sie auch nicht fragen, was so ein nettes Mädchen wie Sie in so einem Chaos zu suchen hat.« Er beugte sich vor und sagte wohl überlegt, bestimmt und langsam: »Begreifen Sie eigentlich, dass Sie für Ihr Verhalten selbst verantwortlich sind?«

Durch seine Worte wurde mir schwindlig. Für das eigene Verhalten selbst verantwortlich sein? Nein, das wusste ich nicht. Aber ich wusste genug, um zu lügen.

»Ja«, antwortete ich.

Er lehnte sich zurück und las wieder in den Unterlagen auf dem Schreibtisch. Dann schaute er mich an. »Ich werde Sie vor eine Wahl stellen«, sagte er.

Hmm, gut, dachte ich.

»Sie können für fünf Jahre in die Strafanstalt für Frauen gehen.« Er hielt inne. »Oder ins Behandlungszentrum für Suchtkranke im Willmar State Hospital. Dort bleiben Sie so lange, bis Sie geheilt sind.« Er machte eine weitere Pause. »Wofür entscheiden Sie sich, Miss Vaillancourt?«

Ich konnte nicht sprechen, brachte kein Wort heraus. Gefängnis? Fünf Jahre lang? Oder auf Drogen verzichten?

Einige Leute sagen, dass man im Augenblick des Todes das eigene Leben noch einmal im Zeitraffer sieht. Einen solchen Todesmoment erlebte ich jetzt. Melody Lynn Vaillancourt, zu früh geboren am 26. Mai 1948 auf einem Küchentisch in St. Paul, Minnesota, 770 East Fourth Street, mit Hilfe von Emma Kirschbaum, einer älteren, rundlichen, lächelnden Hebamme, die es liebte, Kinder zur Welt zu bringen – Melody Lynn Vaillancourt war im Begriff zu sterben. Sie, die als Vierjährige leidenschaftlich gerne einen Altar im Wohnzimmer aufbaute und aus der Bibel las, die dann mit 20 in einem schäbigen Nachtclub an der Hennepin Avenue strippte, weil sie dringend Geld für Drogen brauchte, weil das Heroin ebenso Bestandteil ihres Bluts und ihres Gehirns war wie die roten und weißen Blutkörperchen, sie war soeben zum Tode verurteilt worden.

Bis zum zwölften Lebensjahr war ich ein stilles, artiges und – rückblickend betrachtet – wohl auch depressives Kind. Richard Voss und ich führten ständig einen unausgesprochenen Konkurrenzkampf um die Position des Klassenbesten. Ich konnte jede Frage beantworten, die mir gestellt wurde. Es war mir eine Freude, stets den Finger zu heben. Es war mir eine Freude, in die jeweiligen Wissensgebiete einzudringen und neue Kenntnisse zu erwerben. Ich hatte langes dunkles Haar, das mir über den Rücken fiel, und trug eine dicke Hornbrille. Außerdem behielt ich gerne Recht.

In einer Welt, die um mich herum regelmäßig außer Kontrolle geriet; inmitten einer Nachbarschaft, in der seltsame Idioten Kinder von der Straße lockten, unsittlich berührten und aufforderten, sich auf den Boden zu legen, während sie auf der Orgel den Titelsong von *Davy Crockett* spielten und dann das Kind fragten, ob es dieses Lied mochte – in dieser Welt gewährten mir Bücher und das Lernen einen Hort der Sicherheit.

Nachdem ich im Alter von drei Jahren meinen Vater hatte aus der Tür rennen – oder stolpern? – sehen, einen Mann, den meine Mutter als zügellosen Alkoholiker bezeichnete, der ihr so lange den Hof gemacht habe, bis sie schließlich mit mir schwanger gewesen sei, und der sie dann verließ, sodass meine Mutter mit mir und drei älteren Kindern allein zurückblieb, die von einem anderen Mann stammten, der sie ebenfalls verlassen hatte, indem er starb – und nachdem ich meine drei älteren Halbgeschwister wie meinen Vater aus der Tür hatte rennen sehen, sobald sie 18 waren, gewährten mir Bücher und das Lernen einen Hort der Sicherheit.

Mit Büchern war ich bestens vertraut. Die verstand ich wenigstens.

Meine Mutter würde wahrscheinlich sagen, dass ich ganz anders war: eigensinnig, dickköpfig, launisch – und dass ich mich geweigert hätte, meine Brille zu tragen. Sie erklärte mir freimütig, dass ich kein Wunschkind war und ihr zur Last fiel.

Und sie behauptet noch heute, ich hätte als Dreijährige ihren Liebling, einen Zwerghund, in den Backofen gesteckt und gebraten. Aber das glaube ich nicht. Ich hatte vor meinem vierten Lebensjahrzehnt keinerlei Bedürfnis, irgendetwas im Ofen zu braten, geschweige denn einen Hund. Ich denke, ich war ein gutes Kind. Aufgrund einer gewissen Kenntnis von Psychologie würde ich jetzt sagen, dass es eine eklatante Freud'sche Fehlleistung oder eine extrem symbolische Geste war, meine Brille immer wieder auf jenem alleeartigen Weg fortzuwerfen, der an der Kirche entlang führte, wo sich das große Unrecht ereignete, das mir geschah. Ich würde mir heute wahrscheinlich auf die Unterlippe beißen, Hmm sagen und feststellen, dass Familie und Opfer einfach nicht wahrhaben wollten, was an jenem Tag geschah. Aber damals hatte ich von solchen Zusammenhängen natürlich keine Ahnung.

Ich wusste nur, dass mir diese Brille verhasst war. Außerdem hütete ich ein Geheimnis, das niemand kannte. Ich hatte Gott gebeten, meine Augen zu heilen, damit ich die schreckliche Hornbrille nicht mehr tragen müsste. Und Er hatte meine Gebete erhört. Ich konnte auch ohne Brille gut sehen, und meine äußere Erscheinung war ohne sie viel ansprechender. Meine Mutter wollte mir jahrelang nicht glauben, dass Gott meine Augen geheilt hatte – bis sie mich zum Augenarzt brachte und eine gründliche Untersuchung verlangte, die dann bewies, dass meine Sehfähigkeit nicht beeinträchtigt war.

Ich hätte wissen müssen, dass ich an jenem Tag kurz vor meinem zwölften Geburtstag leichtsinnig war und mich in Gefahr begab. Ich hatte nur wenige Freunde und Freundinnen. Mit den meisten Kindern durfte ich nicht spielen, und da ich mehrere Jahre chronisch krank und ans Bett gefesselt war, kannte ich auch nicht sehr viele. Ich brauchte keine Nachhilfe. Solange ich mit meinen Büchern lebte, konnte ich mir selbst beibringen, was ich lernen sollte – ob in Mathematik, Englisch oder Erdkunde. Obwohl ich im zwischenmenschlichen

Bereich völlig ungeschickt war, lagen meine geistigen Fortschritte und Leistungen doch weit über dem Durchschnitt.

An jenem Tag also war ich vor unserem Haus in ein kleines Spiel vertieft. Zementstufen führten zur vorderen Veranda des zweistöckigen Hauses, in dem meine Mutter und ich wohnten. Die Treppe war auf beiden Seiten von einer Zementwand eingefasst. Ich sprang gerne von der einen zur andern. Es ging nicht sehr tief hinunter, nur knapp einen Meter. Aber es war ein lustiges, aufregendes Spiel, dem ich allein frönen konnte.

Ich lief also auf der einen Zementwand auf und ab und sprang dann auf die andere hinüber.

An jenem Tag tat ich es wieder, verfehlte jedoch das Ziel um wenige Zentimeter. Anstatt auf der anderen Seite zu landen, knallte ich mit dem Kopf derart heftig gegen die Zementwand, dass ich mir eine Platzwunde am Kinn holte. Ein scharfer Schmerz durchzuckte meinen Körper, als der Knochen auf den Zement schlug. Mein Gesicht war voller Blut, und ich ging ins Haus. Meine Mutter sagte, daran sei ich selbst schuld, ich sei leichtsinnig, ich solle ein Pflaster auf die Wunde tun und mich nicht mehr wie ein kleines Kind benehmen.

Ich hörte auf zu weinen, marschierte ins Badezimmer und brachte die Blutung zum Stehen. Dann begab ich mich nach draußen, schaute lange die Treppe an, schwang mich wieder auf die Zementwand, lief in Richtung Haus und – sprang.

∾

Scotty weiß viel über PTSD (Posttraumatische Stress-Störung), denn er leidet daran. Nachdem er mit 18 Jahren zur Armee, zu den US-Marines, gegangen war, erkrankte er auf dem Weg nach Vietnam am Guillain-Barré-Syndrom, das ähnliche Auswirkungen hat wie die Kinderlähmung. Während der folgenden anderthalb Jahre war er vom Hals abwärts gelähmt. Man teilte ihm mit, er werde nie mehr gehen können.

Zwar konnte er dann doch wieder gehen, aber nur mit Hilfe von orthopädischen Stützklammern.

»Leute mit PTSD haben im Wesentlichen drei Gefühle«, sagte er mir einmal. »Sobald etwas passiert, erschrecken sie und bekommen Angst. Dann werden sie wütend auf das, was ihnen Angst einjagt. Und schließlich stumpfen sie ab. Bisweilen langweilt sie diese Betäubung derart, dass sie hinausgehen und etwas tun, das Schmerz verursacht. Dieser Schmerz ist das Einzige, was die Starre durchbricht, das Einzige, was ihnen zu erkennen gibt, dass sie noch am Leben sind.«

Und er fügte hinzu: »Wie man so schön sagt: Kneif dich mal, damit du weißt, ob du noch da bist.«

∽

Es war Sonntagmorgen im östlichen Teil von St. Paul, Minnesota. Meine Mutter hatte mich früh geweckt und in die Methodistenkirche geschickt, die etwa acht Häuserblocks von unserem Haus entfernt lag.

Ich ging gern in den Gottesdienst – lieber als in die Sonntagsschule. Die Predigten verstand ich zwar nicht, aber ich saß gern in der Kirchenbank und sang mit Leidenschaft Choräle. Manchmal traf ich nicht den richtigen Ton, doch das störte mich nicht. Ich saß da und sang mit: *What a Friend We Have in Jesus* (Welch ein Freund ist unser Jesus) und *How Great Thou Art* (Wie groß du bist). Manchmal überkamen mich dabei die seltsamsten Gefühle, und ich fing einfach an zu weinen. Also sang und weinte ich, unfähig, die Stimme zu halten, und das war das größte Glücksgefühl, das ich bis dahin empfunden hatte.

Darüber hinaus machte es mir Freude, diese Lieder zu Hause auf dem Klavier zu spielen. Seit meinem fünften Lebensjahr hatte ich Klavierunterricht. Einmal pro Woche ging ich ein paar Straßen weiter zum Haus meiner Klavierlehrerin, der alten Mrs. Hudson. Ich war wirklich gut und musste nicht sehr viel üben, um Mrs. Hudson davon zu überzeugen, dass ich die ganze Woche geübt hatte. Gelegentlich gab sie mir ein Plätzchen und streichelte mir über den Kopf, weil ich ein so braves Mädchen war.

Und ich hatte sogar die ganze Woche gespielt. Aber lieber all die Lieder, die ich gern mochte, aus den Notenstapeln, die mir mein Vater zurückgelassen hatte, als er von zu Hause wegging. Meine Mutter sagte, Klavierspielen sei das Einzige gewesen, was er richtig gut gekonnt habe. Denn er war Jazzmusiker und stammte aus New Orleans. Damals betonte Mama immer wieder, ich würde sie an meinen Vater erinnern. Ich wusste, dass das nichts Gutes war. Denn ihrer Meinung nach konnte er nur drei Dinge: trinken, Klavier spielen und sie zum Weinen bringen.

An jenem Sonntagmorgen also ging ich in Richtung Methodistenkirche. An der Ecke unseres Häuserblocks kam ich an einer anderen Kirche vorbei. Ich hatte keine Ahnung, wer dort zum Gottesdienst ging. In der Nachbarschaft gab es viele Kirchen, und was darin geschah, war für mich ein großes Rätsel. Mama sagte, wir dürften uns keiner anderen Religionsgemeinschaft anschließen. »Hätten wir Katholiken sein sollen, dann wären wir als Katholiken geboren worden«, erklärte sie. Wir aber hatten als Protestanten das Licht der Welt erblickt. Insgeheim beneidete ich die Katholiken. Sie mussten jede Woche einmal zur Beichte, nach der ihnen die Sünden vergeben wurden. Ich war mir sicher, dass sie an den anderen Tagen der Woche Feste feierten und taten, was ihnen Spaß machte. Beides erschien mir reizvoll – erst feiern und sich austoben und dann Vergebung erlangen.

Als ich mich dem Ende des Häuserblocks näherte, überquerte ich die Straße, obwohl ich dadurch vom direkten Weg zu meiner Kirche abwich. Auf dem gegenüberliegenden Bürgersteig kam ich am Haus der Kruegers vorbei. Sie hatten viele Kinder; Mama nannte sie »Gören mit Rotznasen und dreckigen Hosen«. Irgendwann war mir eines dieser Gören mit

Rotznase und Dreckshose bis nach Hause gefolgt. Ich war so glücklich, dass ich Mama ansah und fragte: »Können wir es behalten?« Sie aber antwortete: »Nein, wir müssen es zurückschicken.« Das taten wir dann auch. Mama wusste nicht, dass ich Gott gebeten hatte, mir einen kleinen Jungen zu senden, der zu mir gehörte und um den ich mich kümmern konnte. Ich dachte, es sei der mit der Rotznase, wenngleich er von den Kruegers kam.

Die Kruegers hatten immer ein Auto mit hochgeklappter Motorhaube in der Einfahrt stehen, und einer aus der Familie arbeitete am Motor oder dem, was sonst noch unter der Haube war. Meistens war es der alte dicke Vater in seinem schmutzigen weißen T-Shirt, das den Bauch nicht ganz bedeckte, seinen Bluejeans, die heruntergerutscht waren und den Spalt seines Hinterns freigaben; stets hielt er eine dunkelbraune Bierflasche in der Hand. Nie haben diese Leute mir wehgetan oder mich gekränkt, aber Mama bezeichnete sie als »die schreckliche Kruegerfamilie«, und so hatte ich Angst vor ihnen.

Noch größere Angst jedoch hatte ich vor jener Kirche an der Ecke des Häuserblocks.

∞

Damals, an jenem Tag, an dem ich mit Wendy und Mary Lou spielte, war ich erst vier Jahre. Wendy war mit etwa sechs Jahren die Älteste, während Mary Lou so alt war wie ich. Beide wohnten neben uns in einem großen Haus mit einer großen Familie – einschließlich Vater, Mutter und Großvater. Ich durfte nicht oft mit diesen oder anderen Kindern spielen, und so war es ein besonderer Tag für mich. Wir drei hatten die Erlaubnis, bis zur Ecke und wieder zurück zu gehen. Folglich gingen und sprangen wir über den Bürgersteig von der Mitte des Blocks bis zur Ecke.

Das heißt, nicht ganz bis zur Ecke.

Wir hüpften gerade an jener Eingangstür der Kirche vorbei, welche die Leute benutzten, um an den Gemeinschaftsessen mit selbst zubereiteten Speisen teilzunehmen – nicht an der größeren Tür weiter vorn und näher zur Ecke, durch die man zum Gottesdienst eintrat. Es war kein Sonntagmorgen, und darum war niemand außer uns da.

Die Kirchentür öffnete sich, und ein Mann mit blondem Haar trat heraus. Er sah nett aus, aber irgendetwas an ihm machte mir Angst, erschien mir unheimlich – ein Gefühl, das mich manchmal auch in Gegenwart meiner Onkel überkam.

Auch in Gegenwart eines meiner Stiefväter kannte ich dieses Gefühl. Er hieß Otto und wohnte nur ein Jahr bei uns. Er arbeitete während der Nachtschicht als Pfleger im großen städtischen Krankenhaus. Ich lag in meinem Bett in tiefem Schlaf. Plötzlich hörte ich ein Geräusch, blickte auf und sah Otto, der in weißer Arbeitskleidung und mit weißem Mundschutz in der Mitte des Zimmers stand und mich anstarrte. Er mochte es ganz besonders, mir ein Klistier zu geben. Er sagte, das sei seine Aufgabe im Krankenhaus, und das könne er gut. Mama trennte sich von ihm. Sie meinte, er sei äußerst seltsam. Später wurde er verhaftet, weil er in einem nahe gelegenen Park einen Mann vergewaltigt hatte.

Der blonde Mann kam aus der Kirche und hielt uns eine kleine Schachtel hin. »Wollt ihr ein paar Süßigkeiten, ihr kleinen Mädchen?«, fragte er.

Wendy sagte Ja. Der Mann nahm eine Süßigkeit aus der Schachtel und legte sie in ihre Hand. Auch Mary Lou streckte die Hand aus. Er gab ihr ebenfalls ein Bonbon oder sogar zwei.

Dann schaute er mich an. Ich schüttelte den Kopf und wich zurück. »Nein, danke«, sagte ich.

Dann ging alles so schnell, dass ich wirklich keine Zeit zum Nachdenken hatte. Er packte mich am Arm, zog mich durch die Tür in die Kirche und schloss sie hinter sich ab. Dann zog er mich schnell in den Keller.

Ich kann mich kaum daran erinnern, was als Nächstes geschah. Ich hatte das Gefühl, gar nicht an diesem Ort zu sein oder zu träumen. Ich entsinne mich an keine Empfindung, keine Berührung meines Körpers, an überhaupt nichts. Aber ich weiß, dass er mich ganz ausgezogen haben muss, denn hinterher forderte er mich auf, mein Unterhemd und meine Unterhose wieder anzuziehen. Die restlichen Kleidungsstücke durfte ich nicht wieder anziehen. Ja, er gab sie mir nicht einmal.

Dann setzte er sich an die große Orgel, die in der Ecke des Raums stand, legte meine Kleider in seinen Schoß und sagte, dass er eine schöne Überraschung für mich habe, weil ich ein so braves Mädchen sei. Er schaltete die Orgel ein und fing an zu spielen und zu singen: »Davy, Davy Crockett, König des wilden Grenzlands ...«

Als er das Lied beendet hatte, sah er auf mich herab. Ich lag still auf dem Boden und lauschte der Musik. »Hat dir das gefallen?«, fragte er.

Plötzlich hörte ich ein lautes Klopfen und Krachen und Poltern. Das Nächste, was ich noch weiß, ist, dass ich kurz darauf neben Mama auf dem Rücksitz eines Polizeiautos saß. Sie sagte, die Sache sei aus und vorbei. Ich kann mich nicht erinnern, dass wir je wieder darüber gesprochen hätten. Kein einziges Mal.

Die Sache mag zwar aus und vorbei gewesen sein, aber jedes Mal, wenn ich die Kirche an der Ecke des Häuserblocks passierte, fiel sie mir wieder ein.

So auch an jenem Sonntag, als ich zum Gottesdienst in der Methodistenkirche unterwegs war. Nachdem ich die ominöse Kirche unbeschadet passiert hatte, kehrte ich auf die richtige Straßenseite zurück und ging bergab weiter. Ich beeilte mich, um nicht zu spät zu kommen.

Ich hatte mein eigenes Geld für die Kollekte. Es bereitete mir großes Vergnügen, die Münzen auf den großen Sammelteller zu legen, wenn er herumgereicht wurde. Ich arbeitete fleißig, um Geld zu verdienen. Stolz verkündete ich, dass ich noch niemals Taschengeld bekommen hätte. Inzwischen hatte ich schon über ein Jahr lang als Babysitterin gejobbt.

Ich war Babysitterin bei einer Frau, die ein Baby hatte, aber keinen Mann. Ihr Haus war ganz in der Nähe. Wenn sie wegging, ließ sie Lippenstift und Wimperntusche herumliegen, und ich war glücklich, mich zu schminken, woanders zu sein und mit dem Baby zu spielen. Und obendrein wurde ich dafür auch noch bezahlt.

Außerdem passte ich noch bei den Kindern einer anderen Familie auf. Diese wohnte etwa acht Blocks entfernt in entgegengesetzter Richtung und hatte zwei Kinder, einen Jungen und ein Mädchen. Die Frau war sehr still. Sie und ihr Mann blieben bis Mitternacht oder ein Uhr weg. Nachdem die Kinder eingeschlafen waren, legte ich mich auf die Couch und schlief, bis die Eltern heimkehrten.

Die Frau weckte mich dann auf, und der Mann fuhr mich nach Hause. Er sagte, es sei zu dunkel und zu spät, ich solle nicht allein zu Fuß zurückgehen.

Als er mich das erste Mal im Wagen nach Hause brachte, verstand ich nicht, dass er an meinem Haus vorbeifuhr, einbog und erst auf der anderen Seite des Blocks anhielt. Ich sah, wie er den Reißverschluss an seiner Hose aufmachte. Dann erinnere ich mich, dass er auf mir lag. Ich wusste nicht, was er da tat. Auch damals fühlte ich nichts. Nach einer Weile saß er wieder aufrecht, machte den Reißverschluss zu und setzte mich vor der Haustür ab. Er drückte mir etwas Geld in die Hand, und ich ging die Stufen hoch, öffnete die Tür, betrat mein Zimmer, legte mich ins Bett und dachte über den Vorfall nicht weiter nach.

Wenn ich über etwas nachdachte, dann über meine Bücher. Ich löste die mathematischen Aufgaben. Ich tat mich in Englisch hervor. All das verstand ich. Nur die Welt, in der ich lebte, wenn ich nicht las, war mir unverständlich.

Auf meinem Weg zur Kirche war ich nun unten am Hügel angekommen. Ich bog um die Ecke und ging Richtung Methodistenkirche – in der Hoffnung, dass ich nicht zu spät dran war.

Doch dann hielt ich ohne jeden Grund inne.

Ich dachte an die zahlreichen Zeugnisse des Glaubens, die in der Kirche hingen und zum Ausdruck brachten, dass Gott Liebe ist. Und zugleich dachte ich an die Art und Weise, wie die Leute mich dauernd anschauten, so als hätte ich etwas falsch gemacht oder als wäre ich ein schlechter Mensch.

Ich blickte zum Himmel empor, fast direkt in die Sonne. *Gott ist nicht wirklich da,* dachte ich. *Nein, er existiert nicht. Und wenn er existiert, dann liebt er mich nicht, weil sich all das für mich gewiss nicht nach Liebe anfühlt.*

Ich machte kehrt und ging geradewegs wieder den Hügel hinauf. Dann klopfte ich an die Tür des Hauses, wo Sophie wohnte. Sie war älter als ich, und meine Mutter hatte mir den Umgang mit ihr verboten. Die nächste Stunde verbrachten wir damit, Magazine zu lesen, in denen Frauen freizügig über ihre intimen Erfahrungen berichteten.

Sophie sagte, ich solle mich innerlich vorbereiten, ich sei bald alt genug, um sexuelle Beziehungen mit Männern zu haben – wie die Frauen in den Geschichten. Mir wurde bange, und ich fragte mich, was es wohl mit dem Sex auf sich habe und wie es wohl wäre, mit einem Mann zu schlafen. Dann verbannte ich diesen Gedanken aus meinem Kopf und zündete die Zigarette an, die Sophie mir reichte.

»Wie war es in der Kirche?«, fragte meine Mutter, als ich nach Hause kam.

»Schön«, antwortete ich. »Es war schön.«

༄

Ich begann nicht zu trinken, weil ich sexuell missbraucht worden war. Ich rannte in der siebten Klasse auch nicht mittags zur Essenszeit von der Schule nach Hause, um heimlich einen zu kippen, weil ich aufgrund meiner vielen Krankheiten und der damit verbundenen Schulversäumnisse nicht recht wusste, wie ich mich mit meinen Altersgenossen unterhalten sollte. Ich fing auch nicht deshalb zu trinken an, weil ich dafür, dass ich brav war, keine Liebe und Anerkennung – oder irgendeine nennenswerte Belohnung – bekam, während die Reaktion, sobald ich mich schlecht benahm, niemals auf sich warten ließ, auch wenn diese Reaktion aus Widerwillen und Verachtung bestand. Ich fing auch nicht zu trinken an, weil der erste Junge, für den ich schwärmte – jener dunkelhaarige Typ mit Brille, der direkt gegenüber von uns wohnte –, mich abblitzen ließ, als ich ihm vorschlug, wir sollten doch miteinander gehen, und hingebungsvoll auf meinen ersten richtigen Kuss wartete – einen Kuss aus Liebe, der anders war als die Küsse und Berührungen, die ich bislang empfangen hatte: von Männern, die mich von der Straße zerrten und an meinem Körper herumfummelten und hinterher *Davy Crockett* auf der Orgel spielten, oder von scheinbar anständigen Männern, denen ich vertraute und für die ich arbeitete, die Frau und Kind hatten und trotzdem gerne ihr *Ding* hervorholten, wie Mutter sich ausdrückte, und mich damit vergewaltigten, anstatt mich nach Hause zu bringen, wie sie es versprochen hatten.

»Lass ja nicht zu, dass Männer dich mit ihrem *Ding* berühren«, hatte Mama zu mir gesagt. Nun, offenbar wusste ich nicht, wie ich ihnen Einhalt gebieten sollte.

Nein, ich fing im Alter von zwölf Jahren nicht an zu trinken, weil ich wie ein wandelnder, sprechender menschlicher Schwamm von meiner Familie und jenen Männern ein schmutziges Schamgefühl aufsaugte.

Gewiss, all diese Faktoren haben meinen Alkoholismus begünstigt. Aber sie sind nicht der Grund dafür, dass ich nach der Schule erst einen, dann noch zwei und schließlich drei Schlucke aus der Jack-Daniels-Flasche nahm, anstatt wie andere Kinder ein Sandwich mit Erdnussbutter zu essen.

Ich fing an zu trinken, weil es sozusagen Liebe auf den ersten Schluck war.

༄

Zunächst empfand ich ein seltsames Gefühl von Überlegenheit, wenn ich nach einem heimlichen Drink zum Nachmittagsunterricht in die alte Volksschule (Klassen eins bis acht) zurückkehrte, die vier Blocks von zu Hause entfernt war. Ich glühte innerlich, und nichts konnte mich aus der Fassung bringen. Ich hatte nur eine Empfindung: Wohlbehagen. Es hielt ungefähr vier bis sechs Stunden an. Und es stellte sich immer dann ein, wenn ich trank.

Sobald es nachließ, machte ich in aller Ruhe meine Hausaufgaben, ging dann ins Bett und schlief ein.

Doch in dem Jahr, als ich zwölf wurde, änderten sich die Dinge.

Ich fing an zu rauchen, Zigaretten der Marke L & M.

Meine Mutter hörte auf, schöne, pinkfarbene Satinkleider für mich zu nähen und mich zu Klavierabenden mitzunehmen.

Ich hörte auf, in der Klasse meinen Finger zu heben und die richtige Antwort herauszuposaunen. Allmählich bekam ich Schwierigkeiten in der Schule, weil ich gegen die Lehrer rebellierte, und musste deswegen sogar einmal zum Direktor, was mich gleichzeitig erschreckte und erregte.

Außerdem wurden die Jack-Daniels-Flaschen unter dem Spülbecken immer leerer. Ich konnte den Whiskey nicht weiter mit Wasser verdünnen.

Ich suchte Anschluss.

༄

Manchmal treffen wir eine Entscheidung, und diese Entscheidung – eine Reihe von Wörtern, die sich in einen Satz verwandelt – ändert unser Schicksal. Sie dringt ein in die Welt und ebnet uns den Weg – zum Guten oder zum Schlechten.

Gott erschuf eine Welt, die von Bewusstsein und Glauben erfüllt ist.

Mit diesen Kräften erzeugen auch wir unsere Welt.

Nur sehr selten sehen wir, wie sich zwischen unseren Wörtern, unseren Überzeugungen und der physischen Wirklichkeit, in der wir uns vorfinden, A und B, Ursache und Wirkung, verbinden. Erst später, im Rückblick, gelangen wir zur Erkenntnis. Erst dann zeichnet sich der Wendepunkt deutlich ab.

Mein Leben änderte sich unwiderruflich – und nicht gerade zu meinem Vorteil – an jenem Tag, als ich zwölf war und beschloss, nicht mehr an Gott zu glauben. Ich kann Ihnen nicht sagen, wann genau sich diese Veränderungen bemerkbar machten, aber ich kann Ihnen, wenn Sie es erfahren möchten, darlegen, wohin sie führten.

ಲ

Auf meinem Schulweg kam ich jeden Tag an einer Ecktankstelle vorbei, wo eine Gruppe junger, etwa 20-jähriger Männer sich aufhielt. Sie hörten Rockmusik, rauchten und tranken Bier. Einige von ihnen kannten meinen älteren Halbbruder und meine beiden älteren Halbschwestern, die inzwischen alle zu Hause ausgezogen waren.

Das war also jetzt mein Treffpunkt.

Als ich 13 war, luden sie mich eines Abends zu einer Party ein. Meiner Mutter sagte ich, dass ich in die Bücherei müsse, um mich auf den Unterricht vorzubereiten. Doch ich ging zu der Adresse, die mir gegeben worden war, und läutete an der Tür. Ein etwa 20-jähriger Mann, den ich damals gut aussehend fand, ließ mich herein. Ich schaute mich um.

Jeder trank Bier. Man bot mir eines an. Ich trank die Flasche leer wie ein Glas Wasser. Sie boten mir ein weiteres Bier an. Auch dieses stürzte ich hinunter – und noch eins und noch eins.

Das tat gut. Ich hatte Freunde. Ich hatte Bier. Mit meinen Klassenkameraden konnte ich nicht reden, aber diese Jungs redeten mit mir. Ja, sie schienen mich sogar zu mögen.

Einer von ihnen fragte mich, ob ich mit ihm kommen wolle, er hätte mir etwas zu zeigen. Er nahm meine Hand und führte mich über einen Gang in ein Schlafzimmer. Er setzte sich aufs Bett und zog mich neben sich.

Inzwischen hatte ich viel Bier intus. Ich war sinnlos betrunken. Aber das eklige Gefühl in der Magengegend, als er mich berührte, war stark genug, um die Benommenheit und den Rausch zu verdrängen. Dieses Gefühl kannte ich gut. Ich hatte es zuerst gehabt, als der Mann mich in die Kirche zerrte, und dann später, als der Familienvater, bei dem ich Babysitterin war, mich nach Hause fuhr.

Ich tat, was man mir beigebracht hatte – nämlich gar nichts.

Ich glaubte zu wissen, was als Nächstes geschehen würde, aber im Grunde hatte ich keine Ahnung. Als dieser fremde Junge mit mir fertig war, aufstand und das Zimmer verließ, kam ein anderer. Dann noch einer und noch einer. Der Rausch wurde allmählich schwächer, und ich stolperte zur Schlafzimmertür.

Dort packte mich ein großer dünner Mann mit blondem Haar und blauen Augen. »Noch nicht«, sagte er und zog mich zurück ins Zimmer. Ich versuchte ihn abzuwimmeln, war aber zu betrunken. Und er war zu stark.

Als auch er fertig war, erhob ich mich und ging nach Hause.

Zaghaft betrat ich das Haus. Meine einzige Aufgabe bestand darin, geradeaus zu gehen, sodass ich an meiner Mutter vorbeihuschen konnte, die im Sessel neben der Tür zu ihrem Schlafzimmer saß, und es bis zum Gang zu schaffen, der zu meinem Schlafzimmer führte.

Ich kam nur bis zum Sofa im Wohnzimmer. Ich ließ mich darauf fallen und starrte in den Fernseher. Mutter und ich redeten nicht viel – sie meinte, ich sei wortkarg –, weshalb ich mir keine Sorgen um meine undeutliche Aussprache machen musste. Eine Weile blieb ich sitzen. Dann stand ich auf und ging Richtung Schlafzimmer, wobei ich ganz bewusst einen Fuß vor den anderen setzte und mich zwang, nicht zur Seite zu kippen.

Ich hatte das Wohnzimmer halb durchquert und war schon fast beim Gang, als meine Mutter mit schriller Stimme fragte: »Wo bist du gewesen?«

O Gott. Ich musste etwas sagen. »Ich hab's dir doch gesagt. Ich war in der Bücherei.«

»Die ist gar nicht so lange geöffnet«, erwiderte sie. »Weißt du eigentlich, wie spät es ist?«

Nein, das wusste ich nicht. »Ich hab' meinen Bus verpasst«, sagte ich. Die Bücherei lag in der Innenstadt. »Der Bus fährt jetzt nur noch alle Stunde.«

Sie schwieg. Sie brauchte nichts zu sagen. Ich spürte ihren stechenden, durchdringenden Blick. Ich erinnerte mich, dass es der gleiche war, den sie meinem Vater zugeworfen hatte. Er drückte Verachtung und Ekel aus. Er war meine »Belohnung« dafür, dass ich etwas Schlimmes getan hatte.

Ich setzte meinen Weg fort, öffnete die Schlafzimmertür, zog mich aus, schlüpfte in meinen Pyjama und legte mich ins Bett. Kurz darauf verstummte das Geräusch des Fernsehers, und im Wohnzimmer gingen die Lichter aus. Meine Mutter war zu Bett gegangen.

Es war vorbei.

Das Zimmer drehte sich. Ich hatte das Gefühl, in einem schlingernden Boot zu sitzen; mir war ein wenig übel und schwindlig. Aber ich befand mich in Sicherheit.

Das war meine erste Erfahrung, mein erster Kampf mit der Übermacht.

Ich bemühte mich verzweifelt, das Unkontrollierbare zu kontrollieren – die Auswirkungen des Alkohols auf mein Verhalten, meine Worte und meine Schritte. Ich war mir nicht sicher, aber vielleicht hatte ich den Kampf gewonnen. Ich schloss die Augen und schlief ein.

»Wach auf.« Eine Hand berührte meine Schulter.

Zuerst dachte ich, es sei meine Mutter.

Ich kam zu mir. Ein Gesicht beugte sich herab und küsste mich. Vor dem Bett stand einer der jungen Männer von der Party. Er war mir nach Hause gefolgt.

»Wie bist du hier reingekommen?«, fragte ich.

»Die Haustür war nicht abgeschlossen, also bin ich hereinspaziert«, antwortete er.

Was wirklich seltsam war und mich von anderen unterschied, was mich schon damals ungewöhnlich erscheinen ließ und mir tief im Innern ein Warnsignal hätte sein müssen, war die Tatsache, dass ich überhaupt nicht, nicht einen Augenblick lang, daran dachte, loszuschreien. Um zu überleben, um mich selbst zu retten, wollte ich nett sein und keinen Ärger verursachen. Vor allem aber durfte ich meine Mutter nicht aufwecken. Trotzdem drohte ich damit, einen Schrei auszustoßen.

»Wenn du nicht verschwindest«, sagte ich ruhig, »werde ich mir die Lunge aus dem Leib schreien. Ich bin minderjährig, und du bist volljährig. Meine Mutter wird aufwachen und die Polizei holen, damit sie dich ins Gefängnis bringt.«

Er schaute mich an, machte den Reißverschluss an seiner Hose auf und holte sein *Ding* hervor. Ich stieß ihn weg. Er verschwand.

Fast 30 Jahre zuvor war der Mann, dem meine Mutter vertraute, der als ihr liebevoller Vater galt, an ihr Bett getreten. Damals war auch sie zwölf Jahre. Er zog die Decke von ihrem kleinen Körper und legte sich neben sie.

Mutter schrie nicht, rief nicht um Hilfe. Sie nahm das Messer hervor, auf dem sie schlief, und ging damit auf sein *Ding* los.

Ich wusste nichts über diese Erfahrung meiner Mutter. Ich wusste nur, dass der Mann aus meinem Schlafzimmer weggegangen war. Ich starrte auf das kleine Bild, das an der Zimmertür hing und auf dem das Gesicht Christi unheimlich im Dunkel leuchtete. Dann sank ich wieder in Schlaf.

All dies – das Trinken, die Männer, die Lügen – schmerzte mich. Aber nur wenig mehr, als auch mein übriges Leben geschmerzt hatte.

Diesmal hatte ich mich fest gekniffen. Ja, endlich war ich in der Realität angekommen.

Im Laufe der folgenden Monate begann ich eine Beziehung mit einem der Männer auf der Party. Ich wurde seine Freundin. Sobald meine Mutter eingeschlafen war, schlich ich mich nach draußen und lief zu seinem Haus zwei Straßen weiter, wo er in der vorderen Veranda schlief. Ich stieg in sein Bett, war ihm gefügig, rannte zurück nach Hause und kroch durch mein Schlafzimmerfenster. Dabei hoffte ich inständig, dass Georgette, der kleine Dackel meiner Mutter, mich nicht hörte und zu bellen anfing.

Auf Bierpartys überließ mich dieser Mann gelegentlich seinen Kumpanen, aber das schien mir nur ein geringer Preis dafür zu sein, dass ich einen Freund hatte. In der Schule bekam ich nach wie vor glatte Einser. Ich trieb meine Studien eifrig voran, lernte Maschinenschreiben und Stenografie und vertiefte meine Kenntnisse in Englisch. Ich war die Jüngste, die bei der Schülerzeitschrift an der Minnehaha Academy mitarbeiten durfte, einer privaten christlichen Highschool gleich hinter der Brücke in Minneapolis, die ich besuchte. Daneben bildete ich mich in klassischer Musik weiter. Sehr gerne schrieb ich Geschichten. Nur manchmal hatte ich einen gleichaltrigen Freund. Ich führte viele heftige Diskussionen mit meiner Mutter. Fast täglich trank ich Alkohol. Und etwa mit 16 fand ich heraus, dass der Kater am nächsten Tag viel schwächer ausfiel, wenn ich eine Hand voll Diätpillen schluckte, die man heute unter der Bezeichnung Amphetamin kennt.

1961 unternahmen meine Mutter und ich einen »Ausflug« nach Kalifornien. Es war unsere letzte gemeinsame Reise, solange ich noch zu Hause wohnte.

Ich war schwanger. Sie ahnte es, wusste es einfach. Aber sie wusste nicht, dass ich bereits eine Abtreibungspille gekauft und geschluckt hatte, die allerdings keinerlei Wirkung zeigte.

In Los Angeles mieteten wir ein Auto und fuhren hinunter nach Mexiko. Meine Mutter hatte den Namen und die Adresse eines Arztes, der sich meines *Zustands* annehmen sollte. Nachdem wir aus dem Wagen gestiegen und an die Tür der Klinik geklopft hatten, erschien ein kleiner dicker Mann mit Schnurrbart und schmutzigen Fingernägeln und stellte sich als jener Arzt vor. Ich starrte auf die schmutzigen Fingernägel und schaute dann meine Mutter an. Wir gingen sofort zum Auto zurück.

Ein paar Tage später führte sie mich in eine Arztpraxis in Hollywood. Der Arzt erklärte, er würde mir zuerst eine Spritze gegen die Schmerzen geben und anschließend eine Flüssigkeit in meine Gebärmutter injizieren, die eine Fehlgeburt verursache. Danach sollten wir wieder ins Hotel gehen. Sobald die Blutung beginne, sollte meine Mutter mich in ein städtisches Krankenhaus fahren und dort sagen, ich hätte eine Fehlgeburt.

Er band mir den Arm mit einem Gummiband ab und stach die Nadel in meine Vene. Mich überkam ein Gefühl, das mir bis dahin unbekannt war. Ich wurde ganz locker. Dann stach er mit der größten Nadel, die ich je gesehen hatte, durch meinen Unterleib direkt in die Gebärmutter. Ein stechender Schmerz erfasste meinen ganzen Körper.

Als ich später am Abend auf die Station gebracht wurde, stellten die Ärzte und Schwestern meiner Mutter eine Menge Fragen. Doch sie beharrte darauf, dass ich einfach einen Abgang hatte.

Zwei Tage darauf kehrten wir nach St. Paul zurück.

1962 erschien mein Name auf der Liste der besten Schüler in Minneapolis und St. Paul. Meine schulischen Leistungen waren hervorragend. Inzwischen hatte ich schon so viele Abschlussnoten beisammen, dass ich morgens nur noch drei Stunden zur Schule gehen musste. Nachmittags war ich bei einem großen Zeitungsverlag in der Stadt als Texterin im Redaktionsbüro angestellt.

An meinem 18. Geburtstag war alles längst vorbereitet. Seit meinem elften Lebensjahr hatte ich die Tage bis zu diesem Augenblick gezählt und auf dem Kalender ausgestrichen. Ich hatte genug Geld gespart, um mir einen grünen Chevy mit Knüppelschaltung, Baujahr 56, zu kaufen. Ich hatte ihn ein paar Blocks weiter geparkt, mir selbst das Fahren beigebracht und dann die Prüfung abgelegt. Darüber hinaus hatte ich die Wohnungsanzeigen durchgesehen und ein schönes möbliertes Apartment gefunden, das knapp einen Kilometer von zu Hause entfernt lag.

An meinem 18. Geburtstag nun schlenderte ich mittags von der Schule nach Hause. An diesem Tag betrank ich mich nicht. Ich ging gleich in mein Schlafzimmer, packte einige Kleidungsstücke zusammen und kehrte ins Wohnzimmer zurück.

Damals wohnte der Ex-Mann meiner älteren Halbschwester bei uns. Ich mochte ihn nicht, kümmerte mich aber kaum um ihn. Als er noch mit meiner Halbschwester verheiratet und einmal mit mir allein war, zeigte er mir sein *Ding*. Ich tat so, als hätte ich nichts bemerkt, und von da an ließ er mich in Ruhe.

Kaum hatte er gesehen, dass ich mit zwei braunen Papiertüten voll Kleidung das Haus verlassen wollte, rief er meine Mutter am Arbeitsplatz an. »Deine Mutter will mit dir sprechen«, sagte er zu mir.

»Aber ich will nicht mit ihr sprechen«, erwiderte ich.

Er murmelte etwas in den Hörer.

»Was hat sie gesagt?«, fragte ich auf dem Weg zur Tür.

»Ich soll eine Schrotflinte nehmen und dich erschießen«, antwortete er.

Ich zuckte mit den Schultern und ging hinaus.

Allein in meiner neuen Wohnung, traf ich abends zwei Entscheidungen, die mein Schicksal noch tiefgreifender verändern sollten.

Ich war es leid, von Männern sexuell ausgenutzt zu werden, ja es machte mich wütend. Ich wollte mein Sexualleben, in dem ich immer nur das Opfer war, in den Griff bekommen. Außerdem wurde ich nicht mit den Folgen fertig, die der Alkohol bei mir hatte. Ich konnte den Kontrollverlust nicht mehr ertragen, den das Trinken verursachte – die Übelkeit, die Blackouts, die Verwundbarkeit gegenüber allen Menschen und Situationen, die mir zusetzten.

Also beschloss ich an diesem Abend, Prostituierte und Drogenabhängige zu werden.

∽

Man schrieb das Jahr 1966. LSD, Marihuana, Hippies und die Vorstellungen von Drogenrausch, Liebe, Frieden und sexueller Revolution waren schon zu einem Bestandteil des gesellschaftlichen Lebens geworden. Ich hatte einen gut bezahlten Job als Schreibkraft in einem Verlag in St. Paul. Ich hatte noch mein kleines, im Ostteil der Stadt gelegenes Apartment mit Schlafcouch. Aber Liebe, Frieden und Drogen waren außerhalb meiner Reichweite. Ich kannte nur Alkohol und Diätpillen.

Als ich einmal nach meiner Schicht von 15 bis 23 Uhr meine Kontrollkarte in die Stechuhr schob, hatte ich einen Plan.

Mir war zu Ohren gekommen, dass es in St. Paul einen Ort gab, wo man nach Geschäftsschluss noch einen Joint rauchen konnte. Meine Trinkkumpane hatten mich darauf aufmerksam gemacht und die Adresse genannt. Trotz meines übermäßigen Alkoholkonsums – dessen Wirkung noch verstärkt wurde durch die Amphetamine, die zu jener Zeit leicht erhältlich waren, weil viele Ärzte sie all denen verschrieben, die abnehmen wollten –, hatte ich doch ein fast fotografisches Gedächtnis. Wenn ich dorthin ginge, würde ich sicherlich auch einen Dealer finden und an Drogen herankommen.

Das bedeutete, dass ich aufhören konnte zu trinken. Ich war weder eine Gesellschafts- noch eine Entspannungstrinkerin. Vielmehr betrank ich mich nach allen Regeln der Kunst. Ich wollte besoffen sein. Das war mein einziges Ziel.

Um ein Uhr nachts parkte ich meinen Wagen vor dem Gebäude, tat die Schlüssel in meine Handtasche, stieg aus, brachte meine Kleidung in Ordnung, fuhr mit den Händen durchs Haar und stieg die Treppe hinauf.

Ich war nervös, wusste nicht, was mich erwartete. Aber ich hatte ein Ziel. Ich hatte erfahren, dass ich hier Shelby O'Brian finden konnte. Nach den Erzählungen der Biertrinker in den hinteren Räumen der Bars, in denen ich jetzt verkehrte, verkaufte er Drogen. Ich hatte Geld gespart. Ich war mir nicht sicher, was ich kaufen würde, aber irgendetwas wollte ich kaufen.

Ich betrat ein verrauchtes Wohnzimmer. Die Geräusche verstummten, und alle Augen richteten sich auf mich. Ich durchschritt den Raum und stellte mich in eine Ecke.

»Suchst du jemanden?«, fragte mich ein Mann.

»Shelby O'Brian«, erwiderte ich. Er deutete auf einen kleinen, korpulenten, lauten Mann mit schütterem Haar vor der gegenüberliegenden Wand. O'Brian stand bei einer Gruppe von Männern, die mir alt vorkamen, über 40 oder 50. Ich holte tief Luft und marschierte auf sie zu. Ich trug einen Minirock, hohe Absätze und lange, baumelnde Ohrringe.

»Mr. O'Brian, mein Name ist Melody Vaillancourt. Ich habe von Ihnen gehört, und es ist mir ein Vergnügen, Sie kennen zu lernen«, sagte ich, die Hand ausstreckend.

Es gibt Momente, in denen die Welt aufhört sich zu drehen, immer langsamer wird und dann stillsteht. Einen solchen erlebte ich gerade.

Die fünf oder sechs Männer in der Gruppe sahen mich mit großen Augen an. Wie auf ein Stichwort brachen sie in Gelächter aus.

O'Brian forderte sie auf, ruhig zu sein. Er betrachtete mich neugierig.

»Meinst du das ernst, Kleine?«

»Ja, Sir«, antwortete ich.

Er schüttelte den Kopf. »Ich weiß nicht, was sie vorhat«, sagte er zu den anderen, »aber ich muss dieses Mädchen näher kennen lernen.«

O'Brian – Shelby – der raue Ire aus dem Osten St. Pauls, nahm mich in dieser Nacht mit nach Hause – in Begleitung der Männer, die bei ihm gewesen waren. Als wir in sein Wohnzimmer kamen, verschwand er in einem Gang und ließ mich einfach stehen. Als er wieder auftauchte, brachte er einige Tüten mit. Aus einer holte er etwas hervor, das ich sogleich als Marihuana oder Grass identifizierte, aus einer anderen eine Hand voll Pillen.

»Wie viel kostet das?«, fragte ich, während ich in meinem Geldbeutel kramte und einige Scheine hervorzog.

»Ach, Süße«, sagte er. »Ich will dein Geld nicht. Noch nicht. Aber du kannst etwas für mich tun, wenn du auf all das hier scharf bist.« Er hielt mir das Marihuana und die Pillen hin.

Ich erinnere mich noch an die Rückfahrt zu meinem Apartment. Ich wusste nicht mehr, welcher Wochentag war. Es hätte drei, vier, fünf Tage oder eine Woche oder gar Monate später sein können. Jedenfalls hatte ich eine Hand voll Pillen und einen Joint bei mir.

Ich zündete den Joint an und versuchte dann, alles unter Kontrolle zu halten. Wenn ich mich konzentrierte und anstrengte, war ich bestimmt fähig, sowohl die Wirkung des Marihuanas zu beherrschen als auch den Wagen zu lenken. Ich fühlte mich zuerst ein bisschen benommen, fand aber bald den richtigen Dreh heraus.

Mein Geld war weg.

Meine Brüste waren mit schwärenden Brandwunden ausgedrückter Zigaretten übersät.

Und ich war mir sicher, dass ich inzwischen meinen Job verloren hatte.

Die Männer hatten mir viele Pillen verabreicht. Der Rausch unterschied sich vom Alkoholrausch. Ich war ohnmächtig geworden, war in einen so tiefen, dunklen und euphorischen Zustand gelangt, dass ich nicht mehr wusste, wo ich mich befand oder wer sich an meinem Körper zu schaffen gemacht hatte. Es war mir auch egal. Ich erinnerte mich an einen über 50-jährigen Taxifahrer mit einer lauten, keuchenden Stimme. Er hielt seine Zigarette an meine Haut, und zu meiner Überraschung konnte ich zwar das schmorende Geräusch hören, aber keinen Schmerz fühlen.

Wie weit musste ich jetzt gehen, um herauszufinden, ob ich lebendig war?

Als ich in meinem Apartment ankam, klingelte das Telefon. Meine Mutter meldete sich. Sie war verzweifelt, wütend.

»Ich habe die Polizei nach dir suchen lassen«, schrie sie. »Wo warst du?«

»Warum hast du das getan?«, fragte ich, als eine Welle der Angst in mir aufstieg. »Ich war nicht verschwunden...«

Ich legte auf. Mich durchpulsten Gefühle, die ich heute als Scham, Reue, Selbstverachtung und Selbsthass kenne. Damals wusste ich nur, dass etwas übermächtig Dunkles von mir Besitz ergriff.

Ich konnte Auto fahren und dabei einen Joint rauchen. Ich behielt den Überblick. Aber ich war unfähig, diese dunklen, ekelhaften Gefühle unter Kontrolle zu bekommen, ja auch nur still dazustehen.

Ich tat das Einzige, was mir vertraut war. Ich duschte, setzte mich wieder ans Steuer und fuhr direkt zurück zu Shelbys Haus.

Ich war bereit, nochmals zu springen.

Ich fand eine andere Arbeit. Eine der angesehenen Anwaltskanzleien im Zentrum von St. Paul stellte mich als Sekretärin ein. Ich verfügte über ausgezeichnete Fertigkeiten in Stenografie und Maschinenschreiben sowie über ein angemessenes, seriöses Auftreten – zumindest am Tage. Sechs Monate später wurde ich entlassen.

Ich hatte einen netten jungen Mann namens Tony kennen gelernt, einen Freund von Shelby. Er machte einen Deal mit mir. Er arrangierte für mich Verabredungen mit Geschäftsleuten. Wenn ich mit ihnen schlief, würden sie Tony Geld geben, das er dann mit mir teilen wollte. Einer der Klienten der Kanzlei muss den Anwälten erzählt haben, dass ich eine Prostituierte war, die er in der vorangegangenen Nacht »gemietet« hatte.

Etwa zu jener Zeit zog ich nach Minneapolis und nahm zum ersten Mal LSD. Außerdem begegnete ich einem hageren Mann Mitte 40, der andauernd über Autos, Waffen und Frauen redete. Er nannte sich »Dr. Ted«.

Dr. Ted besaß zahlreiche Fläschchen mit allen möglichen Pillen und kiloweise Marihuana. Er brachte mich von Shelby und seinen Freunden ab und wollte, dass ich nun seine Freundin war.

Die Regeln waren einfach: Dr. Ted würde mir Kleider kaufen und mich mit Drogen versorgen. Ich sollte dafür nur mit ihm oder den Männern schlafen, zu welchen er mich führte. Dann sollte ich von den Männern Geld nehmen und es ihm bringen.

Das war ein Schritt nach oben, ein Schritt zu höherem Ansehen.

Ich kann mich nicht entsinnen, ob er mir je so etwas wie Liebe gestand. Darauf legte ich allerdings auch keinen großen Wert.

Seine Nähe genügte mir.

Als er mir zum ersten Mal eine Spritze mit Demerol anbot, einem synthetischen Rauschgift, das in Krankenhäusern als

Schmerzmittel benutzt wurde, schauderte ich und sagte Nein. Einige Monate später hielt er mir wieder eine solche Spritze hin. Diesmal griff ich danach, stieß die Nadel in meine Hüfte, drückte den Kolben nach unten und wartete.

Ich mochte es. Nach ein paar Minuten breitete sich ein warmes Gefühl in mir aus. Aber anders als bei den Pillen hob ich nicht völlig ab.

Ich mochte Amphetamine und Aufputschmittel, um weiterzumachen und stets energiegeladen zu sein.

Ich mochte Schlaf- und Beruhigungsmittel, um mich zu entspannen und müde zu werden.

An Marihuana hatte ich kein besonderes Interesse. Es machte mich nur müde und schläfrig. Aber zur Not rauchte ich es auch.

Etwa alle vier bis sechs Monate schluckte ich eine gehörige Dosis LSD, nur um herauszufinden, was mich geistig beschäftigte; das war ein chemisch-psychologischer Test, durch den ich meinen Bewusstseinszustand überprüfte und beobachtete.

Alkohol mied ich wie die Pest.

∞

Einige Monate, nachdem ich mir zum ersten Mal Demerol gespritzt hatte, war ich im Haus eines Freundes. Er hieß Sammy und war ein komischer Kauz – keck, redselig und ohne Ambitionen, mit mir zu schlafen. Wir saßen auf dem Boden seines Wohnzimmers, lauschten der Musik von Jimi Hendrix und rauchten Grass.

»Ich habe etwas, das du mögen wirst«, sagte er. »Bin gleich wieder da.«

Als er zurückkam, brachte er einen Esslöffel mit einem seltsam verbogenen Griff mit, zwei Spritzen und ein Glas Wasser. Aus seiner Hemdtasche holte er einen winzigen Plastikbeutel hervor, öffnete ihn und streute das Pulver auf den Löffel. Dann zog er die Spritze mit Wasser auf, spritzte es auf den

Löffel, brach von einer Zigarette den Filter, riss ein Stück Zellulose davon ab, rollte es zu einem Kügelchen und warf dieses ebenfalls auf den Löffel. Er entzündete drei Streichhölzer gleichzeitig, hob vorsichtig den Löffel hoch und hielt die Flamme direkt darunter, sodass deren Spitzen das Metall berührten. In Sekundenschnelle brodelte die dunkle Mixtur.

Er steckte die Nadel in die Flüssigkeit, zog den Kolben nach oben, wodurch diese teilweise in die Spritze gelangte.

»Abbinden«, sagte er.

»Was?«, fragte ich.

Er zog seinen Gürtel aus, schlang ihn um meinen Oberarm, klopfte auf die Beuge, bis eine Vene hervortrat, und führte die Nadel ein.

Er zog den Kolben nach oben. In die Spritze schoss Blut, das sich mit dem Gebräu vermischte. Anschließend drückte er langsam auf den Kolben, drückte er die dunkle Essenz aus der Subkutanspritze in meine Vene.

Anders als beim Demerol, das ich mir in die Hüfte injiziert hatte, musste ich diesmal nicht eine Viertelstunde warten. Sofort vermischte sich das Heroin mit meinem Blut, wurde eins mit mir, drang ein in mein Herz, mein Gehirn. Es explodierte in mir, überwältigte mich. Es war sinnlich, umwerfend, sanft, euphorisierend – all das zugleich.

»O Gott«, sagte ich, auf das große Kissen am Boden zurücksinkend.

In 19 Lebensjahren hatte ich mich der Liebe noch nie so nah gefühlt.

Nichts kümmerte mich. Nichts tat weh. Nichts erschien schlimm. Vielleicht war die Welt doch heil. Diese Erleichterung, diese Vergessenheit, diesen besänftigenden, wärmenden, tröstlichen Ausbruch allumfassender Liebe hatte ich mein ganzes Leben lang gesucht.

Der Alkohol, jenes erste moschusartige Brennen des Jack-Daniels-Whiskeys in meinem Magen, war im Vergleich dazu bloß eine Schwärmerei gewesen, eine kindliche Liebe. Das hier war das Wahre. Es war mehr als Liebe auf den ersten Blick. Es war die Hochzeit zwischen meinem Blut und meinem Seelengefährten, dem Heroin. Sie hatte soeben stattgefunden.

Jemand fragte mich einmal, ob es in meinem Leben irgendwelche Lichtblicke gegeben habe zwischen meiner Trunksucht mit zwölf, dem widerlichen alten Mann, der auf meinem Körper Zigaretten ausdrückte, als ich 18 war, und dem Schuss Heroin im Alter von 19.

»Nein«, erwiderte ich ruhig. »Erst als das Heroin in meine Ader strömte, war ich dem Licht am nächsten.«

Unter Junkies existieren gewisse Verhaltensregeln.

Zum Beispiel gibt es den Ehrenkodex. Auf den Straßen heißt das: »aufrecht sein«. Man bestiehlt nicht seine Freunde; derlei ist nur bei Geschäftsleuten und Fremden erlaubt. Wenn du etwas hast – und *etwas* ist gleichbedeutend mit Geld, Lebensmittel, Obdach, meistens aber mit Droge –, dann teilst du es. Was du hast, legst du auf den Tisch, damit dein Freund nehmen kann, was er braucht. »Aufrecht sein« heißt auch, dass du nicht mit dem (der) Geliebten eines dir nahe stehenden Menschen schläfst. Du beschützt deinen Freund, verhinderst, dass irgendjemand ihn verletzt. Du verpfeifst ihn nicht. Niemals berichtest du der Polizei, was passiert ist, auch wenn du dann die Sache ausbaden musst und selbst ins Kittchen wanderst. Du tust alles Nötige, um in einer Welt von Prostituierten, Zuhältern, Dieben, Dealern und Junkies zu überleben – aber einem Freund fügst du keinen Schaden zu.

Wer sich so verhält, gilt als einer *mit Herz*.

Auf den Straßen gibt es noch einen weiteren Grundsatz. Junkies berufen sich auf ihn, um die Qualität des Stoffs, des H – oder wie sonst man Heroin nennt – zu beurteilen, das sie sich gerade in die Venen geschossen haben. Da ist der anfängliche Taumel – dieses Gefühl, das innerhalb von Sekunden in dein Herz und dein Gehirn explodiert, sobald du den Kolben der Spritze nach unten gedrückt hast. Das ist eine wichtige Prüfung, der Maßstab für einen Volltreffer.

Doch jede gute Junkieseele achtet vor allem auf eins: auf die Intensität des Gefühls nach dem ersten Taumel.

Dieser Maßstab wird auch als »Nickerchen« bezeichnet.

Das Nickerchen ist ein seltsamer Zustand, in dem man weder schläft noch wirklich wach ist. Man treibt einfach irgendwo hin, an einen Ort, den Leute ohne Drogenerfahrung nicht kennen, den sie nie aufgesucht haben und nie aufsuchen werden. Keine Ahnung, wie lange dieser Zustand anhält – Sekunden, Minuten vielleicht. Wenn der Stoff gut ist, weiß man es nicht. Man befindet sich an jenem Ort im Universum, wo die Zeit stillsteht.

Der zufällige Beobachter, der nüchtern, klarsichtig und tolerant genug ist, sich in der Nähe eines Junkies aufzuhalten, nimmt Folgendes wahr: Der Junkie sitzt, steht oder liegt da. Es kann im Sitzen, Stehen oder Liegen geschehen. Der Junkie wird reden. Er wird einem etwas erzählen oder erklären. Vielleicht sagt er nur zehn Worte und nickt dann mitten im Satz ein. Man denkt, er sei eingeschlafen oder bewusstlos, hätte keine Kontrolle darüber, was er von sich gibt. Oder man meint, die Unterhaltung sei vorbei. Aber das stimmt nicht.

Er besucht nur das Land des Nickerchens.

Wenn er zurückkehrt, beendet er den Satz. Er spricht genau an der Stelle weiter, wo er wegdriftete, so als wäre er die ganze Zeit da gewesen. Denn er hat nicht den Eindruck, sich entfernt zu haben.

Das Nickerchen ist ein geheimnisvoller Zustand. Aber er erscheint demjenigen unangenehm, der clean und nüchtern ist und lange genug beim Junkie verweilen kann, um ein Gespräch zu führen oder irgendetwas Sinnvolles aus ihm herauszubekommen.

Im Leben jedes Menschen gibt es Wendepunkte. Sie markieren das Ende eines Stadiums und den Beginn des nächsten.

Sie führen einen um die Ecke, um die Kurve. Sie helfen einem, in der Richtung zu gehen, die man einschlagen möchte.

Der Tag, an dem ich mir Heroin spritzte, war einer dieser Wendepunkte.

Ich betrat eine neue Welt. Ich gewann neue Freunde. Und dann sah ich sie sterben.

Ein Apotheker schoss Billy Butler, meinen von Speed besessenen Freund, direkt durch die Stirn, als der versuchte, diese für ihn lebenswichtige Apotheke auszurauben. Aber Billy hatte immer wieder gesagt, dass sie ihn nicht in Handschellen abführen würden, *dass er auf der Straße Gericht halten wolle.*

Manchmal wurde ich jetzt schwer krank. Ich bekam Hepatitis, wurde überall gelb, konnte keine Nahrung bei mir behalten. Man steckte mich für einige Tage in ein Krankenhaus. Aber ich hielt es ohne Drogen nicht aus – keine Stunde, keinen Tag und schon gar keinen Monat, wie der Arzt es mir befahl. Also verließ ich das Krankenhaus und nahm wieder Drogen. Das nächste Leiden war schlimmer. Die Ärzte brauchten eine Woche, um herauszufinden, was ich hatte. Ein ganzes Team arbeitete Tag und Nacht, um zu einer Diagnose zu gelangen.

Durch die intravenöse Injektion von Drogen hatten sich die Herzkranzarterie und die linke Herzklappe entzündet – wahrscheinlich infolge einer Substanz, welche die Dealer dem Stoff beigemischt hatten, wie die Ärzte später sagten.

Ich musste sechs Wochen im Krankenhaus liegen, wo ich an einem Penizillintropf hing. Die Ärzte wussten nicht, ob ich durchkommen würde. Aber selbst dadurch ließ ich mich nicht lange beirren. Ich hütete nämlich ein Geheimnis, hatte für mein Heil gesorgt: Freunde schmuggelten Drogen ins Zimmer und spritzten sie direkt in die Infusionsflasche.

Im Laufe der nächsten Jahre nahm ich fünf- oder sechsmal eine Überdosis. Irgendwann wachte ich auf und war sofort nüchtern, weil die Ärzte mir Narcon verabreicht hatten, mit dem man die körperlichen Auswirkungen jeder Art von

Drogen neutralisieren kann. Dann riss ich mir das Kabel zum Herzmonitor und die Schläuche zu allen anderen Apparaten heraus, an die sie mich angeschlossen hatten, bahnte mir einen Weg aus der Notaufnahme, rief ein Taxi und pumpte mich sofort mit noch mehr Drogen voll. Dabei dachten die Ärzte, sie hätten bei mir ein medizinisches Wunder bewirkt.

Sie wussten nicht, dass sie mir mit dem Narcon zwei Dinge gaben, die ich am allerwenigsten wollte: Nüchternheit und mein Leben.

Einmal hob ich nach einer solchen Überdosis die Lider und schaute zuerst in die Augen eines Priesters, dann in das traurige, entsetzte Gesicht meiner Mutter. Sie weinte. Der Priester hatte mir gerade die Sterbesakramente erteilt.

Ich war wütend – weil ich noch am Leben war, und noch wütender, weil ich nüchtern war. Ich rannte aus der Notaufnahme, jagte meinem nächsten Rausch hinterher.

Ich verbrachte fünf Jahre damit, jene Hochstimmung, jene euphorisierende, beseligende Explosion des Heroins in meinem Blut noch einmal so zu erfahren wie damals im Haus von Sammy. Ich wusste nicht und konnte weder akzeptieren noch glauben, dass sie nie wieder gleich, nie wieder genauso gut sein würde.

ツ

Vor mir lag die dunkle Landstraße, die selbst von vereinzelten Straßenlampen nicht mehr beleuchtet war. Es war schon spät, um Mitternacht. Ich bemühte mich krampfhaft, wach zu bleiben und diesen alten Cadillac mit Dr. Ted und mir nach Duluth, Minnesota, zu steuern. Ich wollte das Radio einschalten und laut stellen, befürchtete aber, meinen Beifahrer aufzuwecken, der erfreulicherweise eingeschlafen oder in seinen Drogenrausch gesunken war. In welchem der beiden Zustände er sich befand, kümmerte mich nicht weiter.

Hauptsache, er hielt den Mund.

Bei unserer ersten Begegnung fand ich seinen durch Amphetamine stimulierten Monolog, vorgetragen mit dieser Stimme in mittlerer Tonlage, die auf eine ziemlich gute Erziehung und männlich geprägte Akribie schließen ließ, durchaus witzig, wenn auch nicht immer interessant. Er war eine Art Freak, groß, dünn, drahtig und sorgfältig. Hätte er nicht den Weg in Richtung Drogen eingeschlagen, wäre er vielleicht Arzt geworden. Seinen Spitznamen verdankte er der Tatsache, dass er stets ein reichhaltiges Sortiment an Drogen in jeder Größe, Farbe und Mischung in einer Tasche mit sich herumtrug, die der eines Arztes ähnelte. Ob man sich mit Amphetaminen aufputschen oder mit Barbituraten beruhigen wollte – er hatte die richtige Pille. Wenn man sich einfach nur ausklinken und entspannen wollte, hatte er auch dafür das entsprechende Beruhigungsmittel in seiner Tasche. Und wenn man mit LSD eine innere Revolution erleben wollte, um herauszufinden, wie es im eigenen Geist aussieht und was gerade passiert, dann kramte er herum und fand das gesuchte Halluzinogen. Er besaß Fläschchen mit Demerol und sterile Spritzen. Was immer man wünschte oder brauchte: Dr. Ted genügte allen Ansprüchen.

Er war zwar 23 Jahre älter als ich, aber er hatte mich von Shelby O'Brian und seiner Gruppe weggebracht. Und er verfügte über das, was ich am dringendsten brauchte – einen ständigen Vorrat an Drogen. Damit war er mein Ticket für ein besseres Leben gewesen.

Doch in letzter Zeit war es zwischen uns zu Spannungen gekommen.

∾

Es gibt viele Möglichkeiten, sich mit Drogen voll zu pumpen. Man kann etwas schlucken, das dann verdaut und vom Blut absorbiert wird. Das ist eine langsam wirkende Methode, bei der es manchmal fast eine Stunde dauert, bis die eingenommene Substanz in den Blutkreislauf, das Herz und das Gehirn gelangt. Mageninhalt und Magenzustand können diesen Prozess nachhaltig beeinflussen. Wenn man gerade üppig gegessen hat oder wenn die Verdauungsenzyme in ihrer Funktion gestört sind, kann diese Art des Drogenkonsums zur Geduldsprobe werden und ineffizient sein. Allerdings ist dies der normale Weg, um Aufputsch- , Beruhigungs- und Schlafmittel ins Blut zu befördern.

Man kann Rauschgift auch über die Schleimhäute aufnehmen. Dann spricht man von »schnupfen«. Wenn man eine Pille zerstößt, lässt sich das Pulver mit einem Strohhalm, einer zusammengerollten Banknote oder Streichholzschachtel durch die Nase einsaugen. Es gelangt dann schneller in Blutkreislauf, Herz und Gehirn als über den Verdauungsweg. Aber das Schnupfen hat seinen Preis. Viele der Pillen sind bitter, unrein und schädlich. Sie brennen fürchterlich. Immer wieder führt diese Methode dazu, dass Nase und Nebenhöhlen erst brennen und dann bluten.

Außerdem kann man eine Droge rauchen – zum Beispiel Marihuana, Heroin oder Kokain. Der Rauch wird vom feinen Lungengewebe aufgenommen, und von dort gelangt er ins Blut und ins Gehirn. Die feste Droge verwandelt sich in ein Dampfwölkchen, das in den Lungen seine stimulierende Wirkung entfaltet. Die Absorption geht zwar rasch vonstatten, aber die konzentrierte Substanz wird gleichsam verdünnt.

Darüber hinaus kann die Droge dem Körper über eine Nadel zugeführt werden. Selbst diese Methode bietet verschiedene Anwendungsmöglichkeiten. Das Rauschgift lässt sich unter die Haut oder in die Muskulatur injizieren – etwa in die Hüfte oder in den Oberarm. Man drückt dann einfach den Kolben nach unten. Innerhalb von fünf bis 20 Minuten geht die Substanz vom Muskel ins Blut über. Auf diese Weise schießt sie ins Gehirn und löst dort die Ekstase aus.

Oder man sticht mit der Nadel der Subkutanspritze direkt in eine Vene – wenn sie getroffen wurde, zeigt sich das daran, dass beim Herausziehen des Kolbens Blut in die Spritze strömt – und drückt dann die Droge hinein. Diese Methode wirkt sofort. In wenigen Augenblicken trifft der Stoff mit voller Wucht – ohne durch Muskeln, Gedärme oder die Umwandlung in Rauch verdünnt worden zu sein – auf die Gehirnzellen.

Nicht zuletzt kann man Drogen über die Vagina, das Rektum oder die Haut aufnehmen. Auch die Haut ist ein Organ – das größte, das wir besitzen.

Kurz gesagt: Eine bewusstseinsverändernde Droge wird geschluckt, geschnupft, geraucht, mit einer Spritze in Hüfte, Arm oder Vene injiziert, auf der Haut zerrieben, in die Vagina oder in den Hintern gesteckt. Je nach Anwendung hat sie einen mehr oder minder starken Effekt auf den geistigen Zustand.

Man wird high.

Im Laufe der Zeit habe ich alle diese Methoden ausprobiert – mit Ausnahme der Absorption über die Haut, weil es damals noch nicht die entsprechenden Pflaster gab. Eine Methode aber mochte ich ganz besonders, wie unter Zwang, nämlich Drogen direkt in meine Venen zu schießen. Ich liebte das Ritual der Vorbereitung – die Droge zu verflüssigen, die Spritze aufzuziehen und den Arm abzubinden. Ich genoss die Freude, die sich in mir regte, wenn ich den Kolben herauszog, das Blut sah und wusste, dass ich eine Vene gefunden hatte.

Vor allem aber liebte ich, was unmittelbar darauf folgte – den Augenblick der Vergessenheit, den reinen Rausch, das überwältigende Gefühl, sobald die unverdünnte Droge durch mein Herz und mein Gehirn pulsierte.

Das war für mich der Königsweg zur Euphorie.

Doch gerade diese Methode verursachte Probleme zwischen Dr. Ted und mir. Er zog es vor, Pillen zu schlucken, Grass zu rauchen und bisweilen eine Spritze mit Demerol unter die Haut oder in den Muskel zu injizieren. Es bereitete ihm Sorgen, dass ich offenbar die Obsession hatte, mir Halluzinogene in die Venen zu schießen. Dadurch traten in unserer Beziehung Spannungen auf, Risse.

Außerdem weigerte ich mich, mit Männern für Geld zu schlafen und das Geld dann bei ihm abzuliefern. Ted war kein Zuhälter. Er hatte keine Mädchen, die für ihn arbeiteten. Er dachte nur, dass jede Frau, mit der er zusammen war, unweigerlich auch Sex mit anderen Männern haben müsse. Wenn sie dafür bezahlt wurde, dass sie »eine Nummer schob«, und anschließend ihm das Geld gab, bewahrte er dadurch seine männliche Würde.

Ich hatte keine große Lust mehr, mit irgendjemand Sex zu haben – weder mit Dr. Ted noch mit Freiern. Obwohl ich süchtig war und in einer erniedrigenden, amoralischen Welt lebte, erfuhr ich allmählich doch, was Macht bedeutet. Und ich begriff, dass ich meine Macht nicht dadurch aufs Spiel setzen wollte, dass ich mit irgendeinem Mann ins Bett ging.

Überdies war ich inzwischen 21 geworden, wodurch sich mir neue finanzielle Möglichkeiten eröffneten.

Kurz vor meinem 21. Geburtstag war mir eine Idee gekommen. Ein Mädchen, das ich kannte, arbeitete als Stripperin in der Hennepin Avenue in Minneapolis. Damals gab es noch keine Bars mit Nackttänzerinnen. Darum war, sich auf der Bühne auszuziehen, noch ein ausgeflippter, verruchter, reizvoller Beruf. Eine lieb aussehende alte Dame besuchte sämtliche Striplokale. Sie nahm bei den Mädchen Maß und fertigte dann die Kostüme nach deren Wahl: fließende, bodenlange Bauchtanzröcke mit dazu passenden Schleiern; winzig kleine Pailletten, die auf die Brustwarzen geklebt wurden; und Tangas, ein kleines Stück Stoff, auf Elastikmaterial genäht, das den Intimbereich bedeckte. Ich hatte einen schwarzen Tanga aus Leder und einen aus echtem Nerz. Außerdem brachte ich die alte Dame dazu, mir ein paar lange weiße Handschuhe zu besorgen, die bis zu den Schultern gingen. Inzwischen waren meine Arme und Hände nämlich infolge der injizierten Drogen rot und geschwollen und mit Einstichen übersät. Ich *musste* Handschuhe tragen, während ich tanzte.

Eine Band mit einem Saxophonisten, einem Bassgitarristen und einem Schlagzeuger hämmerte Songs wie »St. Louis Blues« herunter, derweil man auf der Bühne stand und sich auszog. Langsam legte man ein Kleidungsstück nach dem anderen ab, bis nur noch der Tanga und die Brustpailletten übrig blieben. Dann lächelte man und ging gelassen von der Bühne ab. Da ich nun 21 war und rechtmäßig in einer Bar arbeiten konnte, verdiente ich manchmal 500 Dollar in der Woche. Und ich brauchte mich von niemandem berühren zu lassen. Außerdem musste ich meinen Lohn fürs Tanzen nicht bei Dr. Ted abliefern. Das Geld gehörte mir.

Mit 21 konnte ich auch »Gastspiele« geben. Von Donnerstag bis Sonntag nahm ich ein Engagement in einer anderen Stadt an – entweder als Stripperin oder als Go-go-Girl, denn diese Vortänzerinnen waren damals sehr beliebt. In manchen Wochen reiste ich nach St. Louis, bisweilen nach Fargo oder nach Duluth und einmal, glaube ich, auch nach Iowa. Damit wurde die Routine durchbrochen. Die Männer, die solche Lokale besuchten, konnten sich auf neue Gesichter freuen. Sogar die Bezahlung war besser, wenn man bereit war, anderswo aufzutreten.

Ich mochte das Tanzen nicht, aber das Geld stimmte. Sobald ich auf der Bühne stand, empfand ich Verachtung und Ekel gegenüber all den Männern, die mich anstarrten, nach mir griffen, mich betatschen wollten. Vor allem aber verachtete ich mich selbst.

Inzwischen war auch dieser Job in Gefahr. Infolge der Injektionen befanden sich auf meinen Armen derart viele Einstiche, Blutergüsse und schorfige Stellen, und durch die missglückten Versuche, eine Vene zu finden, sowie durch jene Substanzen, die, wie Barbiturate, gar nicht hätten gespritzt werden dürfen, waren sie so geschwollen, dass ich beim Tanzen die Handschuhe nicht mehr ausziehen konnte.

Darüber hinaus hatte ich kürzlich einen neuen Mann kennen gelernt. Er unterschied sich von all den Männern, die ich bisher getroffen hatte. Er war nur wenig älter als ich, lebte aber immer noch zu Hause bei Vater und Mutter. Obwohl ich weiterhin mit Dr. Ted in einem Apartment in Minneapolis wohnte, schlief ich schon seit geraumer Zeit nicht mehr mit ihm, sondern gelegentlich mit diesem neuen Mann.

Dr. Ted kam mir bald auf die Schliche. Und dazu musste er nicht einmal einen Privatdetektiv engagieren.

Eines Abends besuchten wir ein Restaurant. Ich hatte mich gerade hingesetzt und Dr. Ted voller Verachtung und Abscheu angeschaut, derweil ich auf das Essen wartete. Dann entschuldigte ich mich mit dem Hinweis, ich müsse auf die Toilette gehen. Stattdessen aber rief ich jenen anderen Mann an und verschwand dann durch die Hintertür des Restaurants, ohne Dr. Ted ein Wort zu sagen, geschweige denn, mich von ihm zu verabschieden. Als ich nach drei Tagen in die gemeinsame Wohnung zurückkehrte, fragte er mich, wo ich gewesen sei.

Also erzählte ich ihm die Geschichte.

Er versetzte mir einen kräftigen Schlag auf den Mund, wodurch ein Zahn abbrach.

Meine Mutter hatte mir immer wieder eingeschärft, wie wichtig die Zahnpflege sei, und so eilte ich sofort zum Zahnarzt, um mich behandeln lassen. Aber die Spannungen zwischen Dr. Ted und mir wurden nicht geringer. Irgendetwas hatte sich einfach geändert.

Und jetzt fuhr ich diesen Cadillac nach Duluth. Dort sollte ich am nächsten Abend einen viertägigen Tanzjob beginnen. Meistens begleitete Dr. Ted mich auf solchen Touren nicht. Ich nahm entweder den Bus oder den Zug. Aber er hatte kein Vertrauen mehr zu mir. Er wollte mich beaufsichtigen, dafür sorgen, dass ich nicht fremdging. Er wusste, dass er allmählich die Kontrolle verlor.

Sobald er wach war, sprach er mit seiner wie üblich aufgeputschten, methodisch-detailversessenen Stimme, die nun noch von Wut und Rachegelüsten gefärbt war, um an mir herumzunörgeln und mich zu beschimpfen. Eben deshalb wollte ich nicht das Radio anstellen und ihn aufwecken, obwohl ich, hypnotisiert durch die monotone Fahrt durch die kaum erhellte Dunkelheit, immer müder wurde.

Ich muss die Augen eine Sekunde lang geschlossen haben. Oder auch etwas länger. Vielleicht war ich eingenickt. Jedenfalls war plötzlich das Untere des Wagens nach oben gekehrt, wir rutschten über die Böschung und krachten in den Graben. Dr. Ted schrie. Das Auto lag auf dem Dach. Ich konnte mich nicht bewegen. Mein Arm war eingeklemmt. Ich lag unter dem Cadillac im Graben.

Ich brüllte Dr. Ted an.

Er antwortete nicht. Ich fragte mich, ob er tot sei.

Ich konnte mich weder von der Stelle rühren noch meinen Arm fühlen. Ich wusste nicht, ob er abgetrennt worden war, verlor fast das Bewusstsein, zwang mich aber, wach zu bleiben, bewegte meine rechte Hand so weit, bis ich Dr. Teds Körper spüren und berühren konnte, schüttelte ihn.

»Was ist passiert?«, fragte er.

»Wir hatten einen Unfall«, sagte ich. »Was machen wir nun?«

Er begann zu reden und wurde dann ohnmächtig.

Mit meiner rechten Hand tastete ich herum, suchte nach der Taschenlampe, die Dr. Ted meines Wissens im Wagen aufbewahrte, fand sie und schaltete sie ein. Ich hatte mich absichtlich für diese nur wenig befahrene Straße entschieden, um unliebsame Begegnungen mit der Polizei zu vermeiden. Mehrmals war ich wegen Drogenbesitzes festgenommen worden und wollte nicht nochmals von der Polizei angehalten werden. Offenbar stoppten sie mich immer wegen Kleinigkeiten – weil ein Rücklicht nicht brannte oder weil ich den Wagen an einem Stoppschild nicht völlig zum Stehen gebracht hatte –, doch sobald ich ausstieg, um mit den Polizisten zu sprechen, sahen sie, wie high ich war oder wie mir die Drogen aus der Tasche fielen, sodass ich anschließend im Gefängnis landete.

Obwohl es noch früher Morgen war, hoffte ich, ein Autofahrer würde vorbeikommen, uns sehen und Hilfe herbeirufen, wenn ich den Strahl der Taschenlampe auf die Fahrbahn richtete. Ich erinnere mich nur noch daran, dass ich vor dem Eintreffen der Polizei bei Tagesanbruch so lange wie möglich die Taschenlampe hielt, bis mich irgendwann die Ohnmacht befiel.

Einerseits hatten wir Glück, dass Polizei und Notarzt uns schließlich entdeckten. Dr. Ted und ich waren schwer verletzt, aber am Leben. Andererseits jedoch befanden sich im Kofferraum, in Dr. Teds Jackentaschen und in meiner Handtasche große Mengen von Drogen und Betäubungsmitteln. Nachdem der Abschleppwagen den Cadillac hochgezogen hatte, sah ich, dass mein Arm noch am Körper war. Er schmerzte, doch das konnte mich nicht zurückhalten. Ich rannte zum Autowrack und holte meine Handtasche heraus.

Der Wagen war auf Dr. Teds Namen zugelassen. Der Inhalt des Kofferraums und seiner Jackentaschen betraf mich nicht weiter. Ich musste bloß die Drogen in meiner Handtasche loswerden – ein Fläschchen mit ungefähr 25 verschiedenen Pillen: Amphetaminen, Beruhigungs- und Schlafmitteln. Ich nahm den Verschluss ab, hielt das Fläschchen an den Mund und stürzte alle Pillen mit drei oder vier würgenden Schlucken hinunter.

Dann wurde ich erneut ohnmächtig.

Als ich aufwachte, befand ich mich in der ältesten, schmutzigsten, verkommensten Gefängniszelle, die ich je gesehen hatte – im Leben, in Filmen oder im Fernsehen. Ich war die einzige Insassin dieses Bezirksgefängnisses, misstrauisch beäugt von einer älteren Aufseherin, die wie eine Großmutter aussah, und einem Hilfssheriff. Meine Zellentür war derart verrostet, dass sie sich nicht schließen und absperren ließ.

Die Aufseherin sagte mir, ich sei des Besitzes von Betäubungsmitteln angeklagt. Ihnen war es egal, dass der Wagen nicht auf meinen Namen zugelassen war. Schließlich war ich gefahren. Ich haftete für all die Drogen im Auto. Aber Dr. Ted stand ebenfalls unter Anklage.

Wenn ich nun ein Geständnis ablegte und erklärte, dass sämtliche Drogen Dr. Ted gehörten, wenn ich also als Kronzeugin aufträte, würden sie die Anklage gegen mich zurückziehen. Ich wäre frei, aber Dr. Ted, den sie schon lange hinter Schloss und Riegel bringen wollten, käme ins Gefängnis – vielleicht sogar für den Rest seines Lebens.

Wenn ich kein Geständnis ablegte und verschwieg, dass es seine Drogen waren, würden sie Dr. Ted eventuell freilassen und mich nach allen Regeln der Kunst fertig machen.

Sie wollten wissen, was ich zu tun gedächte.

Ich lag auf einem Stahlgestell in dieser brüchigen Gefängniszelle und versuchte herauszufinden, was nach einem solchen Zwischenfall, der für die meisten Junkies ganz normal war, für mich aber nicht, geschehen würde. Ich musste mich übergeben, wurde allmählich krank – wohl aufgrund des Drogenentzugs. Ich überzeugte die Aufseherin davon, dass ich unbedingt in ein Krankenhaus musste. Wenn ich erst einmal dort war, gab es vielleicht die Möglichkeit, den Ärzten ein paar Drogen abzuschwatzen.

Sie transportierten mich also ins Krankenhaus, entnahmen Blutproben und führten Tests durch. Ich wurde sofort noch kränker und wusste nicht, warum. Jeder Muskel und jeder Knochen in meinem Körper schmerzte. Nach meinem Geschmack war ich viel zu nüchtern. Obendrein konnte ich den Brechreiz nicht unterdrücken.

Ich sah keine Zukunft mehr, ja nahm nicht einmal die Gegenwart deutlich wahr. Als ich in diesem Kleinstadtkrankenhaus lag, wusste ich ja noch nicht, dass Dr. Ted schließlich clean und nüchtern werden und dann in einer Großstadt in einem anderen Bundesstaat eine Gruppe von Narcotics Anonymous gründen sollte – eine Zwölf-Schritte-Gruppe, die Drogenabhängigen zum Entzug verhilft. Und ich konnte mir auch nicht vorstellen, dass ich eines Tages ebenfalls von den Drogen loskommen würde.

Darüber hinaus wusste ich auch nicht, dass ich schwanger

war mit einem Kind, das eines Tages zum Mann heranwachsen und ein eigenständiges Leben mit einer Frau und zwei Kindern führen sollte.

Als die Testergebnisse vorlagen und meine Schwangerschaft bestätigten, war mir nur eines klar: dass ich nicht noch ein Kind abtreiben konnte. Seit der Abtreibung in Kalifornien im Alter von 13 Jahren hatte ich mich noch einer weiteren unterzogen, diesmal in einer finsteren Seitengasse. Obwohl ich wusste, dass die Mutterschaft mich überfordern würde, war ich fest entschlossen, diesem Kind eine Chance zu geben. Außerdem war mir klar, dass ich nicht gegen das »Straßengesetz« der Fixer verstoßen konnte. Ich würde also nicht als Kronzeugin auftreten und ich würde Dr. Ted nicht verraten.

Das war zugleich das Ende meiner Beziehung mit Dr. Ted. Ich wartete und hoffte eine ganze Weile, er würde für diese Drogengeschichte selbst die Verantwortung übernehmen. Aber er tat es nicht. Ich kam vor Gericht. Der Richter muss tief im Innern gewusst haben, dass die Drogen im Auto nicht mir gehörten. So kam ich erneut mit einer Bewährungsstrafe davon. Das störte mich nicht, ich war es ja gewohnt. Jedes Mal, wenn ich wegen Drogenbesitzes festgenommen wurde – und derlei geschah häufig –, stellte man das Verfahren entweder mit der Begründung ein, es habe sich um ein minderes Delikt gehandelt, oder aber ich kam auf Bewährung frei. Das Glück war auf meiner Seite. Ich schlängelte mich immer irgendwie durch. Nein, die Bewährungsfrist bereitete mir kein Kopfzerbrechen. Ich würde sie – wie in früheren Fällen – nicht weiter beachten, ja mich nicht einmal bei der Behörde melden.

Der Unterschied bestand nur darin, dass ich diesmal schwanger war.

Außerdem war der Mann, den ich kennen gelernt hatte und der der Vater dieses Kindes war, anders – anders als alle meine früheren Liebhaber.

Als ich sein Kind im Bauch trug, verpfiff er mich beim Bewährungsbeamten, weil ich Drogen genommen hatte. Und dieser verurteilte mich, nach Mora, Minnesota, zu ziehen – eine verschlafene Kleinstadt nördlich von Minneapolis und St. Paul – und dort bis zur Geburt des Kindes zu bleiben.

Meine Mutter nähte Umstandskleider. Ich arbeitete als Freiwillige in einer lokalen Einrichtung für geistig behinderte Erwachsene. Wenn ich mir Marihuana beschaffen konnte, rauchte ich ein wenig. Mir waren in jeder Beziehung die Hände gebunden. Ich musste clean bleiben, bis das Kind zur Welt kam.

In der Woche nach der Geburt des Jungen – ich nannte ihn John – war ich zu Besuch bei der Familie seines Vaters. Sie bewohnte ein imposantes, zweistöckiges Haus, in dem der Kamin eine ganze Wand einnahm. Ich und das Kind bekamen ein kleines Zimmer im zweiten Stock. Das Problem war nur, dass ich bereits wieder Drogen nahm.

Ich lag neben dem Säugling auf dem Bett und wusste nicht, was ich als Mutter zu tun hatte. Mir war schleierhaft, was dies alles bedeutete. In einem plötzlichen Anfall von Hellsicht, der einem inneren Sturm gleichkam, ahnte ich die künftigen Ereignisse. Dieses Baby würde nicht bei mir bleiben, würde mir weggenommen werden.

Johns Vater und ich gaben uns einen Ruck.

Wir heirateten und bezogen unser eigenes Heim. Ich versuchte, Ehefrau und Mutter zu sein, bemühte mich, meine Drogenabhängigkeit unter Kontrolle zu bekommen. Ich arbeitete wieder als Anwaltssekretärin; das war die einzige ordentliche Tätigkeit, die ich kannte. Ich konnte tippen, stenografieren und all die juristischen Formulare ausfüllen – für mich ein Kinderspiel. Nur eines konnte ich nicht, wusste ich nicht zu bewerkstelligen, war mir unvorstellbar – den Drogen zu entsagen.

Ich wollte nur an Wochenenden darauf zurückgreifen. Es funktionierte nicht. Der Montag kam, und es war Zeit, in die

Kanzlei zu gehen. Doch ich begriff nicht, warum ich montags clean und nüchtern bleiben sollte. Ich konnte einfach nicht aufhören. Ich musste mich aufputschen.

Ich hatte mir einen guten Job besorgt. Der Anwalt, für den ich arbeitete, war ein bekannter Mann, der zum Beraterstab von Präsident Nixon gehört hatte. Es handelte sich um eine interessante Beschäftigung. Die meiste Zeit ließ ich das Kind bei den Großeltern – bei den Schwiegereltern oder bei meiner Mutter –, um ihm ein gutes, anständiges Zuhause zu bieten. Aber jeden Tag erschien ich an meinem Arbeitsplatz mit einer, zwei oder drei Drogenspritzen in der Handtasche, die ich mir dann während der Kaffee- oder Mittagspausen in die Venen stieß.

Der öffentliche Kampf gegen Drogen hatte gerade erst begonnen. Leider stand ich auf der falschen Seite.

Inzwischen hatte ich aufgehört, mir Heroin zu injizieren. Immer mehr Menschen nahmen oder verkauften es. Aber in dem Maße, wie es populärer wurde, verlor es an Qualität. Die meisten Dealer »streckten« es, indem sie eine andere, minderwertige Substanz beimischten, um den kleinen Beutel zu füllen. Man zahlte den gleichen Preis für eine Dosis, die den Ansprüchen nicht genügte. Manchmal wurde man kaum – oder gar nicht – high. Manchmal war das Heroin mit unschädlichen Stoffen versetzt, manchmal auch nicht. Wenn es mit Ajax gestreckt war, konnte man nach dem Schuss sofort sterben.

Ich hatte eine andere Möglichkeit entdeckt, mich zu euphorisieren. Es gab ein Medikament namens Dilaudid, das ähnliche Wirkungen wie Heroin hatte. Es handelte sich um ein synthetisches Opiat. Das Hochgefühl war nicht so intensiv, aber das war es ohnehin nie mehr gewesen seit jenem ersten Mal in Sammys Haus. Als Arznei unterlag Dilaudid strengen Qualitätskontrollen. Die Droge war sauber und rein und machte einen high. Sie war teuer, aber sie erfüllte ihren Zweck.

Ich war damals ebenso unglücklich wie der Vater des Kindes und die Großeltern beider Seiten. Sie kümmerten sich zwar liebend gerne um John, doch jeder wusste, dass ich ein Problem hatte.

In dieser Situation kam mir eine Idee.

Zu den Klienten der Anwaltskanzlei, in der ich arbeitete, zählte ein großes Krankenhaus in Minneapolis, das, wie ich gehört hatte, für Drogenabhängige den Schlüssel zum Himmel besaß – in Gestalt eines Methadon-Programms.

Viele Junkies, die ich auf der Straße kennen gelernt hatte – das heißt, die weder tot noch im Gefängnis waren –, schlossen sich diesem Programm an. Wenn man akzeptiert wurde, musste man nur zweimal wöchentlich in dieses Krankenhaus gehen und sich die Methadon-Dosis für jeden Tag der Woche abholen. Methadon ist ein synthetischer Ersatz für Heroin, weitaus wirksamer als jede andere Pille, die man damals kaufen konnte. Es verhinderte Entzugserscheinungen. Obwohl man es als Pille oder in flüssiger Form einnahm, machte es einen doch richtig high. Und im Gegensatz zu den meisten Drogen, die ich mir einverleibt hatte und die gewöhnlich nur einen vier- bis sechsstündigen Rausch hervorriefen, war man mit Methadon einen ganzen Tag lang glücklich. Zudem unterband es offenbar die Wirkung jeder anderen Droge. Nahm man während des Methadon-Konsums irgendeine weitere bewusstseinsverändernde Substanz ein, blieb diese praktisch wirkungslos.

Die Idee bestand darin, mit Methadon das Bedürfnis nach dem rauschhaften Zustand zu befriedigen und so die schrecklichen Folgen harter Drogen wie Heroin zu eliminieren. Wenn Junkies keinen Entzug durchmachen mussten, würden sie nicht mehr wie bisher das Gesetz brechen und all diese wahnsinnigen Dinge tun. Sie würden täglich ihre Medizin schlucken und ein anständiges Leben führen. Man behandelte den physiologischen Aspekt des Missbrauchs, indem man Methadon als Ersatzmittel für Straßendrogen verschrieb.

Ich habe gesehen, dass sich das Leben einiger Menschen durch Methadon veränderte. Zumindest nach außen wirkten sie völlig normal. Sie hatten ein sauberes Zuhause und eine Familie. Sie kochten, aßen, saßen herum und schauten fern.

Als das Methadon-Programm zum ersten Mal angewandt wurde, verabreichte man extrem hohe Dosen dieses synthetischen Narkotikums – dreifach höhere als heute. Methadon war äußerst beliebt. Die Teilnehmerzahl war beschränkt. Die meisten Junkies, die ich kannte, standen Schlange.

Nachdem ich einmal den ganzen Morgen getippt und mir dann in der Toilette Dilaudid gespritzt hatte, suchte ich den Anwalt, für den ich arbeitete, in seinem Büro auf. Ich nahm vor seinem Schreibtisch Platz und sagte ihm, dass wir miteinander sprechen müssten. Er war ein junger, engagierter, glänzender Jurist mit wuscheligem Haar.

»Ich habe ein Problem«, erklärte ich. »Ich bin eine Fixerin. Und ich brauche Ihre Hilfe, damit ich ins Methadon-Programm aufgenommen werde und mein Leben neu ordnen kann.«

Seine Augen weiteten sich. »Sie scherzen«, erwiderte er.

»Nein, ich scherze nicht«, versicherte ich, während ich meinen Ärmel hochrollte und ihm meine Arme zeigte.

Er tätigte einen Telefonanruf und feuerte mich dann. Innerhalb weniger Tage begann ich das Methadon-Programm. Bei vielen Menschen funktionierte es; bei mir aber versagte diese an sich wirkungsvolle Rehabilitationsmaßnahme.

Wenn ich durch eine Substanz high wurde, hatte ich das Bedürfnis, durch eine andere noch stärker high zu werden.

Ich konnte nicht anders.

Wenn ich meine Methadon-Dosis für drei Tage nach Hause brachte, war sie nach dem zweiten schon aufgebraucht.

Methadon war so stark, so schwer, so betäubend und die verabreichte Dosis so hoch, dass ich noch mehr außer Kontrolle geriet als durch Straßendrogen, obwohl eine solche Steigerung fast undenkbar erschien.

Inzwischen war John die ganze Zeit bei den Großeltern. Ich arbeitete nicht. Ich konnte meine Tage und Nächte nicht anders ausfüllen als durch Drogenkonsum.

Eines Abends versuchte ich einen Schokoladenkuchen zu backen. Ich glaubte, meine Sache gut gemacht zu haben. Doch als ich am nächsten Morgen aufwachte, waren die Möbel und Wände voller Schokolade. Tage, Wochen und Monate verbrachte ich in einem Dämmerzustand. Ich war dem Tod sehr nahe und doch am Leben. Ich weiß nicht mehr, was daraufhin geschah. Mein ganzer Körper war mit Methadon vollgepumpt. Ich ging ins Programm, trank so viel wie möglich, blieb dann im Bett und wartete, bis es Zeit war, die nächste Dosis abzuholen.

Meine Mutter wollte mir helfen, ein normales Leben zu führen. Einmal nahm sie mich mit zu einem Flohmarkt und kaufte mir eine gebrauchte Orgel, die in meinem Wohnzimmer stehen sollte. Vielleicht wollte sie einfach ihr kleines Mädchen wiederhaben, das am Klavier saß, jene alten geistlichen Lieder spielte und sich die Seele aus dem Leib sang.

An irgendeinem Abend setzte ich mich, bis oben hin voll mit Methadon, an die Orgel und fing an zu spielen. Ich hämmerte ein Lied nach dem anderen herunter – griff in die Tasten für die Melodie, trat auf die Pedale für die Bässe und sang. Ich spielte stundenlang. Danach rief ich in Richtung Schlafzimmer und fragte meinen Mann, ob er mir gerne zugehört habe.

Er antwortete nicht. Ich ging ins Schlafzimmer, wo er auf dem Bett gelegen hatte.

Er war weg. Das Fenster stand auf. Während ich mein kleines Konzert gab, hatte er sich durchs Fenster heimlich davongemacht. Von da an lebten wir nicht mehr als Mann und Frau unter demselben Dach.

Er reichte die Scheidung ein, und damit begann der Kampf um das Sorgerecht für unseren Sohn.

Einen Monat später ging die Wohnung in Flammen auf.

Ich stand auf der Straße.

Das Rote Kreuz half mir ein wenig. Meine Mutter half mir sehr viel. Mit ihrer Unterstützung fand ich ein schönes Apartment in einem renovierten Altbau unweit des Krankenhauses, sodass ich mit dem Bus schnell zum Methadon-Programm gelangte. Es bestand aus nur einem Zimmer, aber es war das schönste, das ich je hatte. Es gab darin sogar einen Kamin. Ich bekam Sozialhilfe. Ich schrieb mich am College ein. Ich wohnte in der Nähe einer Buchhandlung. Ich las leidenschaftlich gern. Und ich war entschlossen, das Methadon vorschriftsmäßig einzunehmen. Ich wollte, dass das Mittel auch bei mir positiv wirkt. Die Beziehung zum Vater meines Kindes war beendet. Er nahm es zu sich. Ich war ihm deswegen nicht böse.

Ich hatte John das einzige Geschenk gemacht, das ich ihm damals machen konnte – das Geschenk des Lebens.

Aber das Problem bestand darin, dass ich nicht wusste, wie ich mir selbst dieses Geschenk machen sollte.

Zu jener Zeit begegnete ich Billy Butler. Er war nicht mein Geliebter, sondern nur ein Freund. Er maß etwa 1,80 Meter und hatte rotblondes Haar. Er war voller Leben. Er nahm weder Heroin noch Betäubungsmittel.

Billy war Speed-süchtig. Er spritzte sich Drogen in die Venen. Am liebsten war ihm Methamphetamin.

Wir trieben uns viel herum. Billy weihte mich in ein Geheimnis ein: Wenn man sich genügend Methamphetamin spritzte, konnte man der Methadon-Benommenheit – selbst bei einer doppelten Dosis – entgegenwirken und in einen rauschähnlichen Zustand kommen. Also nahm ich morgens mein Methadon und wurde dumpf. Dann spritzte ich mir etwas Speed und wurde quicklebendig. Hinterher rannten Billy und ich durch die Stadt, besuchten Leute und amüsierten uns.

Für das Speed verlangte er kein Geld von mir. Er wollte auch nicht, dass ich mit ihm oder jemand anderem schlafe. Einige sagten, Billy sei ein Zuhälter. Er habe viele Mädchen, die für ihn auf den Strich gingen und Geld anschafften. Von all dem wusste ich nichts, aber wahrscheinlich stimmte es. Jedenfalls war Billy gut zu mir. Er hatte einfach nur Lust herumzulungern.

Am Junior College gab ich mir wirklich Mühe. Ich sparte sogar ein bisschen Geld von der Sozialhilfe und kaufte mir ein paar neue Kleider. Einmal nahm ich eine Decke, marschierte zum Minneapolis Institute of Arts und legte mich dort in die Sonne. Ich versuchte zu tun, was ein normaler Mensch meiner Meinung nach tat.

Eines Tages hielt ich mich mit Billy in seiner Wohnung auf. Er wurde immer wirrer. Er sprach mit mir, und ich erwiderte etwas. Plötzlich eilte er zielstrebig zu jedem Fenster, schloss es und zog die Jalousien herunter. Dann ging er zum Wandschrank, griff hinein und zog einen Drahtbügel hervor. Er verformte ihn, drückte ihn zu einer Art Drahtpeitsche zusammen. Dann kam er zu mir; ich saß auf einem großen Kissen, das am Boden lag. Bisher hatte ich ihn nur beobachtet. Ich wusste nicht, was er im Schilde führte.

Blitzschnell setzte er seinen Fuß auf meinen Hals und drückte mich zu Boden. Er redete davon, dass seine Mädchen sich vor ihm in Acht nähmen und dass er mir die Widerworte schon abgewöhnen werde. Er holte mit der Drahtpeitsche aus, bereit, mir übers Gesicht zu schlagen.

»Hast du den Verstand verloren?«, fragte ich ihn. »Ich bin doch keines von deinen Mädchen.«

»Lass uns eine Fahrt mit dem Auto machen«, schlug Billy später vor. Bald darauf bog er in eine Tankstelle ein und sagte, er würde kurz hineingehen. Ich dachte, er bräuchte Zigaretten.

»Setz dich hinters Steuer. Und wenn ich rauskomme und einsteige, düst du einfach los«, meinte er.

Völlig arglos tat ich, wozu er mich aufgefordert hatte.

Vier Häuserblocks weiter steckte er die Hände in die Taschen und holte zwei Batzen Geldscheine hervor. »Hier«, sagte er, mir Scheine zuwerfend. »Ich habe gerade die Tankstelle ausgeraubt, und du hast gerade deinen ersten Fluchtwagen gefahren.«

Im Verlaufe dieses Tages wurde mir noch etwas klar. Billy war nicht nur ein Speed-Freak. Er nahm auch das Pendant zu Heroin, nämlich Kokain.

»Es ist Zeit, dass du jemanden triffst«, erklärte Billy. »Ich denke schon eine ganze Weile daran, dich mit diesem Typen zusammenzubringen.«

»Mit wem denn?«, fragte ich.

»Wirst schon sehen«, entgegnete er.

Billy hatte das schon einmal versucht und mich eines Abends in eine Wohnung geführt, wo ich einen Mann namens John-John treffen sollte. Das war ein alter Drogensüchtiger. Er verkleidete sich als Priester, suchte Ärzte auf und bekam die entsprechenden Rezepte. Dann wieder verkleidete er sich als Arzt, ging direkt ins Krankenhaus und besorgte sich Drogen. Jeder auf der Straße kannte John-John oder hatte von ihm gehört. Billy wollte mich bei John-John gegen etwas Kokain eintauschen. Doch der musterte mich und schüttelte den Kopf.

»Nee«, sagte er. »Die will ich nicht. Die hat Probleme.«

Einige Jahre später sollten John und ich im gleichen Behandlungszentrum arbeiten und Drogenabhängigen die Rückkehr in den Alltag erleichtern. Und noch ein paar Jahre später sollte ich neben seiner Tochter an seinem Bett stehen und ihm die Hand halten, während er von dieser Welt in die nächste überwechselte.

Ich war neugierig, wem Billy mich diesmal verkaufen wollte. Wir fuhren in eine ruhige Wohngegend von Minneapolis, und ich folgte ihm auf der Treppe in den zweiten Stock eines Hauses.

»Er heißt Paul«, sagte Billy, auf einen Mann mit rotblondem Haar deutend, das seinem eigenen glich. Der Mann war noch dünner und größer als Billy, mindestens 1,95 Meter.

Gegenüber diesem hoch gewachsenen Mann wirkte Billy wie ein kleiner Junge. Paul hatte einen dicken Schnurrbart, der sich über der Lippe kräuselte. »Paul Rutledge. Aber man nennt ihn einfach nur ›Tier‹. Er wird dein neuer alter Macker sein.«

Billy verabschiedete sich, ließ mich mit diesem Mann namens Tier in einer fremden Wohnung allein.

Ich stand da und fragte mich, was ich als Nächstes tun sollte. Paul verschwand im Flur. Ich wartete. Wartete noch etwas länger. Dann hörte ich lautes Fluchen aus der Richtung, in die er gegangen war. Ich ging den Flur entlang zum Badezimmer, dessen Tür offen stand. Paul kroch auf allen vieren über den Boden. Mit einer Spritze ohne Nadel versuchte er, etwas aufzusaugen.

»Was ist los?«, fragte ich.

»Verdammt noch mal«, rief er. Er schaute mich an, warf die Spritze in den Mülleimer und schaute mich wieder an. »Ich hab' gerade meinen letzten Schuss Koks verschüttet.«

Er stand auf und ergriff meine Hand. »Komm«, sagte er. »Wir gehen aus.«

Wir fuhren eine Weile durch die Stadt. Dann besuchten wir einen seiner Freunde. Ich redete kaum, beobachtete nur und hörte zu. Paul faszinierte mich. Ich mochte ihn. Schließlich stiegen wir wieder in den Wagen.

Ich hatte keine Ahnung, wohin wir unterwegs waren, fragte auch nicht danach. Auch nach Sonnenuntergang fuhr Paul noch mehrere Stunden von einer Straße in die andere. Irgendwann parkte er und forderte mich auf auszusteigen. Er nahm mich an der Hand; wir durchquerten einen Hof, überstiegen eine Hecke und erreichten den hinteren Parkplatz eines Lebensmittelgeschäfts.

Am Seiteneingang drückte er mich sanft gegen die Tür und kam mit seinem Gesicht ganz nah an meines heran, so als wollte er mich küssen.

Ich hielt den Atem an. Einen solchen Augenblick hatte ich noch nie erlebt.

Aber anstatt mich zu küssen, machte er sich an der Tür zu schaffen. Ich sah, dass er einen metallenen Gegenstand in der Hand hielt.

»Bleib da stehen und tu so, als wären wir ein Liebespaar«, sagte er. »Ich versuche, das Schloss zu knacken.«

Ich befolgte seine Anweisung.

Er brach das Schloss auf, öffnete die Tür und zog mich nach innen. Dann holte er unter seinem Hemd eine Tüte hervor und fing an, sie mit Zigaretten und Bargeld zu füllen.

»Hilf mir«, schnauzte er mich an.

Ich tat, was er sagte.

»Wir haben nicht viel Zeit«, schrie er. »Es gibt hier eine Alarmanlage. In ein paar Sekunden hören wir die Polizeisirenen.«

Mein Herz schlug wild, raste. Ich hatte mir seit Stunden keinen Schuss gesetzt, aber dies hier war auch ein Rausch.

Die Tüte war gerade voll, als die Sirenen ertönten. Er packte mich am Arm und schob mich zur Seitentür hinaus. »Gehen wir«, brüllte er.

Hand in Hand rannten wir über den Parkplatz, sprangen über die Hecke und hetzten über den Hof zum Wagen. Paul fuhr durch Seitenstraßen, in aller Ruhe seinem Weg folgend. Etwa zehn Minuten später warf er mir einen Blick zu und küsste mich auf die Wange. »Geschafft«, sagte er. »Wir sind in Sicherheit.«

Wir kehrten zum Haus des Freundes zurück, den wir zuvor besucht hatten, und parkten in der Allee dahinter. Der öffnete das Tor zur Garage, die angefüllt war mit Waren und wie ein Laden aussah. Paul gab ihm Zigaretten und erhielt dafür Geld. Dann fuhren wir weiter.

Vor einem anderen Haus ließ Paul mich allein im Wagen sitzen. Als er wiederkam, zwinkerte er mir zu. »Jetzt haben wir Koks.«

Schließlich erreichten wir seine Wohnung. Er stellte die Tüte auf den Tisch; dann zeigte er mir, wie man die flockige weiße Substanz mit Wasser vermischt und in die Vene schießt. Ehe er mich den ersten Schuss machen ließ, warnte er mich: »Das kann die Atmungsorgane lähmen. Du musst auf mich aufpassen, und ich passe auf dich auf. Wenn du dir Koks spritzt, solltest du immer heißen Kaffee vor dir auf dem Tisch stehen haben. Falls meine Atmung aussetzt, gießt du mir etwas davon die Kehle hinunter und klopfst mir auf den Rücken, bis ich wieder zu mir komme. Ich tue das Gleiche für dich.«

Wir saßen da, die ganze Nacht, und drückten uns einen Schuss nach dem anderen.

Ich war launenhaft. Ich liebte Betäubungsmittel, aber ich verliebte mich auch in Kokain. Und darüber hinaus verliebte ich mich auf äußerst seltsame und krankhafte Weise in Paul.

Er beschützte und umsorgte mich. Und er sagte, ich dürfe auf keinen Fall mit einem anderen Mann zusammen sein – weder aus Liebe, noch für Sex oder Geld. Er kaufte mir zauberhafte Kleider, wie ich sie noch nie gesehen hatte. Er schenkte mir Mäntel und überhäufte mich mit Schmuckstücken und Parfüms. Er kaufte mir ein Auto, meinen eigenen kleinen Ford Mustang, der damals gerade auf den Markt gekommen war. Er gab mir Geld. Ich lief immer mit wenigstens tausend Dollar herum, die mir aus der Handtasche fallen konnten.

Er kaufte mir auch feine Öle und Lotionen und sagte, ich solle meine Füße damit einreiben. Ich müsse lernen, mir selbst etwas Gutes zu tun. Er sagte, dass er mich liebe und dass wir uns eines Tages irgendwo niederlassen und heiraten und zwei Kinder haben würden – vielleicht einen Jungen und ein Mädchen. Er brachte alles in Ordnung.

Paul und ich hatten eines gemeinsam. Wir fuhren darauf ab, uns Drogen in die Venen zu schießen. Er wusste, wo man all die Drogen und das Geld bekam, das wir brauchten. Obwohl er ebenso wenig wie ich schon geschieden war, nannte er mich seine Verlobte.

In der Drogenkultur gibt es diverse Subkulturen. Es gibt Straßenjunkies, die nicht arbeiten, ihre Freunde bestehlen, den Frauen Handtaschen entreißen und in Häuser einbrechen – kurz, die alles Mögliche tun, um Geld für Drogen aufzutreiben. Außerdem gibt es Junkies, die bei anderen Leuten schnorren, um sie herumstreichen und ihre befreundeten Kiffer, Kokser oder Fixer um Drogen anbetteln. Dann gibt es Süchtige wie Dr. Ted, die stolz darauf sind, nur Pillen zu nehmen, und irrtümlicherweise glauben, dadurch alles unter Kontrolle zu haben. Und daneben gibt es Abhängige, die in einem bürgerlichen Stadtviertel wohnen, einer geregelten Arbeit nachgehen, nur am Wochenende Drogen nehmen und meinen, sie hätten auf diese Weise ihr Leben im Griff.

Und schließlich gibt es eine Gruppe, zu der ich am Ende meiner Drogenphase gehörte. Sie hatte nur etwa zehn Mitglieder. Heute sind alle tot – außer mir.

Diese Männer waren professionelle Diebe. Sie raubten Apotheken, medizinische Abteilungen, Kaufhäuser und manchmal auch Schmuckgeschäfte aus. Das war damals relativ einfach, weil die Händler gewöhnlich keine Alarmanlage hatten. Die Diebe unterhielten Beziehungen zu Hehlern, die ihnen für die gestohlene Ware eine gewisse Geldsumme aushändigten. Die Mitglieder dieser Gruppe verbrachten einen beträchtlichen Teil ihres Lebens im Gefängnis. Sie verpfiffen niemanden. Das ungeschriebene Gesetzt lautete: Wenn du geschnappt wirst, verrätst du nicht, wer was mit dir gemacht hat. Man saß seine Zeit ab. Das war der Preis, den man von Zeit zu Zeit zu zahlen hatte – eine abstruse Art Gewerkschaftsbeitrag.

Manchmal verschwand Paul für mehrere Wochen. Ich wusste nie, wohin er ging oder was er tat. Ich fragte ihn auch nicht. Er hinterließ mir immer mehr Geld, Nahrungsmittel und Drogen als nötig. Er führte mich in Schönheitssalons, wies mich darauf hin, welche Frisur am besten zu mir passte, und brachte mich zur Maniküre und Pediküre. Aufgrund meiner

Drogenabhängigkeit wog ich weniger als 40 Kilo, und trotzdem hatte ich seit meinem zwölften Lebensjahr nicht mehr so gut ausgesehen.

Paul »dealte« nicht, er »nahm« Drogen. Er stahl sie nur für den eigenen Gebrauch und verkaufte gestohlene Waren, um damit Geld zu verdienen. Sobald er Drogen besorgt hatte, teilte er sie bereitwillig mit mir. Zum ersten Mal in meinem Fixerdasein besaß ich hochwertigen Stoff in Hülle und Fülle.

Zu jener Zeit wurde ich vom Methadon-Programm ausgeschlossen.

Obwohl ich meistens über große Mengen an Drogen verfügte, hatte ich weiterhin am Methadon-Programm des Mount-Sinai-Hospitals in Minneapolis teilgenommen. Das machte durchaus Sinn. Der tägliche Vorrat an Methadon war eine nützliche Reserve. Er erschien mir wie eine Versicherungspolice für meine Sucht. Falls mir die Drogen ausgingen oder sonst etwas Unvorhergesehenes passierte, hatte ich immer noch diese tägliche Dosis Methadon, um – wenn auch nicht high – wenigstens wohlauf zu sein.

Das Programm hatte eine bestimmte Routine. Man kreuzte dort auf, trug sich in die Liste ein, trank eine Tagesdosis vor den Augen des ärztlichen Personals und wartete dann ungefähr eine halbe Stunde, während der man beobachtet wurde. Hatte man alle Tests bestanden, schickten sie einen mit der Dosis für eine halbe Woche wieder heim.

Als ich eines Tages mein Methadon einnahm, zeigte die Urinanalyse überraschende Ergebnisse. Ich wusste, dass ich in Schwierigkeiten war. Ich hatte mich verkalkuliert. Vor dem Verlassen der Wohnung hatte ich mir reichlich Drogen einverleibt – etwas Kokain gespritzt und dann sicherheitshalber noch eine Hand voll Valium geschluckt.

Ich trank also mein Methadon im Beisein der Aufsichtspersonen und verbrachte dann die vorgeschriebene halbe Stunde zur Beaufsichtigung im Wartezimmer. Die Drogen in meinem Körper begannen ebenso zu wirken wie das Methadon. Als die Ergebnisse der Urinanalyse eintrafen und bewiesen, dass ich außer dem Methadon noch andere Rauschgifte intus hatte, war ich durch die Überdosis ohnmächtig geworden und auf den Boden gesunken.

Etwas später – ich konnte die Zeit kaum anders messen als danach, wann ich high werden musste, was praktisch immer der Fall war – kam ich wieder zu mir. Ich befand mich in einem abgesperrten Zimmer, mit Lederriemen an ein Krankenhausbett gebunden.

Zwei Wochen lang musste ich im Krankenhaus bleiben. Mir wurde gesagt, dass ich durchgefallen und als Patientin im Methadon-Programm nicht länger akzeptabel sei. Alle Drogen wurden mir gestrichen – mit Ausnahme von Thorazin, einem langweiligen, anti-psychotischen Mittel, das einen schläfrig macht, ohne Rauschzustände hervorzurufen. Ich ging weder in die Therapie noch zur Drogenberatung. Ich war an mein Bett gefesselt, schaute fern und las Bücher. Als die Ärzte dachten, mein Körper sei völlig entgiftet, wurde ich entlassen.

Ich traf Paul und sagte ihm, dass man mir das Methadon entzogen hatte. Er erwiderte, ich solle mich darüber nicht grämen, er würde schon dafür sorgen, dass ich stets genug Drogen hätte, um mich wohl zu fühlen.

༄

Noch in meiner Abgestumpftheit nahm ich ein interessantes Phänomen wahr. Zum ersten Mal in meiner Junkiezeit hatte ich Zugang zu zahlreichen Drogen, die in Tüten und Schachteln verpackt waren. Aber ganz gleich, wie viele Pillen, wie viel Kokain, Morphium, Dilaudid, Valium wir besaßen, wie groß der Vorrat dieser vermeintlichen Apotheke war – uns gingen dauernd die Drogen aus. Zunächst verschwand der gute Stoff – das Dilaudid und das Morphium. Dann nahmen wir das Kodein, um den Entzugserscheinungen vorzubeugen, klopften schließlich an die Tür eines Dealers und besorgten weiteren guten Stoff, der uns genügend in Hochstimmung versetzte, so dass Paul wieder eine Apotheke ausrauben konnte.

Es gab nie genug Drogen – besonders wenn wir uns für Kokain entschieden hatten.

∞

Eines Nachts stiegen Paul und ich ins Auto und fuhren in eine Kleinstadt im Südwesten von Minnesota. Es war um Mitternacht. Dort angekommen, lenkte er den Wagen durch unzählige Straßen. Ich wusste, dass er – genau wie ich – nach einer Apotheke Ausschau hielt. Aber ich hatte ein seltsames Gefühl, Paul ebenfalls.

»Wir lassen's bleiben«, sagte er. »Irgendetwas stimmt nicht.«
Ich begriff, was er meinte. Selbst in meiner durch Drogen verursachten Benommenheit war ich mit jener Kraft verbunden, die man gemeinhin als Intuition bezeichnet. Allerdings bestand das Problem darin, dass wir sie in negativer Weise nutzten.

Wir fuhren die ganze Nacht durch, bis wir einen anderen, weiter südlich gelegenen Teil von Minnesota erreichten. In einer größeren Stadt mieteten wir ein kleines Motelzimmer. Es war etwa vier Uhr an einem Sonntagmorgen.

Paul sagte, er habe einen Plan.

»Diese Apotheke ist immer gut für ein Ding«, meinte er. »Sie gehört zu meinen bevorzugten Anlaufstellen. Aber diesmal brauche ich deine Hilfe.«

Wir stiegen ins Auto und fuhren die Hauptstraße entlang. Paul parkte an der Straße vor dem Parkplatz, der neben der Apotheke lag. Er verstaute drei weiße Plastiktüten, einen Dietrich, einen Hammer und einen Schraubenzieher unter seinem Hemd. Hand in Hand gingen wir die Straße hinunter.

Kurz darauf standen wir vor der Eingangstür der Apotheke. Ich lehnte mich mit dem Rücken dagegen. Paul drückte sich an mich, als wären wir ein Liebespaar – so wie er es auch bei unserem ersten Einbruch getan hatte. Während seine Arme um mich geschlungen waren, brach er die Tür auf. Ich hörte den dumpfen Knall.

Wir schauten uns um; auf der Straße war es still. Blitzschnell huschten wir hinein. Er hängte das aufgebrochene Schloss in die Halterung, damit nichts verdächtig aussah, falls eine Polizeistreife vorbeifuhr, und klinkte die Tür leise ein.

Ich folgte ihm hinter den Ladentisch zu den Vitrinen, in denen die stärksten Drogen aufbewahrt wurden. Ich war nicht high. Wir hatten keinen guten Stoff mehr. Aber Wellen der Angst – stärker und dauerhafter als je zuvor – durchfluteten mich, konkurrierten mit jedem Kokainrausch, den ich bislang erlebt hatte, als wir durch diese dunkle Apotheke schlichen.

Das Hochgefühl durch das Adrenalin war fast so stark wie das nach einem Schuss.

Wir schnappten uns sämtliche Drogen, die wir finden konnten. Dann schlug Paul vor, wir sollten uns noch ein wenig Zeit nehmen und den Safe knacken. »Da ist immer Bargeld drin. Außerdem deponieren die Apotheker dort ein bisschen Kokain. Aber du musst vorsichtig sein. Hinter der Tür befindet sich ein Fläschchen mit Tränengas, das ausströmt, sobald das Schloss aufgebrochen wird. Wir müssen den Atem anhalten und haben nur sehr wenig Zeit, um den Safe zu leeren und mit dem anderen Zeug aus der Apotheke zu fliehen.«

Er steckte den Schraubenzieher ins Schloss und schlug mit dem Hammer darauf. »Bingo«, sagte er, als die Tür sich öffnete. Tränengas strömte in den Raum.

Ich hörte auf zu atmen, blinzelte. Paul räumte den Safe aus, warf wahllos Bargeld, Fläschchen und Behälter in die Tüte, die ich ihm hinhielt. Er schnappte sich die beiden anderen Plastiktüten, und wir rannten zur Eingangstür.

»Pscht!« machte er. »Eine Sekunde.« Er suchte die Straße nach Scheinwerfern und Menschen ab. Alles schien ruhig. Er öffnete die Tür, und wir gingen nach draußen. Dann machte er sie vorsichtig zu und steckte das Schloss an seinen Platz. »Die sollen erst merken, dass hier eingebrochen wurde, wenn sie später zur Arbeit kommen«, sagte er.

Allmählich erhellte die Sonne den Morgenhimmel. Wir schlenderten über den Bürgersteig zum Auto.

»Gib mir die Autoschlüssel«, sagte Paul.

»Ich hab' sie nicht«, erwiderte ich. »Du hast sie.«

Zum ersten Mal, seit ich diesem Mann begegnet war, verstand ich, mitten auf dieser Straße, warum man ihn »Tier« nannte. Er fing an zu schreien und zu toben wie ein wild gewordenes Tier.

Das war unsere erste Auseinandersetzung. Ich versuchte ruhig zu bleiben. Ich war mir sicher, dass ich die Schlüssel nicht hatte.

»Schau doch mal in deiner Hosentasche nach«, sagte ich.

Inzwischen erwachte die schlafende Stadt zu neuem Leben. Autos fuhren an uns vorbei.

»Hab' ich schon. Da sind keine Schlüssel«, schnauzte er.

»Dann hast du dich halt getäuscht«, sagte ich. »Schau noch mal nach.«

Er fluchte, leierte ein paar Schimpfwörter herunter, die mit »Gott« anfingen. Dann entschuldigte er sich bei Gott dafür, dass er Seinen Namen missbraucht hatte. Paul stand vor mir auf dieser Straße, schaute zum Himmel und sagte: »Tut mir Leid, Gott.«

Dann durchstöberte er erneut seine Taschen – am Hemd, vorne und hinten an der Hose. Als er die Hand aus der Gesäßtasche zog, kamen die Autoschlüssel zum Vorschein.

»Ich hab's dir ja gesagt«, verkündete ich.

Er schloss die Wagentür auf. »Steig ein.«

Wir fuhren zum Motel zurück und brachten unsere Beute aufs Zimmer. Das war ein Volltreffer. Wir setzten uns an den Tisch, betrachteten, berührten und ordneten die Fläschchen, brachten unsere Verwunderung und Freude über all den guten Stoff zum Ausdruck.

»Mist«, sagte Paul. »Verdammter Mist.«
»Was ist los?«, fragte ich.
»Wir haben die Nadeln vergessen«, erwiderte er. »Wir müssen noch mal zurück.«

Inzwischen war es sechs Uhr morgens. Eine ganze Reihe von Menschen würde bereits wach sein. Die Sache erschien mir zu gefährlich. Ich sagte ihm, ich könne das nicht tun, ich habe zu große Angst, er müsse allein gehen. Er aber entgegnete, er brauche meine Hilfe, um in die Apotheke zu gelangen. Also folgte ich ihm zum Auto und stieg ein. Wir fuhren zurück zur Apotheke, parkten, gingen zur Eingangstür, spielten das sich küssende Liebespaar, öffneten die Tür, traten ein, schlossen die Tür, griffen uns eine Schachtel mit Insulinspritzen, hasteten wieder zur Tür, spähten aus dem Fenster, klinkten die Tür ein, hängten das aufgebrochene Schloss in die Halterung, eilten über den Bürgersteig zum Auto und jagten mit kreischenden Reifen davon um die Ecke, zum Motel, hinauf aufs Zimmer zum Tisch mit all den Drogen – die fast bis an unser Lebensende ausreichen würden – und drückten uns den ersten Schuss.

Das war einer unserer erfolgreichsten Raubzüge. Noch am selben Morgen kehrten wir nach Minneapolis zurück, saßen in meinem Apartment herum, jener netten kleinen Wohnung, die ich mit Hilfe meiner Mutter gefunden hatte. Ich kann mich nicht daran erinnern, dass ich schlief oder aß – nur daran, dass ich Drogen nahm, dann kurzzeitig das Bewusstsein verlor, wieder aufwachte und weitere Drogen nahm.

Auf dem Boden in der Ecke des Zimmers stand eine große Flasche mit Dilaudid-Hustensirup. Sie enthielt rund vier Liter. Immer beim Vorbeigehen taten wir einen kräftigen Zug. Es handelte sich um eine präventive Arznei – sie bewahrte uns vor Übelkeit und Erbrechen, falls wir ohnmächtig wurden und zu lange schliefen. Die übrige Zeit saßen wir nur da und injizierten uns große Mengen Rauschgift in die Arme.

Bei solchen Raubzügen lernte ich Folgendes: Nach der Rückkehr in die eigenen vier Wände ordnet man die Ware. Da sind zunächst die hochwertigen Stoffe – das Dilaudid und das Morphium –, die einen wirklich guten Rauschzustand garantieren. Dann gibt es Pillen, wie sie auch Dr. Ted stets bei sich hatte, und schließlich die minderwertigen Stoffe wie zum Beispiel Kodein, die einen nicht richtig high machen, aber im Notfall vor Erbrechen schützen. Das andere Zeug wirft man – unter Beachtung gewisser Vorsichtsmaßnahmen – einfach weg, damit die Polizei die Spur nicht zurückverfolgen kann.

Ich schaute zu, wie der Vorrat an gutem Stoff im Laufe der Wochen allmählich zur Neige ging. Ziemlich bald mussten wir die Trips einwerfen. Daraufhin begannen wir, uns Kodein zu spritzen, das einen schmerzhaften, unbefriedigenden Rausch hervorruft, bei dem die Venen brennen, das Gesicht errötet und sich kaum ein Hochgefühl einstellt.

Paul genügte das Kodein nicht. Er verübte weitere Einbrüche. Manchmal nahm er mich mit – aber nie mehr ins Innere des Ladens oder der Apotheke. Er wollte, dass ich, hinters Steuer geduckt, im Auto auf ihn warte. Sobald er dann mit den weißen Plastiktüten herauskam, sprang er auf der Beifahrerseite in den Wagen, und ich brauste davon. Gelegentlich ließ er mich auch zu Hause, wo ich wartete, mir Sorgen machte und nervös war.

∞

Dann begann für uns eine neue Phase.

Paul und ich mochten Opiate – Dilaudid und Morphium –, die einen einnicken lassen. Wir waren beide davon abhängig. Darüber hinaus hatte Paul – wie ich auch – eine große Schwäche für Kokain. Als ich zum ersten Mal Drogen genommen hatte, waren Heroin und Kokain nicht allzu weit verbreitet. Die Leute auf den Straßen interessierten sich vor allem für Marihuana, LSD, Speed und Betäubungsmittel. Dann wurde das Heroin immer populärer. Und bald schnupften oder spritzten viele Junkies auch Kokain. Das bedeutete, dass – ähnlich wie beim Heroin – die Qualität des Kokains nachließ. Als nur eine Hand voll Menschen in der Drogenkultur Kokain nahm, war es eine Art Delikatesse, ein besonderer Genuss. Diejenigen, die es kauften beziehungsweise verkauften, achteten gewöhnlich auf Qualität. Aber in dem Maße, wie die Nachfrage stieg, mogelten und tricksten die Dealer, indem sie dem reinen Koks Zusatzstoffe beimischten. Folglich besaß er auf den Straßen nur einen minderen Wert; uns aber war – aufgrund unserer früheren Erfahrungen – nur das Beste gut genug.

Paul erzählte mir von seinem neuen Plan. Er wusste, wie wir uns gutes Kokain in großen Mengen beschaffen konnten. Und so fuhren wir eines Abends zu einem dreistöckigen Haus im viktorianischen Stil im Süden von Minneapolis, wo wir Darrell James abholten, den ich noch nicht kannte. Er war ein stiller Typ mit buschigem Haar und Knollennase. Für einen Junkie schien er nicht dünn genug. Er wirkte eher wie ein Buchhalter. Darrell setzte sich nach vorn, neben Paul, während ich hinten Platz nahm. Sodann fuhren wir zu einem der größten Gebäude mit Arztpraxen in Minneapolis und St. Paul. Wir parkten den Wagen einen Häuserblock weiter, und die beiden Männer befahlen mir, mich tief niederzuducken und durchs Fenster zu spähen, bis ich sie zurückkommen sah. Dann sollte ich auf den Fahrersitz klettern und, nachdem sie eingestiegen und in Sicherheit waren, starten und aufs Gaspedal treten.

Ich hatte keine Ahnung, was sie in diesem Gebäude suchten, denn dort befand sich keine Apotheke.

An diesem Abend erfuhr ich, dass Hals-Nasen-Ohren-Ärzte zu jenen wenigen Medizinern gehörten, die berechtigt waren, Kokain einzusetzen. In ihren Praxen hatten sie große Mengen an reinem, flüssigen Kokain vorrätig. Hierbei handelte es sich um ein pharmazeutisches Produkt, das ständigen Qualitätskontrollen unterlag.

Nachdem wir zu Darrells Haus zurückgekehrt waren, gingen wir hinein und teilten die Ware. Die beiden beharrten darauf, dass ich mir ein Drittel nehmen solle. Sie hatten sogar eine Arzttasche für mich. Ich füllte sie mit vielen Flaschen voll reinem Kokain.

Ich blickte in *meine* Arzttasche und konnte mir nicht vorstellen, so viel Kokain zu spritzen, dass nichts mehr davon übrig wäre. Ich hatte schon größere Anhäufungen von Kokain im Wert von zigtausend Dollar gesehen, aber nie eine solche Masse.

Alles gehörte mir.

Damit war aber auch mein Wendepunkt erreicht.

Es war der Anfang vom Ende.

∽

Ich weiß noch, dass ich Tag für Tag, manchmal wochenlang am Tisch saß und mir einen Schuss Kokain nach dem anderen setzte. Sogar meine Junkiefreunde machten sich Sorgen um mich. »Du musst was essen, Melody«, trichterte Paul mir ein. »Du musst schlafen. Du kannst nicht nur dasitzen und Drogen nehmen.«

»Doch, kann ich«, erwiderte ich. »Schau.«

Durch den übermäßigen Kokainkonsum verschlechterte sich allmählich mein körperlicher Zustand. Die Venen fielen zusammen und verschwanden. Ich führte die Nadel ein, zog Blut heraus, drückte den Kolben nach unten und hörte dann ein Zischen: Die Vene war weg. Von oben bis unten waren meine Arme mit drei Reihen schorfiger Stellen und Narben überzogen. Bald fand ich keine Vene mehr. Ich konnte mir den Stoff nur noch dadurch injizieren, dass ich mir die Nadel irgendwo tief in den Arm stieß – bisweilen fünf, zehn oder zwanzig Mal – in der Hoffnung, zufällig eine Vene zu treffen.

Es war wie ein Spiel mit Wurfpfeilen – mit meinem Arm als Zielscheibe.

Inzwischen wurde ich kaum noch high. Durch das Kokain schwirrte mir der Kopf und dröhnten mir die Ohren; dann verflüchtigte sich die Empfindung, und ich bereitete den nächsten Schuss vor.

Als ich infolge des Kokains meinen ersten Schüttelkrampf hatte, war ich bestürzt. Ich schoss mir Kokain, schoss mir Kokain, schoss mir Kokain – besessen und zwanghaft und süchtig –, bis mir schwarz vor Augen wurde. Als ich wieder zu Bewusstsein kam, merkte ich, dass Paul mir einen Löffel in den Mund gesteckt hatte. Er sagte, ich hätte einen Krampf gehabt. Sein Blick war von Angst erfüllt. Er beabsichtigte, mich ins Krankenhaus zu bringen. Ich aber wollte nicht, setzte mich auf, suchte nach einer Nadel und fing sofort an, mir wieder Kokain zu spritzen.

Ich stellte fest, dass diese großen Mengen Kokain die Opiate in meinem Körper neutralisierten. Um so viel Kokain aufnehmen zu können, musste ich regelmäßig Opiate injizieren, damit ich vom Opiate-Entzug verschont blieb.

Nach zwei Wochen Kokainrausch ohne Essen und ohne Schlaf wurde ich auf einer Couch in Tommys Haus ohnmächtig. Er war einer von Pauls Freunden – ein ruhiger, freundlicher Drogenabhängiger und Dieb, der in einem bürgerlichen Vorort von Minneapolis wohnte. Keine Ahnung, wie lange ich schlief, vielleicht Tage. Gewöhnlich versuchte ich, nicht zu lange in Schlaf zu sinken, damit ich währenddessen keine Entzugserscheinungen erleiden musste. Diesmal hatte ich mich geirrt, mich verkalkuliert. Ich schlief viel zu lange, verbrachte zu viele Stunden ohne Drogen. Mein Körper brauchte sie, wie andere Menschen Luft und Wasser brauchen.

Als ich die Augen öffnete, konnte ich mich nicht mehr von der Stelle rühren, keinen Muskel, keinen Knochen, keine meiner Gliedmaßen mehr bewegen. Ich versuchte, den Blick schweifen zu lassen und mich im Zimmer umzuschauen. Ich sah, dass ich auf einer Couch lag. Aber aufgrund der schlimms-

ten Drogenentzugserscheinungen, die ich je erlebt hatte, war ich wie gelähmt.
So also fühlt man sich als Junkie.
Dieser Gedanke war bewusst und klar.

Das kleine Mädchen, das einstmals gute Noten bekam, auf eine private Highschool ging und bei den Schulkonzerten Klavier spielte, hatte endlich und ohne jeden Zweifel sein Ziel erreicht.

Hier und jetzt hatte ich mich sehr fest gekniffen. Und zum ersten Mal wusste ich, dass ich lebendig war, dass ich eine echte, bis oben hin voll gepumpte und total abhängige Rauschgiftsüchtige war.

Später – wann genau, kann ich nicht mehr sagen – kam Tommy ins Zimmer. Ich konnte den Mund nicht öffnen, um zu sprechen. Ihm war sofort klar, was sich ereignet hatte. Er füllte eine Spritze mit Morphium, kniete sich neben die Couch, band mir den Arm ab und suchte angestrengt nach einer Vene.

»Mein Gott, Mädchen, was hast du mit dir gemacht?«, fragte er. »Du hast keine Vene mehr. Ich kann die Nadel nirgends einstechen.«

Ich brachte kein Wort heraus.

Tommy wusste, dass mein Zustand ernst, dass ich wirklich krank war. »Tut mir Leid, mein Kind. Aber das muss ich jetzt tun«, sagte er. Dann bohrte er die Nadel in eine Vene am Hals und drückte den Kolben nach unten.

Augenblicklich ging es mir wieder gut.

∾

Es war ein Herbsttag – Ende November oder Anfang Dezember –, als die Katastrophe über uns hereinbrach.

Ich trug hohe Stiefel, weil sie einfach praktisch waren. Ich konnte zu Hause sitzen, Spritzen mit Opiaten und Kokain füllen, sie verschließen und in die Stiefel stecken. Dadurch hatte ich den nächsten Schuss stets in greifbarer Nähe. Mit den

Stiefeln voller Drogen stieg ich in meinen Mustang und beschloss, zu Darrell zu fahren und zu schauen, was er gerade machte.

Er und Paul waren zuletzt in viele Geschäfte eingebrochen. Im Moment schwammen wir ganz oben. Wir verfügten über genügend Opiate und Kokain, die uns bis zum Ende der Welt reichen würden. Vor Darrells Haus stehend, klopfte ich an die Tür.

»Wer ist da?«, fragte er.

»Melody«, erwiderte ich.

Ich vernahm keine Antwort, stand da und wartete. »Komm rein«, rief er schließlich.

Ich trat ein und ging ins Wohnzimmer. Darrell saß still auf der Couch. Er schien ein bisschen seltsam – aber er hatte immer seltsam auf mich gewirkt, ja missmutig, fast depressiv. Ich erinnere mich, dass mir seine Körper- und Sitzhaltung besonders auffiel. Er war tief ins Polster gesunken und hatte die Hände hinterm Rücken. Ein anderer Mann, den ich nicht kannte, kam ins Zimmer. Wir nickten uns zu und sagten »Hallo.« Er sah gut aus, noch ein Rotblonder.

Ich schlenderte Richtung Treppe, die zum ersten Stock führte. »Ich geh' nur kurz auf die Toilette«, sagte ich, »bin gleich wieder da.« Ich stieg die Stufen nach oben im Gefühl, wirklich glücklich zu sein. Ich besaß Kleider, Geld, ein Auto und Drogen. Ich hatte einen Freund, der gut zu mir war. Das Leben konnte nicht sehr viel besser sein. Ich ging in das winzige Badezimmer, schloss die Tür hinter mir zu und setzte mich auf den Boden. Ich machte den Reißverschluss meines rechten Stiefels auf und holte eine vorbereitete Spritze mit flüssigem Kokain hervor.

Dann schnallte ich den Gürtel los, band ihn um den Oberarm und stach an der Stelle hinein, wo ich eine tiefe Vene vermutete. Als ich den Kolben der Spritze herauszog, schoss Blut ein. Diesmal hatte ich Glück. Schon der erste Versuch war ein Volltreffer.

Plötzlich wurde die Tür aufgebrochen. Ein Mann stürmte herein, ein zweiter stand hinter ihm. Beide hatten einen Revolver und zielten auf mich. Der erste hielt mir die Waffe direkt vors Gesicht.

»Polizei. Hände hoch. Sie sind verhaftet.«

Hände hoch? Ich hatte gerade eine Vene gefunden. Wenn ich schon ins Gefängnis sollte, dann würde ich mir vorher noch diesen letzten Schuss setzen.

»Hände hoch – oder wir pusten dir das Gehirn weg«, schrie er.

»Einen Moment«, sagte ich, »bin fast fertig.«

Darrell musste ins Gefängnis, Paul ebenfalls. Darrell war kein aufrechter Mensch, kein Typ mit Herz. Um eine Strafmilderung zu erhalten, verpfiff er Paul. Der war bereits auf Bewährung, also verweigerten sie seine Freilassung gegen Kaution.

Sie sperrten mich eine Zeit lang ein, bis mein Körper entgiftet war. Sie gaben mir Bewährung und verurteilten mich erneut, nach Mora zu gehen, in die nördliche Kleinstadt, wo meine Mutter lebte. »Wenn wir hören, dass Sie auch nur zehn Minuten in Minneapolis und St. Paul verbracht haben, werden Sie verhaftet und ins Gefängnis gesteckt«, wurde mir gesagt. »Wenn Sie hier einen Fahr- oder Parkschein kaufen, wandern Sie ins Kittchen, und Ihre Bewährung wird aufgehoben. Wenn Sie auch nur daran denken, Drogen zu nehmen, bringen wir Sie hinter Schloss und Riegel.«

»Schon gut«, erwiderte ich. »Ich werde mir nichts zuschulden kommen lassen.«

»Außerdem machen wir Aufnahmen von Ihren Armen und benutzen sie im Rahmen unseres Vorbeugungsprogramms gegen Drogen an den Schulen von Minnesota«, fügten sie hinzu.

»Einverstanden«, sagte ich.

Nach sechs Monaten Aufenthalt in Mora wünschte ich, sie hätten mich ins Gefängnis geworfen. Eine Zeit lang lebte ich bei meiner Mutter, dann bekam ich einen Job als Bedienung in einem Café und mietete ein kleines Apartment im Zentrum.

Ich war weder tot noch lebendig. Gelegentlich fand ich jemanden, der Marihuana rauchte, aber solche Leute taten dies nur der Geselligkeit wegen. Sie tranken gerne Bier, rauchten einen Joint, wurden ein bisschen high und lauschten der Musik. Verglichen mit meinem Drogenkonsum war das etwa so, als würden sie einen Hamburger essen und sich hinterher weismachen, ein köstliches Steak verzehrt zu haben. In ihrem ganzen Leben konsumierten sie so viel Rauschgift, wie ich mir an einem einzigen Tag einverleibt hatte. Also kehrte ich zu den Anfängen meiner Abhängigkeit zurück.

Ich begann wieder zu trinken.

Doch diesmal war alles anders. Der Alkohol versetzte mich nicht mehr in einen Rauschzustand. Nicht einmal jenes warme, angenehme Kribbeln stellte sich ein. Ich konnte zwei Bier trinken, ohne irgendetwas zu spüren, und dann hatte ich sofort einen Blackout. Ich war zwar auf, ging umher, redete und erledigte meine Angelegenheiten, aber am nächsten Tag erinnerte ich mich nicht mehr daran, was ich gesagt und gemacht hatte oder wo ich gewesen war.

Eines Morgens erwachte ich im Bett eines Wohnwagens – neben einem Mann, den ich nicht kannte. Ich empfand tiefen Widerwillen, Ekel und Angst. Meine Kleidung war durchs Schlafen in Unordnung, aber immerhin hatte ich sie nicht ausgezogen. Als ich zur Tür hinaus rannte, fragte er mich, ob ich ihn wieder sehen wolle. Ich schrie zurück: »Nein!«

Ich hatte nicht die geringste Ahnung, wo ich ihm begegnet und wie ich in diesen Wohnwagen gekommen war.

∾

Einmal stand ich früh auf, nahm den Bus nach Minneapolis und St. Paul und besuchte ein befreundetes Ehepaar, das ich im Methadon-Programm kennen gelernt hatte. Ich verstieß damit zwar gegen die Bewährungsauflagen, war aber gewillt, diese Gelegenheit beim Schopfe zu packen. Ich überredete sie, mir eine Flasche ihres Methadons zu verkaufen. Wenn ich es einnahm, war ich wenigstens für 24 Stunden in einem »rechtmäßigen« Rauschzustand, anstatt die unabsehbaren Nebenwirkungen des Alkohols ertragen zu müssen.

»Schluck nicht alles auf einmal«, warnte mein Freund. »Es ist eine hohe Dosis. Du hast seit einiger Zeit nichts genommen.«

»Okay, abgemacht«, versicherte ich.

Ich bestieg den Bus, wartete bis kurz vor Mora und fing an, aus der Methadon-Flasche zu trinken. Dann hielt ich kurz inne. Nichts geschah. Ich nahm noch ein paar kräftige Schlucke, harrte etwas länger aus, fühlte aber immer noch nichts. Schließlich leerte ich die ganze Flasche. Nichts! Man hatte mich hereingelegt. Ich war nicht einmal high.

Ich hatte vergessen, dass es unterschiedliche Möglichkeiten gibt, dem Körper Drogen zuzuführen, und dass die Absorption über den Magen mehr Zeit in Anspruch nimmt. Die Wirkung des Methadons hält zwar länger an, setzt jedoch erst später ein. Es breitet sich im Innern nur ganz allmählich aus. Als ich es nach der Rückkehr in meine Wohnung zu spüren begann, wusste ich, dass es Probleme geben würde. Ich konnte weder sehen noch richtig gehen, bloß auf dem Boden liegen und meinen Kopf hochhalten. Ich wollte einfach bewusstlos werden, einschlafen. Ich hatte zu viel Methadon getrunken. Und trotz Überdosis durfte ich nicht ins Krankenhaus, weil sie mich dann der Polizei übergeben hätten. Ich wäre wieder im Gefängnis gelandet.

Ich beugte mich über die Badewanne und ließ kaltes Wasser einlaufen – gerade so viel, dass es meinen Körper bedeckte, und so wenig, dass ich im Falle einer Ohnmacht hoffentlich nicht darin ertrank. Dann begannen die gewohnten Verrichtungen – mich in die Wanne schleppen, lange genug im kalten Wasser bleiben, um meinem Organismus einen Schock zu versetzen, wieder heraus kriechen und mich neben der Wanne auf dem Boden ausstrecken. Sobald mir die Sinne schwänden, würde ich erneut in die Wanne klettern. Während ich also morgens um sieben Uhr nass und zitternd auf dem Boden des Badezimmers lag, hörte ich, wie die Wohnungstür geöffnet wurde.

Meine Mutter kam herein.

Sie schaute mich an. »Hast du's vergessen? Heute ist dein Gerichtstermin. Ich bin da, um dich abzuholen.«

Daran hatte ich nicht mehr gedacht. Nun, eigentlich schon. Heute sollte über das Sorgerecht für meinen Sohn John verhandelt werden. Meine Mutter drängte mich, darum zu kämpfen. Doch ich wusste, dass ich dieser Aufgabe nicht gewachsen war. Ich machte zu viel verkehrt. Ich konnte mich nicht um ein Kind kümmern. Selbst im Falle eines Sieges – der äußerst unwahrscheinlich war – würde ich nicht die Kraft haben, ein Kind an meiner Seite großzuziehen.

Wir fuhren zum Gericht. Der Richter musterte mich kurz und sprach dann das befristete Sorgerecht Johns Vater zu.

Mir wurde gestattet, meinen Sohn kurz zu sehen, und zwar im Büro meines Rechtsanwalts. John war erst drei Jahre alt. Dieser kleine Junge, dem ich unbedingt das Leben schenken wollte, das ihm zustand, betrachtete mich. Ich sagte ihm, dass mir alles Leid täte, dass ich ihn trotz meiner seltsamen, schrecklichen Art lieben würde. Ich nahm seine Hand, ging mit ihm durch die Halle in den Raum, wo sein Vater und dessen Anwälte warteten. Dann ließ ich sie los und übergab ihn dem Vater.

Als ich abends nach Mora zurückkehrte, ging ich aus, um mich zu betrinken.

In jener Zeit dachte ich mir einen Plan aus. Irgendwie wollte ich es schaffen, in der folgenden Woche weder Drogen zu nehmen noch Alkohol zu trinken. Keine Pille, keinen Joint, ja, nicht einmal einen Schluck Bier. Ich würde mich nicht mehr aufputschen. Am nächsten Morgen öffnete ich die Augen und schwor, keinerlei Rauschmittel anzurühren. Einen solchen Versuch hatte ich noch nie unternommen.

Meine guten Absichten währten zwei Stunden. Mittags saß ich in einer Bar und trank mehrere Whiskey pur. Ich konnte nicht anders.

Einige Tage kämpfte ich gegen die Drogen und den Alkohol an. Ich gab mir alle Mühe, aber es nutzte nichts. Mein Vorsatz, die Finger davon zu lassen, wurde schwächer und verschwand schließlich völlig, sobald mir jemand Pillen oder einen Joint reichte. Oder ich steuerte geradewegs auf eine Bar zu, sagte mir, ich würde nur kurz hineingehen, ein paar Lieder in der Musikbox spielen und eine Coca-Cola trinken. Ehe ich's merkte, hatte ich ein Glas Whiskey in der Hand und eine Flasche in der Handtasche, die ich dann zu Hause leeren wollte.

Schließlich gab ich den Versuch auf, clean und trocken zu bleiben.

Ich verstand nicht, wie einige Leute einfach aufhören konnten – oder auf welche Weise sie ihre Sucht besser in den Griff bekamen als ich. Ich sah nicht ein, wie überhaupt jemand die Fähigkeit besaß, völlig abstinent zu leben. Ja, mir war wirklich schleierhaft, warum alle Menschen nicht genauso wie ich die ganze Zeit high oder betrunken sein wollten.

Ich wusste nicht, was mit mir los war, worin das Problem bestand, warum ich von den übrigen Leuten so sehr abwich. Der Unterschied zwischen ihnen und mir war mir während meines gesamten Lebens bewusst gewesen. In der Drogenkultur von Minneapolis wurde er eine Zeit lang verwischt. Ich befand mich unter meinesgleichen. Nun aber, hier in Mora, trat in aller Deutlichkeit zutage, wie anders ich war.

In dieser Stadt fand ich keinen Anschluss. Ich hatte keine Freunde. Noch nicht einmal unter den Drogen- und Alkoholabhängigen fand ich Gleichgesinnte. Sie berauschten sich nicht so, wie ich es tat. Es gab für mich keinen Zufluchtsort. Ich konnte weder high werden noch clean bleiben. Bei mir funktionierte nichts mehr.

Ich brachte nicht den Mut auf, Selbstmord zu begehen, aber ich wollte sterben. *Die einfachste Art, mein Leben zu beenden, ist die, einfach weiter zu trinken und Drogen zu nehmen,* dachte ich.

Als ich eines Nachts auf dem Nachhauseweg an der zweispurigen Schnellstraße entlangging, hob ich die Augen zum Himmel. Lange Zeit, jahrelang, hatte ich ihn, den Mond und die Sterne nicht mehr gesehen. Für einen Augenblick schien ich zu spüren, dass dort oben etwas Größeres existiert. Es war ein seltsames Gefühl, allerdings nicht unangenehm – als berührte ich den Saum einer anderen Welt. Ich verstand nicht, was das bedeuten sollte, und nahm nicht weiter Notiz davon. Damals wusste ich nicht, dass sich gerade ein neuer Erfahrungshorizont abgezeichnet hatte.

Ein paar Tage später entwarf ich einen neuen Plan.

Ich wollte in einer benachbarten Stadt zu irgendeinem Arzt gehen und ihn so lange bearbeiten, bis er mich mit Drogen versorgte. Ich wusste, wie man das macht, wusste, was ich wollte – eine Hand voll Valium und andere Barbiturate. Es waren die frühen 70er-Jahre – an Medikamente kam man relativ leicht heran. Ich brauchte dem Arzt nur zu sagen, dass ich tagsüber unter großen Ängsten leide und nachts nicht schlafen könne. Zweifellos würde er mir dann die gewünschten Pillen verschreiben.

Das war der erste Schritt. Ich bewältigte ihn meisterlich und verließ die Praxis mit einem Rezept für Valium und Seconal, ein starkes Schlafmittel. Bei mir rief es genau gegenteilige Wirkung hervor – es putschte mich auf, sodass ich wach blieb und einfach weitere Tabletten einnahm. An jenem Abend kehrte ich in meine Wohnung zurück und schluckte eine größere Menge von beiden Medikamenten. Ich wurde nicht richtig high, weil Pillen mich nicht mehr in einen solchen Zustand versetzten, aber ich war ein bisschen aufgedrehter als sonst.

Jetzt fühlte ich mich bereit für den zweiten Teil meines Planes. Sorgfältig sammelte ich alle Werkzeuge ein, die ich finden konnte: einen Schraubenzieher, einen Hammer und sicherheitshalber ein paar Küchenutensilien. Ich hatte Paul viele Male beim Einbruch zugeschaut; nun wollte ich es ihm nachtun.

Ich wollte auf das Dach der örtlichen Apotheke klettern, den Deckel des Luftschachts hochklappen und hineingleiten. Entweder ich brach in die Apotheke ein und besorgte mir alle nötigen Drogen, um high zu bleiben – oder sie schnappten mich und sperrten mich hinter Schloss und Riegel. Ob berauscht oder im Gefängnis – ich würde mich mehr zu Hause fühlen als hier. Es war Zeit, weiter voranzuschreiten. Was immer auch geschähe – ich profitierte davon, denn gewiss konnte ich mir selbst in der Strafanstalt Drogen beschaffen.

Offensichtlich war ich durch die Beruhigungs- und Schlafmittel benommener, als ich dachte. Junkies sind immer higher und haben die Dinge weniger unter Kontrolle, als sie es sich eingestehen. Ihnen erscheint die Welt völlig normal, weil sie es gewohnt sind, alles mit getrübten Sinnen wahrzunehmen.

Ich kam zur Hauptstraße und beurteilte die Lage. Es war etwa 23 Uhr. Ich erspähte keine Autos, keine Menschen. Die kleine Stadt lag ruhig, wie im Tiefschlaf – nur ich war wach. Ich näherte mich der Rückseite des großen Backsteingebäudes, in dem sich die Apotheke befand. Dann kletterte ich die dort angebrachte Metallleiter hoch und schwang mich aufs Dach. Ich schaute mich um, entdeckte, was der Deckel des Luftschachts sein musste, und setzte mich davor. Ich kramte in meiner Tasche, um das richtige Werkzeug zu finden. Ein Schraubenzieher wäre genau das Richtige. Also holte ich ihn hervor und fing an, damit den Deckel hochzuheben.

Plötzlich schien die Stadt in grelles Licht getaucht zu sein. Es war, als würde jemand einen großen Scheinwerfer auf diese Ecke des Häuserblocks richten. Hunde jaulten und bellten; Menschen begannen zu schreien.

Inzwischen entfalteten die Schlaf- und Beruhigungsmittel ihre Wirkung. Ich hatte so viele davon geschluckt, dass ich kaum gehen oder die Situation richtig einschätzen konnte. Ich ließ den Schraubenzieher fallen, stand auf und stolperte zum Rand des Dachs, um herauszufinden, warum da solche Aufregung herrschte.

Polizisten und Sheriffs umzingelten das gesamte Gebäude. Jeder richtete ein Gewehr oder einen Revolver auf mich.

»Hände hoch, oder wir schießen.«

»Was?«, sagte ich, über den Rand des Dachs lugend.

»Steigt hoch und holt sie runter, bevor sie stürzt«, hörte ich jemanden sagen.

Sie brachten mich in ein städtisches Krankenhaus. Das taten sie, weil ich ihnen sagte, dass ich ein Junkie sei und mich jeden Augenblick übergeben müsse. Die Ärzte gaben mir keine Drogen, sondern sperrten mich in ein Zimmer und sagten, wenn ich brechen müsse, dann könnte ich das hier so lange tun, bis ich vor Gericht käme.

Ich schäumte vor Wut. Mein Plan war gescheitert. Ich hatte keinerlei rauschhaften Gefühle. Und ich befand mich nicht *stoned* in einem Gefängnis in Minneapolis, sondern auf Entzug in einem Krankenhaus in Mora. Zorn bemächtigte sich meiner – gepaart mit Aggression, Abscheu und Hass, wie ich sie noch nie empfunden hatte. Das ist die Nebenwirkung von Barbituraten; sobald man sie absetzt, wird man gemein, konfus und wahnsinnig. Ich kam mir vor wie ein Tier im Käfig. Ich zerrte die Matratze vom Bett, zog an der Seite eine große Sprungfeder mit spitzem Ende hervor und stürzte mich damit auf die Ärzte, die etwas später das Zimmer betraten.

Sie wichen zurück. »Leg die Sprungfeder weg und geh ins Bett«, sagte einer der beiden.

Ich wollte sie nicht weglegen, wollte mich von den Ärzten nicht untersuchen lassen, wollte keine Ruhe geben, wollte nicht ins Bett gehen.

Da legten sie mich vom Hals abwärts in Ketten, beförderten mich in einen Krankenwagen und fuhren mich ins Hennepin-County-Gefängnis. Obwohl ich nicht mehr von Opiaten abhängig war, weil ich mir in Mora keine beschaffen konnte, log ich das Gefängnispersonal an. Ich sagte ihnen, ich sei süchtig und würde in dieser Strafanstalt ab sofort an Entzugserscheinungen leiden, wenn sie mir nicht etwas Methadon gäben. Der Gefängnisarzt verschrieb mir eine kleine Dosis. So spürte ich etwas, aber nicht viel. Das überraschte mich nicht. Drogen und Alkohol schlugen bei mir nicht mehr richtig an. Zwar hatte ich mich mit dem einen oder anderen Rauschmittel zwölf Jahre lang täglich voll gepumpt, aber ich vermochte mich nicht daran zu erinnern, wann ich das letzte Mal high war.

Ich hoffte, der Richter würde nachsichtig gegen mich sein, mich freisprechen, doch ich wusste nicht, was ich erwarten sollte. Ich hatte keine Ahnung, wohin ich als Nächstes gehen konnte. Selbst wenn er glimpflich mit mir verfuhr, konnte ich nicht wieder in Mora leben.

Ich hatte keinen Plan mehr.

Eben aufgrund meiner Vergehen war der besagte Richter derart aufgebracht, wütend und unversöhnlich. Deshalb blickte er, als ich in meinem adretten hellblauen Baumwollgewand vor ihm stand, finster drein, runzelte die Stirn und hatte keine Lust zu fragen, was ein so nettes Mädchen wie ich in so einem Chaos machte.

»Wofür also entscheiden Sie sich, Miss Vaillancourt? Fünf Jahre Strafanstalt – oder eine unbefristete Entziehungskur in der staatlichen Klinik?«

Nicht, dass ich nicht clean werden *wollte*. Ich *wusste* einfach nicht, was clean sein bedeutet. In Mora hatte ich versucht, weder Drogen zu nehmen noch Alkohol zu trinken – umsonst. In mir gab es niemanden außer jenem Junkie, zu dem ich geworden war. Ich konnte mich nicht erinnern, je einen nüchternen Atemzug getan zu haben. Heroin, Dilaudid, Kokain und Pillen waren für mich ebenso lebenswichtig wie Luft, Wasser und Blut. Ich konnte mich nicht entsinnen, abstinent gewesen zu sein. Ich konnte nicht an ein Dasein zurückdenken, in dem ich nicht wenigstens versucht hätte, mich aufzuputschen. Diese Drogenkultur, die ich entdeckt hatte, war die einzige Welt, die ich kannte. Und diese Drogenabhängige, zu der ich mich entwickelt hatte, war das Einzige, was von mir übrig geblieben war.

Strafanstalt oder Entziehungskur?

Ich wurde so oder so zum Tode verurteilt.

»Okay«, sagte ich. »Ich mache eine Entziehungskur.«

℘

Obwohl ich während meiner gesamten Drogenphase immer wieder ins Krankenhaus eingeliefert worden war, hatte ich doch noch nie eine Entziehung gemacht. Der Ort, an den der Richter mich schickte, war kein Behandlungszentrum, wie es heute allenthalben existiert, sondern eine staatliche Klinik, die damals neben mental oder emotional gestörten Menschen auch wirkliche Geisteskranke beherbergte. Sie glich einem großen Campus – Empfangsbereich und kleine Schlafsäle, Wohneinheiten genannt, waren über das ganze Gelände verteilt. Die meisten Wohneinheiten standen den geistig kranken Patienten zur Verfügung, einige wenige den Drogenabhängigen und Alkoholikern.

Egal, dachte ich, als ich den Gerichtssaal verließ und in den Wagen des Sheriffs stieg, bestimmt kenne ich im Willmar State Hospital einige Junkies, die ebenfalls dorthin geschickt wurden. Sie werden Drogen haben, und bald bin ich wieder high.

Die Entziehungskur bestand darin, dass man jeden Morgen um neun Uhr einen einstündigen Vortrag besuchte, jede Woche zwei Treffen der Anonymen Alkoholiker – Leute aus der Gemeinde kamen in die Klinik und führten die Veranstaltung im Auditorium durch – und jede Woche zwei Therapiegruppen. Außerdem musste man einmal wöchentlich mindestens eine individuelle Therapiestunde mit dem Drogenberater verbringen.

Als ich im Auto des Sheriffs einige Stunden lang von Minneapolis nach Willmar fuhr, einer kleinen Stadt im Südwesten des Bundesstaates, hatte ich ein seltsames Gefühl. Mir war, als führe ich wieder ins religiös ausgerichtete Jugendlager.

In der Klinik angekommen, wurde ich in ein Zimmer im Empfangsbereich gesperrt. Einige Tage lang musste ich im Bett bleiben und einen Pyjama tragen. Drei Tage lebte ich ohne Drogen und ohne Alkohol – das war in den letzten zwölf Jahren noch nie vorgekommen.

Dann geschah noch etwas. Ich fing an, über einige Dinge genauer nachzudenken. Zuerst fühlte ich mich wie eine träge Masse, die in Bewegung geriet. Dann kribbelte es mich überall. Und schließlich fühlte ich mich noch mehr wie eine träge, schlammige Masse. Damals wusste ich nicht, was in meinem Innern vorging. Heute aber bin ich mir darüber im Klaren: *Ich erlebte Gefühle.*

Allmählich wurde ich wieder lebendig.

Die Wohneinheiten waren durch einen langen unterirdischen Tunnel mit dem Speisesaal verbunden. Obwohl die Drogenabhängigen und Alkoholiker ihren eigenen Wohnbereich hatten, aßen doch alle Patienten der Klinik in dem großen Speisesaal. Dorthin gelangte man auch durch den Tunnel. Als ich ihn zum ersten Mal entlangging, sah ich, wie zwei Pfleger einen riesigen Korb (engl. *basket*) trugen. Darin lag ein ausgewachsener Mensch, völlig verdreht und entstellt und mit dem größten Kopf, der mir je unter die Augen gekommen war. Er stöhnte, fuchtelte wild mit den Armen und griff nach der Luft.

Aha, dachte ich, *daher also kommt der Ausdruck »Nervenbündel«* (engl. *basket case*).

Im Speisesaal mussten die Patienten Schlange stehen, an einem Büfett vorbeigehen, sich warme Gerichte, Gemüsesorten, Salate und Götterspeisen aussuchen und aufs Tablett stellen. Als ich zum ersten Mal dort war, reihte ich mich in die Schlange ein und befand mich unter all den anderen Patienten. Einige schwiegen oder redeten mit jemandem, den ich nicht sah. Manche hatten einen Kopf, der für ihren Körper viel zu groß war. Ein paar von ihnen rochen schlecht. Andere deklamierten. Und wieder andere schlugen nach der Luft, als ob sie eine imaginäre Fliege zu fangen versuchten.

Ich verspürte einen Hunger wie schon lange nicht mehr. Ich stand nur da und schaute, betrachtete die Personen in der Reihe vor und in der Reihe hinter mir.

Diesmal hatte ich mich zu fest gekniffen.

Es machte keinen Spaß mehr, drogenabhängig zu sein. Ich war eine von den Kranken.

Irgendetwas war diesen geistig Behinderten und Irren widerfahren. Irgendeine Kraft jenseits ihrer selbst, die sie nicht ändern konnten, hatte sie auf so brutale und schreckliche Weise krank gemacht. Sie waren machtlos dagegen, mussten ihr ganzes Leben hier verbringen. Sie hatten keine Wahl.

Ich aber hatte mein Unglück selbst verschuldet. Ich war gewissermaßen aus freien Stücken hierher gekommen.

∽

Die Vorstellung, dass ich wahrscheinlich einige befreundete Junkies treffen würde, erwies sich als richtig. Manche wiederum kannten Junkies, die ich kannte. Gelegentlich konnte ich mir etwas Stoff beschaffen – einige Pillen oder einen Joint. Das Problem war nur, dass ich die meiste Zeit clean und trocken war. Nicht, weil ich dies gewollt hätte, sondern weil ich in dieser Klinik nicht an größere Drogenmengen herankam. Das frustrierte mich. Ich war besessen von dem Gedanken, ständig high sein zu müssen, und dachte an nichts anderes mehr.

Ich teilte ein kleines Schlafzimmer mit einer Frau namens Jennifer. Sie hatte kurzes, aschblondes Haar, ein hübsches

Gesicht und gute Laune. Sie war zwei Jahre jünger als ich, aber sie hatte Herz. Ich wusste, dass auch sie sich nach Drogen sehnte. Jeder in unserer Wohneinheit träumte davon, high oder betrunken zu sein. Nach einem Mittagessen zog ich Jennifer ins Zimmer und setzte sie aufs Bett.

Ich hatte einen Plan und benötigte ihre Hilfe.

»Ich habe gehört, dass du durch Muskat high wirst, wenn du genug davon isst«, sagte ich. »Also tun wir Folgendes: Wir schleichen uns in die Küche, klauen eine Büchse Muskat und essen ihn, bis wir high werden.«

Wir gingen heimlich in die Küche. Ich behielt den Eingang im Auge und dirigierte Jennifer zum Regal. Sie schnappte sich die Büchse Muskat, und dann liefen wir zurück zu unserem Zimmer. Ich schüttete den Inhalt auf ein Papierhandtuch und teilte das Muskatpulver in zwei ungleiche Haufen auf. Ich sagte ihr, dass ich mehr davon bräuchte, weil ich mehr Drogen als sie genommen hätte.

Wir aßen so viel Muskat, wie wir konnten. Er schmeckte bitter und blieb wie Sägemehl im Mund kleben. Wir spülten ihn mit Wasser hinunter und aßen weiter, bis nichts mehr übrig war. Mein Bewusstseinszustand änderte sich ein wenig, aber ich konnte das beim besten Willen nicht als »high« bezeichnen. Er glich in etwa dem nach der Einnahme von Thorazin. Ich fühlte mich dumpf und schläfrig, doch ich hob nicht ab. Wir waren derart groggy, dass wir kaum gehen, sprechen oder das Bett verlassen konnten.

Wir schliefen den Nachmittag, den Abend und die ganze Nacht durch. Als die Schwester der Wohneinheit am nächsten Morgen gegen unsere Tür schlug, um uns aufzuwecken, wollten wir nur eines, nämlich noch länger schlafen.

Die Patienten, die von ihrer Drogen- oder Alkoholabhängigkeit geheilt wurden, sollten nicht nur den morgendlichen Vortrag und die Therapiegruppen besuchen, sondern auch eine Tätigkeit in der Klinik verrichten. Diese galt als Bestandteil der Entziehungskur und diente uns obendrein dazu, fünf

Dollar Taschengeld pro Woche zu verdienen. Jennifer verdingte sich in der Küche. Aufgrund meiner Kenntnisse in Maschinenschreiben und Stenografie hatte ich die Aufforderung erhalten, als Sekretärin des Krankenhausgeistlichen Pater Garvey zu arbeiten.

Ich lag ausgestreckt im Bett, Jennifer ebenfalls. »Du musst aufstehen«, sagte ich, »denn wenn wir beide den Morgenvortrag versäumen und nicht zur Arbeit gehen, merken sie, dass irgendwas nicht stimmt.«

»Und warum soll nur ich zur Arbeit gehen?«, fragte sie.

»Weil ich älter bin als du«, antwortete ich.

In jener Woche stieß uns immer wieder der Muskat auf. Wir beschlossen, keinen mehr zu essen.

Ich entwarf einen weiteren Plan.

Ich hatte gehört, dass man durch das Inhalieren von Deodorantspray high werden konnte. Wenn man es in eine Tüte sprühte und dann die Dämpfe einatmete, würde sich ein Rauschzustand einstellen. Jennifer stahl eine Plastiktüte aus der Küche. Dann kauften wir im Laden der Klinik ein Deodorantspray und sprühten eine größere Menge in die Plastiktüte. Ich hielt das Ende der Tüte an meine Nase und inhalierte tief. Im gleichen Augenblick hatte ich das Gefühl, als würde mir jemand mit einem Hammer auf den Kopf schlagen.

Ich dachte mir noch einen Plan aus.

Diesmal ging es um nasale Inhalationsmittel, die in kleinen Tuben erhältlich waren. Wenn man die Dämpfe einatmete, wurde die Nase frei. Aber wenn man die Tube öffnete und das Innere schluckte, konnte man angeblich high werden. Das Gefühl wäre etwa so, als hätte man Speed eingenommen.

Jennifer und ich sparten unseren Wochenlohn. Wir kauften uns weder Süßigkeiten noch Sodawasser. Am Samstag durfte unsere Gruppe in Begleitung eines Therapeuten mit dem Klinikbus in die Stadt fahren und Besorgungen machen. Ich entschlüpfte dem Therapeuten und kaufte zwei Inhalationsmittel. Nachdem wir in unser Zimmer zurückgekehrt waren, schlitzten wir die Tuben auf, entleerten sie und kauten und schluckten das Innere. Es schmeckte und fühlte sich an wie diese Salben, mit denen man bei Katarrh die Brust einreibt. Ich war nicht high, mir war übel.

Die Drogenabhängigkeit wurde zu einer wirklich anstrengenden Sache.

Allmählich ermüdete sie mich.

Vielleicht sollte ich einen Arzt heiraten, dachte ich in jener Nacht, kurz bevor ich einschlief. *Dann könnte er mir dauernd Rezepte ausschreiben. Oder vielleicht sollte ich nach Südamerika auswandern und auf den Kokafeldern arbeiten und die Pflanzen pflücken und die ganze Nacht und den ganzen Tag die Blätter kauen.*

∽

Ich saß auf dem Bettrand in dem kleinen Zimmer, das ich mit Jennifer teilte. Dieses Mal hatte ich nicht nur die Menschen in meiner Umgebung mit Schrecken erfüllt, sondern auch mich selbst.

Das Gespräch mit meinem Bewährungshelfer war gerade zu Ende gegangen. Er hatte einen Termin mit mir in der Klinik vereinbart; es war einer von nur zwei derartigen Besuchen, die ich während meines gesamten achtmonatigen Aufenthalts in der Klinik bekam.

Am Tag zuvor hatte ich den größten »Drogencoup« seit meiner Einweisung gelandet. Der Freund eines Freundes eines Junkies, den ich auf der Straße kennen gelernt hatte, war hierher gekommen, um clean zu werden, besaß aber trotzdem einen großen Vorrat an Pillen. Er hatte sie an der Aufnahme und an der wachhabenden *Gestapo*-Schwester unserer Wohneinheit vorbei geschleust.

Als ich ihn fragte, ob er *etwas habe*, wusste er sofort, was ich meinte.

»Bin gleich wieder da«, sagte er.

Wenige Minuten später kam er zurück und drückte mir einen Umschlag mit zwölf Amphetamin-Pillen in die Hand.

Ich bemühte mich, lässig zu meinem Zimmer zu schlendern und zu überlegen, was ich mit meinem Päckchen anfangen sollte. Wenn man mich mit diesen Aufputschmitteln erwischte, würde ich wegen Verletzung der Hausordnung nicht nur aus der Klinik, sondern direkt ins Gefängnis geworfen werden.

Auf der Suche nach dem besten Versteck schaute ich mich im Zimmer um. Ich griff mir das kleine Radio auf dem Nachttisch, nahm die Batterien heraus und legte an deren Stelle den Umschlag mit den Amphetaminen. Dann schob ich die Abdeckung darüber und verstaute das Radio auf dem obersten Regal des Wandschranks hinter ein paar Pullovern und einer Jeans.

In diesem Moment konnte ich keine Pillen nehmen, nicht high werden. Denn nachmittags sollte ein Gespräch mit meiner Therapeutin Ruth stattfinden. Sie hätte meinen Fehltritt sofort bemerkt, denn sie war äußerst scharfsinnig und nahm kein Blatt vor den Mund. Außerdem konnte ich mich nicht mit Drogen voll pumpen, wenn Gene, einer der Pfleger auf unserem Stockwerk, seine Schicht von 15 bis 23 Uhr absolvierte. Sobald sein Blick auf mich fiel, hatte ich das Gefühl, dass er durch mich hindurch sehen konnte. Meine Einstellung zu den Menschen, die hier arbeiteten, und zu den Beziehungen, die ich zu ihnen herstellte, hatte sich irgendwie geändert. Zum ersten Mal in meinem Leben schien es mir nicht richtig, *stoned* zu sein vor Leuten, die sich um mich kümmerten.

Nicht einmal Jennifer sollte wissen, dass ich diese Pillen hatte, und zwar aus zwei Gründen. Zum einen wollte ich nicht teilen. Zum anderen war ich zu der Überzeugung gelangt, dass sie die Chance, clean zu werden, wirklich verdient hatte. Ich wollte sie nicht zum Drogenkonsum verführen, weil ihr das meiner Meinung nach schwer geschadet hätte. Was mich indes verblüffte, war die Tatsache, dass mir der zweite Grund gewichtiger erschien als der erste. Die zeitweiligen Phasen der Nüchternheit begannen – obgleich sie nicht beabsichtigt und vor allem auf die Unmöglichkeit zurückzuführen waren, genügend Drogen zu bekommen – bereits Wirkung zu zeigen. Sie beeinflussten die Art und Weise, wie ich dachte und handelte.

Tatsächlich begann ich Angst und Schuldgefühle zu empfinden. Und ich bekam allmählich wieder eine Ahnung von jenem Teil meiner selbst, den ich vor langem verloren hatte.

Mein Gewissen kehrte zurück.

Also musste ich nun alleine high werden. Später. An einem anderen Tag. Nach dem Treffen mit meinem Bewährungshelfer.

Aber vielleicht konnte ich ja doch jetzt noch eine Pille nehmen, dachte ich und holte das Radio hervor, öffnete das Batteriegehäuse und nahm eine Pille aus dem Umschlag. Ich warf eine Dexedrin-Kapsel ein und schluckte sie mit Wasser herunter. Als ich die Abdeckung fixieren wollte, besann ich mich um. Besser nehme ich noch eine, dachte ich, sicherheitshalber. *Eine* Pille bewirkt bei mir überhaupt nichts. Also schluckte ich eine zweite, schon weniger achtsam, und stellte das Radio zurück in den Wandschrank.

Bis zwei Uhr morgens hatte ich alle im Radio versteckten Amphetamine geschluckt. Das Innere des Wandschranks war ein einziges Chaos. Von oben hing das Kabel herunter. Die Abdeckung und der leere Umschlag lagen auf dem Boden.

Und ich war hellwach, mit hervorquellenden Augen, schaute auf die Uhr, sah Jennifer schlafen und wartete auf meinen Bewährungshelfer.

Mitten in der Nacht erlebte ich etwas Seltsames, das mich erschreckte.

Mir wurde bewusst, dass nicht ich die Entscheidung traf, high zu werden. Ich konnte gar nicht mehr wählen.

Jene Pillen hatten den ganzen Nachmittag und Abend meinen Namen gerufen, ihn mir laut vorgesagt. Obwohl meine Freiheit, ja sogar mein Leben auf dem Spiel stand, konnte ich mich ihrem Lockruf nicht entziehen. Worüber hatten die Leute in diesen Gruppen geredet, bei diesen langweiligen und lächerlichen Zusammenkünften, die zu besuchen ich gezwungen war?

Wir gaben zu, dass wir dem Alkohol gegenüber machtlos sind – und unser Leben nicht mehr meistern konnten.

Das stimmt nur halb, dachte ich, als ich den Sonnenaufgang betrachtete.

Ich bin auch den Drogen gegenüber machtlos.

Irgendwie schaffte ich es, zum Treffen mit meinem Bewährungshelfer zu gehen, einem freundlichen Mann Mitte 30. Ich sagte nicht viel, überließ ihm das Wort und war mit allem einverstanden. Mir wurde schmerzlich bewusst, was es heißt, paranoid zu sein und sich dementsprechend zu fühlen. Voller Angst stellte ich mir vor, dass er und die Menschen ringsum meine Gedanken lesen und meine Empfindungen wahrnehmen konnten.

Nach dem Gespräch eilte ich zu meinem Zimmer zurück.

Auf dem Korridor hielt mich meine Therapeutin Ruth an, eine große Frau, die aus dem Norden Minnesotas stammte.

»Wie lief's?«, fragte sie.

»Gut«, antwortete ich, ihrem Blick ausweichend.

Ich enttäusche alle, dachte ich, als ich meine Zimmertür schloss und mich aufs Bett setzte. Meine Therapeutin, Gene, den Pfleger auf der Station, meinen Bewährungshelfer – und am meisten wohl mich selbst.

High zu sein, machte mir keinen besonderen Spaß mehr. Das Bewusstsein, das ich erlangt hatte, zerstörte jeden Drogenrausch, in den ich ab und zu kam. Nicht einmal das Gefühl, mit Stoff voll gepumpt zu sein, behagte mir. Ich verstand nicht, was da vorging. Wo war die rauschgiftsüchtige Melody? Wohin war sie entflohen? Wer war diese Person in meinem Innern? War da überhaupt jemand? Irgendjemand?

Obwohl ich eine Drogenabhängige sein wollte, dies zu meinem wichtigsten Ziel erklärte und mir dabei weismachte, es sei meine Entscheidung, high zu werden, hatte ich doch längst die Fähigkeit verloren, selbst darüber zu bestimmen. Mein Verhalten war zwanghaft, süchtig und völlig außer Kontrolle.

Als Fixerin, Kifferin und Trinkerin hing ich der irrigen Vorstellung an, jeder Schritt, den ich seit meinem zwölften Lebensjahr unternommen hatte, sei natürlich und logisch gewesen – eben die nächstliegende Verhaltensweise. Ich bemerkte nicht, wie haltlos und wie wahnsinnig ich war. Nur eines sah ich: die nächste Pille, Flasche oder Injektion, die das vage Versprechen auf einen Rauschzustand enthielt.

Es ist verrückt, dachte ich, sich mit solchen Drogen derart aufzuputschen, dass man dafür fünf Jahre ins Gefängnis kommen kann. Ein solches Tun ist ebenso geistesgestört wie unkontrollierbar.

Zum ersten Mal erkannte und begriff ich wirklich, wie ungesund mein Verhalten war. Dadurch wurde mir angst und bange.

Aber noch wahnhafter war die Einsicht, dass ich immer noch nicht wusste, wie ich vom Rauschgift loskommen sollte.

Und in diesem Augenblick geschah es.

Ich schaute nach oben – genauso wie ich damals vor zwölf Jahren auf meinem Weg zur Kirche zum Himmel aufgeschaut hatte. Der einzige Unterschied bestand darin, dass ich jetzt nicht in die Sonne, sondern zur Decke meines Schlafzimmers in einer Wohneinheit für Drogenabhängige des Willmar State Hospital blickte.

»Gott«, sagte ich. »Ich habe keine Ahnung, ob du da bist oder nicht, ob du mich hörst und dich noch um mich kümmerst. Aber falls du da bist und tatsächlich existierst und falls es hier ein Programm gibt, das mir zur Abstinenz verhilft, dann mach, dass ich daran teilnehme.«

Mehr sagte ich nicht.

Manchmal treffen wir eine Entscheidung, und diese Entscheidung – eine Reihe von Wörtern, die sich in einen Satz verwandelt – ändert unser Schicksal. Sie dringt ein in die Welt und ebnet uns den Weg – zum Guten oder zum Schlechten.

Gott erschuf eine Welt, die von Bewusstsein und Glauben erfüllt ist.

Mit diesen Kräften erzeugen auch wir unsere Welt.

Nur sehr selten sehen wir, wie sich zwischen unseren Wörtern, unseren Überzeugungen und der physischen Wirklichkeit, in der wir uns vorfinden, A und B, Ursache und Wirkung, verbinden. Erst später, im Rückblick, gelangen wir zur Erkenntnis. Erst dann zeichnet sich der Wendepunkt deutlich ab.

Mein Leben änderte sich an dem Tag zu meinem Vorteil, als ich beschloss, wieder an Gott zu glauben. Ich kann Ihnen nicht genau sagen, in welchem Augenblick sich diese Veränderungen bemerkbar machten, aber ich kann Ihnen, wenn Sie es erfahren möchten, darlegen, wohin sie führten.

∽

Ich saß auf der Wiese des Willmar State Hospital. Ich hatte wieder einen Treffer gelandet, nämlich einen Joint besorgt. Ein Kügelchen Marihuana lag bereit, um geraucht zu werden. Ich hatte meine täglichen Verpflichtungen erfüllt – den morgendlichen Vortrag besucht, einige Schreibarbeiten für Pater Garvey erledigt und mein Mittagessen eingenommen. Während der nächsten Stunden würde kein Mensch mich vermissen. Wahrscheinlich dachten sie, ich säße hier und meditierte oder betete.

Inzwischen war es Herbst geworden. Das Grün der Blätter an den mächtigen Eichen hatten sich in Gelb, Rot und Orange verwandelt. Der See jenseits der Landstraße lag völlig ruhig. Bald würde er von einer Eisfläche bedeckt sein. Die große Hitze des Sommers mit ihrer Feuchtigkeit und ihren Mücken und Fliegen war vorbei. Offenbar sollte ich hier auch noch den einen Meter hohen Schnee und die Temperaturen weit unter dem Gefrierpunkt miterleben.

Ich holte eine Streichholzschachtel hervor, steckte mir den Joint in den Mund, zündete ihn an und inhalierte tief den Marihuana-Rauch.

Als meine Lungen bis zum Platzen damit gefüllt waren, legte ich mich ins Gras und atmete aus. Mein Blick wanderte zu der größten weißen Wolke am Himmel. *In was sich wohl diese Wolke verwandelt, wenn ich sie intensiv genug anschaue,* dachte ich.

Das Weiß der Wolke und das Blau des Himmels vermischten sich zu einem purpurnen Dunstschleier. Da oben war der Himmel mit Wolken, und hier unten war ich, eine Drogenabhängige, die einen Joint rauchte.

Plötzlich schien sich der Himmel zu öffnen. Es war, als ob Gott selbst sich in diesen Molekülen des purpurfarbenen Schleiers, diesem blauen Himmel mit flaumigen weißen Wolken manifestierte – und als würde er durch diese feine Materie hindurch mein Herz direkt berühren. Ich hatte fast das Gefühl, mit der übermächtigen Kraft, die sich in meinem Innern bemerkbar machte, eins zu sein.

In diesem Augenblick wusste ich, dass ich wusste, dass ich wusste, dass Gott tatsächlich existiert.

Außerdem wusste ich, dass ich nicht das Recht hatte, mich weiterhin zugrunde zu richten, indem ich mir Drogen einverleibte, wie ich es so viele Jahre getan hatte und wie ich es immer noch tat, hier, auf der Wiese des Behandlungszentrums für Suchtkranke.

Ich rauchte einen weiteren Zug, stand dann auf, ließ den Joint fallen, trat ihn ins Gras und ging mit einem neuen Vorsatz in die Klinik zurück.

Es ist genauso schwer, einem Außenstehenden ein geistiges Erwachen zu beschreiben, wie jemandem den Zwang zum Drogenkonsum zu erklären, der das ganze Leben in eine Leidensgeschichte verwandelt und derart aushöhlt, dass alles auseinander fällt. Aber in diesem Moment auf der Wiese des Willmar State Hospital wusste ich definitiv, dass Gott da ist und dass meine Zeit als Junkie vorbei war.

Ich konnte niemandem von diesem Erlebnis berichten. Es erschien mir ratsam, für mich zu behalten, dass der Himmel purpurn geworden und ich soeben Gott begegnet war. Die Strafgerichtsbarkeit hatte mich für unbegrenzte Zeit in eine psychiatrische Klinik eingewiesen. Wenn ich mitteilte, was mit mir geschehen war, würden sie mich vielleicht nie wieder herauslassen.

Jedenfalls vollzog sich eine innere Veränderung, obwohl ich mich darüber ausschwieg. Damals begriff ich nicht genau, was sich eigentlich ereignete, aber das Wesen der Stärke und der eigenen Macht wurde mir immer klarer. Diese Macht bestand gerade darin, zuzugeben, dass man machtlos war, dass man eine schwere Niederlage erlitten hatte.

Ich erlebte eine geistige Transformation. Viele Jahre lang hatten Leute gefleht, ich solle mich ändern und endlich das Richtige tun – den Drogen abschwören und einer anständigen Arbeit nachgehen. Nun, dazu war ich einfach nicht fähig gewesen. Doch inzwischen hatte ich mich umbesonnen. Und daraus ergaben sich – fast – zwangsläufig neue Verhaltensweisen.

Einige Tage später stand ich draußen bei den Tennisplätzen. Der Mann, der mir den Umschlag mit den Amphetaminen zugesteckt hatte, kam auf mich zu und bot mir beiläufig eine Hand voll Pillen an. Meine rechte Hand griff danach; aber meine linke Hand zog sie wieder zurück.

»Nein, danke«, sagte ich. »Ich nehme keine Pillen mehr.«

Er warf mir einen merkwürdigen Blick zu, zuckte mit den Schultern und ging weg. Mein Tun verblüffte und erschreckte mich. Zum ersten Mal in meinem Leben hatte ich Drogen abgelehnt.

Die Verantwortlichen des Behandlungsprogramms hatten mir immer wieder eingebläut, ich müsse über meine Gefühle sprechen, *anstatt* sie auszuleben, ich müsse sie verbalisieren, *bevor* ich sie auslebte. Ich betrat das Behandlungszentrum, griff mir einen der Patienten, von dem ich wusste, dass er abstinent bleiben wollte, und fragte ihn, ob ich ein bisschen mit ihm reden könne. Einige Gefühle würden mir zu schaffen machen.

An den drei darauf folgenden Tagen tat ich – von den wenigen Stunden Schlaf einmal abgesehen – nichts anderes, als darüber zu sprechen, wie schwer es war, keine Drogen anzurühren, wie sehr ich mich nach dem Rauschzustand sehnte. Ich dachte und fühlte nur, dass ich eine Gelegenheit, high zu werden, ausgelassen hatte, dass ich unbedingt und wie besessen Drogen nehmen wollte.

Am dritten Tag verschwanden die Angst, der innere Zwang und die Obsession auf wundersame Weise. Ich hatte die Initiation in den Zustand der Abstinenz überlebt. Am dritten Tag wurde ich dank der Gnade und der Allmacht Gottes von diesen quälenden Gefühlen befreit – und auch heute, 27 Jahre später, haben sie mich nicht mehr im Griff.

Die Abstinenz trat nicht ohne Arbeit und Mühe ein, aber sie trat ein. Genauso, wie mir alles zuteil geworden war, was ich für ein Junkie-Dasein brauchte, wenn ich mich nur ein wenig engagierte und konzentrierte, bekam ich auch das, was ich für die Enthaltsamkeit und ein angemessenes Verhalten brauchte.

Ein neuer Gedanke nahm allmählich Gestalt an: Wenn ich bloß halb so viel Energie, Begeisterung und Hingabe entwickelte, wie ich sie in die Sucht investiert hatte, wenn ich lediglich einen Teil der Kraft, die ich für das Falsche aufgewandt hatte, nun für das Richtige benutzte, dann gab es in dieser Welt nichts, das ich nicht schaffen konnte.

Um weiter voranzukommen, musste ich eine ganze Reihe von Anstrengungen unternehmen. Zuallererst stand ich vor der Aufgabe, die schmerzlichen Überreste aus meiner Vergangenheit zu beseitigen.

Der Streit um das Sorgerecht für meinen Sohn ging weiter. Ich rief seinen Vater an und sagte ihm, dass ich nun clean und trocken sei. Ich fragte ihn, ob er mir das Sorgerecht übertragen würde, damit ich zum ersten Mal meinen mütterlichen Pflichten nachkommen könne.

Er lehnte ab, meinte, das sei nicht angemessen, John hätte sein Zuhause nirgendwo anders als bei ihm, seinem Vater. Ich könne ihn unter Aufsicht besuchen. Aber falls ich ihn zu mir nehmen wolle, würde er sich mit allen Mitteln zur Wehr setzen.

Ich dachte darüber nach. Dann wusste ich, was zu tun war.

Als ich mich per Unterschrift einverstanden erklärt hatte, das ständige Sorgerecht an Johns Vater abzutreten – inzwischen waren wir geschieden –, begriff ich zum ersten Mal, was es wirklich heißt, einen Menschen loszulassen. Ich hatte diesem Kind schon genug zugemutet. Ich konnte ihm, seinem Vater und mir selbst nicht auch noch einen ebenso hässlichen wie langwierigen Streit um das Sorgerecht aufbürden.

Was mich betraf, so hatte ich meine Rechte schon vor vielen Jahren verwirkt.

Ich schrieb einen Brief an Paul, den Mann, der mich auf den letzten Stationen der Reise in die totale Drogenabhängigkeit begleitet und letztlich dazu beigetragen hatte, dass ich ins Behandlungszentrum dieser psychiatrischen Klinik eingeliefert worden war. Als ich das vor mir liegende weiße Blatt betrachtete, wusste ich nicht, was ich schreiben sollte. Mein Bewährungshelfer hatte mir klargemacht, dass ich gegen die Auflagen verstieße, falls ich Paul wieder sähe oder mit ihm spräche. Aber auf seltsame, krankhafte und wohl auch karmisch bedingte Art und Weise liebten wir uns. Wie aber konnte ich ihm all das mitteilen, was mit mir geschehen war und was ich seither gelernt hatte? Er würde es nicht verstehen – genauso wenig, wie ich es vor einem Jahr verstanden hatte, wenn irgendjemand versucht gewesen war, mich zur Abstinenz und zu einem neuen Leben zu überreden.

Ich bemühte mich, die zahlreichen Informationen zu ordnen, die ich übermitteln wollte. Ich hatte das Bedürfnis, meinen gegenwärtigen Zustand zu erklären, aber ich konnte ihn nicht in Worte fassen. Schließlich notierte ich nur zwei Wörter auf eine Postkarte: Leb wohl.

Ich glaubte, unsere Beziehung sei nun beendet. Paul jedoch war da anderer Meinung.

Im Rahmen des Zwölf-Schritte-Programms musste ich den Vierten und den Fünften Schritt bewältigen. Im Jargon der Anonymen Alkoholiker hieß das, eine gründliche und furchtlose Inventur meines Innern vorzunehmen und die dabei festgestellten Charakterfehler Gott, mir selbst und einem anderen Menschen einzugestehen. Kurzum: Ich sollte sagen, wer ich wirklich bin und was ich getan hatte, anstatt vor der Wahrheit wegzulaufen.

Infolgedessen hatte ich eine klare Aufgabe.

Ich schrieb und schrieb und schrieb, betrachtete mich so furchtlos, wie es mir damals möglich war. Herauszufinden, was ich alles falsch gemacht hatte, war kein Problem, denn ich wusste beim besten Willen nicht, was ich überhaupt je richtig gemacht hatte.

Ich ging zum protestantischen Pfarrer im Behandlungszentrum. Voller Scham- und Schuldgefühle nannte ich ihm alle Missetaten auf meiner Liste. Er hörte mir zu, schluckte. Dann sagte er, diese meine Vergehen seien – zumindest für eine Drogenabhängige – gar nicht so ungewöhnlich.

Am Ende war er so klug, mich noch nicht gehen zu lassen. Er meinte, dass da wohl noch ein paar weitere Punkte seien.

Der erste betraf das, was ich unbedingt schaffen musste. Es auszudrücken fiel mir schwer. Ich hatte nie zuvor ein solches Gespräch geführt. »Wenn ich ehrlich bin, muss ich noch etwas zugeben«, sagte ich schließlich. »Ich weiß nicht, ob ich tatsächlich den Wunsch oder die Fähigkeit habe, abstinent zu leben.«

Plötzlich wich ein Druck, eine Last von mir, die mich bislang niedergedrückt hatte. Ich empfand eine ungeahnte Freiheit. Mit einem Mal fand ich Zugang zu jener Kraft, die dazu führt, dass man nicht nur ehrlich ist in Bezug auf seine Vergangenheit, sondern auch in Bezug auf seinen gegenwärtigen Zustand und seine momentanen Gedanken und Gefühle. Ich berührte die Macht der Wahrheit, die sich darin bekundet, dass man sich selbst akzeptiert.

Der Pfarrer sagte, es gebe noch einen Punkt: »Sie haben mir alles Schlechte über sich erzählt. Ich glaube, Sie haben die Wahrheit gesagt. Aber ich möchte, dass Sie diesen Raum, diese Sitzung nicht verlassen ohne die Einsicht, dass Sie auch Ihre guten Seiten haben. Nennen Sie mir einen positiven Charakterzug, den Sie bei sich wahrnehmen.«

Ich überlegte. Ich dachte so intensiv nach, dass mir der Kopf schmerzte. Ich konnte nichts entdecken, keine einzige Qualität, die meine jetzige und meine frühere Persönlichkeit bis zu diesem Tag auszeichnete. Ich erklärte ihm, dass ich mit keiner vorteilhaften Eigenschaft aufwarten könne.

Er könne eine solche sehr wohl erkennen, erwiderte er. »Sie sind zweifellos die entschlossenste, unerbittlichste, hartnäckigste Person, die mir je begegnet ist«, fügte er hinzu, ohne weiteren Kommentar.

Ich saß nur da und strahlte vor Freude. Hurra! Es gab eine gute Eigenschaft, auf die ich mich in meinem ganzen künftigen Leben berufen konnte und berufen würde.

Ich wusste nicht, was mich erwartete, aber mir war klar, dass ich dieses wütende Feuer, das mich mehr und mehr verzehrt hatte und das nun allmählich der Vergangenheit angehörte, nicht länger ertragen wollte.

Als ich eines Tages mit tiefen Scham- und Schuldgefühlen durch das Behandlungszentrum trottete, traf ich meine Therapeutin und fragte sie, ob ich kurz mit ihr sprechen könne.

»Ich habe meinen Fünften Schritt in Angriff genommen und arbeite hart an mir«, sagte ich. »Aber schauen Sie doch nur, was ich alles falsch gemacht habe. Ich war eine Einbrecherin, eine Lügnerin, eine Rauschgiftsüchtige und eine Hure. Ich kann mir einfach nicht vorstellen, dass Gott mir je verzeihen wird. Ich glaube nicht, dass es in dieser Welt irgendeinen Ort oder Sinn für mich gibt. Darüber hinaus sehe ich nicht, wie ich mir selbst verzeihen könnte.«

Plötzlich war diese kleine Praxis, in der sie Drogen- und Alkoholabhängige therapierte, von Schweigen erfüllt. Ihre anschließenden Worte werde ich niemals vergessen.

»Wenn Jesus heute über diese Erde wandeln würde, mit wem wäre er dann wohl zusammen? Wem würde er Ihrer Meinung nach verzeihen? Dem Menschen, der alles perfekt gemacht hat? Oder vielmehr den Junkies, Huren und Einbrechern?«

Ich dachte über ihre Bemerkung nach. Als Kind hatte ich ausgiebig in der Bibel gelesen, und so wusste ich, was die Heilige Schrift verkündet. Jetzt war es an der Zeit, sie nicht nur zu lesen, sondern im Leben anzuwenden. »Ich nehme an, Jesus würde sicherlich dem Menschen vergeben, der am meisten der Vergebung und der Liebe bedarf.«

Nach meiner Entscheidung – oder der Entscheidung, die für mich getroffen wurde –, abstinent zu bleiben, hatte ich einen Rückfall. Er ereignete sich in der Halloween-Nacht. Einige Patienten hatten eine Flasche Whiskey in die Klinik geschmuggelt und luden mich zu einer Party ein. Sie wollten sich betrinken.

Ich wollte keinen Alkohol, keinen Rausch. Aber ich wollte auf diese Party gehen und Halloween feiern. Diese fünf Menschen waren meine Freunde.

Als ich mich mit ihnen auf die Wiese setzte, war ich entschlossen, keinen Schluck aus der Flasche zu trinken. Aber als sie an mich weitergereicht wurde, als ich an der Reihe war, konnte ich nicht widerstehen. Ich tat einen kräftigen Schluck.

Ich spürte, wie der Whiskey brennend in meinen Magen floss – genauso wie damals in der Kindheit. Aber anstatt der wohligen Glut empfand ich jetzt nur eine tiefe Schuld.

Dieses Gefühl verfolgte mich bis in mein Zimmer und hing die ganze Nacht, während ich schlief, über mir wie ein Damoklesschwert. Am nächsten Tag gestand ich mein Vergehen der Gruppe, obwohl man mich dafür hätte hinauswerfen und ins Gefängnis bringen können, eben weil ich die Vorschrift, keine Rauschmittel anzurühren, missachtet hatte.

Es steht für mich viel mehr auf dem Spiel, als aus dem Programm ausgeschlossen zu werden und fünf Jahre lang im Gefängnis zu sitzen, dachte ich. *Mein ganzes weiteres Leben ist in Gefahr. Und der seidene Faden, an dem es hängt, reißt, wenn ich lüge.*

»Du hast nicht alles verloren, wofür du gearbeitet hast«, versicherte mir die Gruppe voller Mitgefühl, »solange du erkennst, was du aus deinem Fehler gelernt hast.«

Ich dachte über das nach, was ich getan hatte. Meine Therapeutin und die Gruppe halfen mir, folgende Lektion zu begreifen: Wenn ich nicht ausrutschen will, sollte ich mich nicht leichtsinnig aufs Glatteis begeben.

Abstinent zu bleiben, hieß nicht nur, weder Drogen noch Alkohol zu konsumieren. Vielmehr musste ich mich ändern, mein ganzes Leben musste von Grund auf anders werden. Ich durfte mich nicht länger mit Leuten umgeben, deren Wertvorstellungen den meinen zuwiderliefen. Wenn ich es trotzdem tat, brachte ich meine Abstinenz und mein Leben in ernste Gefahr.

Eigentlich handelte es sich um ein sechswöchiges Behandlungsprogramm. Ich aber nahm acht Monate daran teil. Der Richter hatte gesagt, ich sollte »solange wie nötig« hier bleiben, und eine so exzessive Drogenabhängige wie ich brauchte eben mehr Zeit als andere. Diese kleine Wohneinheit in Willmar, Minnesota, war zu meinem Zuhause geworden – zu einem sicheren Zufluchtsort.

Ich war an jenem Tag gestorben, da mich der Richter zum Entzug verurteilt hatte. Aber als ich starb, wurde ich wieder geboren.

Während der Behandlung bekam ich einmal Besuch von meiner Mutter. Als sie auftauchte, hatte ich bereits mein neues Leben begonnen. Sie konnte es nicht fassen. Sie dachte, ich würde nur Theater spielen und schwindeln und wieder meine alten Tricks anwenden. Völlig ungläubig starrte sie mich an.

Dann wollte sie mit meiner Therapeutin sprechen, um ihr deutlich zu machen, dass sie sich von mir nicht täuschen lassen solle. Meine Therapeutin hörte einfach nur zu und sagte nicht viel.

Danach gingen Mutter und ich in mein Zimmer zurück. Sie klagte darüber, wie schlecht ich mich benommen und wie sehr ich sie verletzt hätte. Ich fühlte mich schuldig. Ich sagte ihr, dass mir das alles Leid täte. Sie forderte mich auf, meine Sachen zu packen, vor Gericht zu gehen und um meinen kleinen Sohn zu kämpfen, und dann sollten wir zwei nach Mora zurückkehren und bei ihr leben.

Ich erklärte ihr, das würde nicht funktionieren, nicht unter den gegenwärtigen Umständen.

In mir stiegen wieder jene altbekannten Gefühle auf, die ich kurz vor meiner Drogenabhängigkeit gehabt hatte.

Dann fing sie noch einmal von vorn an. Offenbar konnte sie sich nicht zurückhalten. Ich weiß nicht mehr, ob es eine bestimmte Formulierung, eine Ausdrucksweise oder einer ihrer vorwurfsvollen Blicke war – jedenfalls explodierte ich vor Wut.

Gefühle, die ich mein ganzes Leben lang in mir getragen hatte, entluden sich in einem einzigen, lang anhaltenden, fast wahnsinnigen Schrei. Ich schrie so laut, dass Wände und Türe bebten. Alle, die in der Nähe waren – Patienten, Pfleger und Schwestern, Besucher –, hielten inne und schauten sich um, wollten wissen, was da geschah. Der Schrei nahm kein Ende. Ich schrie mit jenem Zorn im Bauch, der sich seit meiner Geburt aufgestaut hatte: Zorn auf all die Männer, auf den Pfarrer in der Kirche, auf Shelby O'Brian, auf Tony, auf meine Mutter und meinen Vater, weil sie mich verschmäht und im

Stich gelassen hatten. Der Schrei schien eine Ewigkeit zu dauern.

Meine Mutter betrachtete mich nur. Sie wirkte so einsam und hilflos, drehte sich dann um und verschwand. Pater Garvey trat in mein Zimmer und fragte, ob ich in sein Büro kommen und ihm beim Ordnen einiger Papiere behilflich sein wolle. Später sagte er mir, das Klinikpersonal hätte noch nie einen solchen Schrei gehört.

»Habe ich etwas falsch gemacht?«, fragte ich, erschüttert und verwirrt durch das, was gerade vorgefallen war.

»Nein, hast du nicht«, erwiderte er.

Als ich die Metallschublade mit den Hängeordnern hervorzog und die Korrespondenz abheftete, begriff ich allmählich. Wenn etwas mich verletzte oder ängstigte, musste ich nicht abstumpfen und mich dann kneifen, um mir so viel Schmerz zuzufügen, dass ich mir meiner Existenz bewusst wurde. Diese bestand nicht zwangsläufig darin, sich wehzutun.

Wenn das Leben allzu leidvoll war, brauchte ich nur meine Gefühle zum Ausdruck zu bringen; dann wusste ich, dass ich existierte.

Mit Gottes Hilfe und indem ich neue Verhaltensweisen einübte, lernte ich, wie man über die Mauer springt.

∾

»Es gibt nur sehr wenige Abende, an denen ich mich schlafen lege, um am nächsten Morgen mit den gleichen Gefühlen und als dieselbe Person wieder aufzuwachen«, sagte Scotty mir viele, viele Jahre später. »Deshalb ließ Gott vor unvordenklichen Zeiten im Garten Eden die Cherubim mit dem flammenden Schwert jenen anderen Baum bewachen, zu dem Er uns den Zugang verwehrte. Als Er sah, was Eva getan hatte – ungehorsam wie sie war, hatte sie vom Baum der Erkenntnis gegessen –, wollte Er nicht, dass wir die Frucht am anderen Baum ebenfalls anrühren.

Die Engel sind unsterblich. Sie sind immer gleich – gestern, heute und morgen. Doch wir sind sterblich. Das heißt, wir sind dem Tod ausgeliefert. Es heißt aber auch: Wir können uns ändern.

Der andere Baum im Paradies, von dem Gott uns selbst heute noch fern hält, ist der Baum des Lebens. Wenn wir davon äßen, wären wir unsterblich wie die Engel und würden uns niemals ändern. Wir wären immer genau so, wie wir heute sind.

Das zeigt, wie sehr Gott uns liebt. Er hat uns die Kraft und die Fähigkeit zur Veränderung gegeben«, schloss Scotty.

Von der Sekunde unserer Geburt an ändern wir uns jeden Augenblick. Diese Veränderungen führen vom Säuglingsalter zur Kindheit, von da zur Jugend und zum Erwachsensein, dann zur Reifezeit und zum Alter, schließlich zum Tod. Aber diese Veränderungen vollziehen sich auch in unserem Innern. Manchmal führen sie zum geistigen und seelischen Tod – und manchmal werden wir wieder geboren: in ein neues Leben. Indem Gott jenen Baum des Lebens bewacht, beschützt Er uns und bietet uns die Möglichkeit, immer neue Wandlungen zu erfahren.

Als ich zum ersten Mal abstinent lebte, konnte ich mir nicht vorstellen, dies zehn Tage, zehn Wochen, zehn Monate oder zehn Jahre durchzuhalten. Der Zauber des Programms besteht – zumindest in der Form, die mir beigebracht wurde – im einfachen Geheimnis, dass alles sich ändert. Es bekundet sich in der grundlegenden Formel: »Einen Tag nach dem anderen«.

Dadurch gelangen wir von unserem Hier und Jetzt dorthin, wo wir und unser Schicksal gerne sein möchten.

Ich brauchte zwölf harte Jahre, um ein weiteres Geheimnis zu erfahren. Einige alte Religionen und jene Macht namens Schicksal kennen es seit jeher.

»Ganz in Weiß sehen Sie so unschuldig und anmutig aus«, hatte der Babalawo gesagt. »Und in meiner Gegenwart sind Sie so ruhig. Aber Sie haben auch eine andere Seite.«

Er schaute mich wissend an. »Sie besitzen den Geist eines Kriegers – und Eigenschaften, die nicht gar so unschuldig sind. Damit ist eine besondere Warnung verbunden. Ich habe sie in den Aufzeichnungen einiger, ja vieler Leute entdeckt. Halten Sie sich vom Alkohol fern. Und riechen Sie nicht an den Blumen [d. h. nehmen Sie keine Drogen]. Sonst werden Sie wahnsinnig.«

Menschen wie ich, die solche Dispositionen aufweisen, leben im Zustand der Unausgeglichenheit. Sie dürfen keine Rauschmittel anrühren. Wenn sie es dennoch tun, verlieren sie den Verstand. Alkohol- und Drogenabhängigkeit sind fortschreitende Krankheiten. Egal, was wir gerade durchmachen oder wie sehr wir uns bemühen, unsere Umwelt zu manipulieren – wenn wir diesen ersten Schluck tun, diese erste Pille nehmen, diesen ersten Schuss setzen, haben wir einen Kampf begonnen, den wir unmöglich gewinnen können. Das Gift hat uns fest im Griff.

Wir ziehen den Kürzeren. Wir werden wahnsinnig.

Aus all diesen Gründen habe ich während des Aufenthalts in Israel und bei zahlreichen anderen Gelegenheiten den Joint oder die Pille oder das Kokain oder das Glas mit herrlich gealtertem italienischen Rotwein abgelehnt. Wenn man jene Dispositionen, jene Krankheiten hat, dann ist der erste Schluck oder der erste Schuss schon zu viel: Ganz gleich, wie viele Flaschen oder wie viel Rauschgift man sich gerade besorgt hat – man kann nie genug bekommen. Man will immer noch mehr.

Bis zu dem Tag, an dem ich sterbe, werde ich Alkohol und Drogen gegenüber machtlos sein. Und ob ich mich je wieder aufputsche oder nicht – diese Krankheit in mir wird fortschreiten. Das heißt, falls ich irgendwann erneut zu bewusstseinsverändernden Mitteln greife, werden meine Suchtgewohnheiten nach der langen Abstinenz und mit den Erfahrungen, die ich inzwischen gemacht habe, keineswegs weniger destruktiv sein. Statistiken belegen, dass sich der eigene Zustand dann fast umgehend verschlechtert.

Ungeachtet dessen, ob die Reinkarnation, das Leben nach dem Leben, existiert, wiederholen sich die Lektionen in diesem Leben so lange, bis man sie gelernt hat. Ich jedenfalls möchte die Lektion in Sachen Abhängigkeit nicht noch einmal *durchnehmen*.

Es ist nicht ganz leicht, diese Dispositionen zu identifizieren, diese Krankheiten bei sich zu diagnostizieren. Da habe ich genauso versagt wie viele andere Menschen. Oft vergleichen sie ihre Alkohol- und Drogenerlebnisse mit den meinen. Sie glauben, diese Dispositionen und Krankheiten träfen auf sie oder den Geliebten oder eine Bekannte deshalb nicht zu, weil sie alle nicht so schlimmen Missbrauch getrieben hätten wie ich. Aber man kann weniger trinken und spritzen, beherrschter und gesünder sein als ich und trotzdem diese Krankheit haben. Der Maßstab ist nämlich nicht, wie oft oder wie viel man konsumiert, sondern, ob man die Kontrolle verloren hat und trotz negativer Resultate einfach weitermacht.

∽

Es war in meinem Haus in Minneapolis, wo Scotty und ich zum ersten Mal miteinander schliefen. Inzwischen lebte ich schon seit vielen, vielen Jahren abstinent. Wir waren in unser Liebesspiel vertieft, als er plötzlich innehielt, aufstand und seine Hose wieder anzog.

»Du bist nur sexuell aktiv«, sagte er. »Weißt du noch nichts von körperlicher Liebe?«

Ich hatte keinen blassen Schimmer, was Scotty meinte. Er verließ kurz das Zimmer, kam dann mit einem Buch zurück, kuschelte sich an mich und las mir die Geschichte von *Winnie the Pooh* vor. »Bei der körperlichen Liebe geht es nicht nur um Reibung, Geschlechtsakt und die Fortsetzung der eigenen Opferrolle aufgrund früherer Misshandlungen«, erklärte er sanft. »Sich körperlich lieben heißt, für den anderen Menschen da sein. Du weißt, mit wem du zusammen bist. Du verwöhnst ihn. Und du lernst, dich von ihm verwöhnen zu lassen. Sex ist nicht die einzige Möglichkeit, jemandem nah zu sein. Du wirst nicht dazu gezwungen. Du kannst entscheiden, mit wem du wann schlafen möchtest. Und dann bist du bereit, dass sich deine Sexualität in Sinnlichkeit verwandelt, in eine bestimmte Form, Vergnügen, Energie und Liebe auszudrücken, zu zeigen, zu schenken und zu empfangen.«

Die Veränderung findet dauernd statt, im Guten wie im Schlechten – selbst wenn wir nicht wirklich begreifen, worin sie besteht. Gott sei Dank haben wir nicht von der Frucht am anderen Baum im Paradies gespeist, der als der Baum des Lebens gilt.

Man kann diese Geschichte von zwei Seiten betrachten. Nach allem, was wir getan haben und was uns angetan wurde, können wir sagen: Ich werde es nie zu etwas bringen, nie fähig sein, mir in dieser Welt einen Platz zu schaffen. Oder aber wir nehmen die entgegengesetzte Position ein, indem wir den vorhergehenden Satz etwas umformulieren: Nach allem, was ich durchlebt und überlebt habe, kann ich in dieser Welt alles tun, wozu Gott mich auffordert.

∞

»Wissen die Leute eigentlich, dass du mehr bist als eine Muffins knabbernde, händeringende, angstbesessene, kontrollsüchtige Co-Abhängige?«, fragte Scotty mich einmal.

»Keine Ahnung«, antwortete ich. »Aber sie werden es erfahren.«

Dieses alte Haus

Meine erste Begegnung mit Co-Abhängigen fand in den frühen Sechzigerjahren statt. Damals bezeichnete man Menschen, die durch das Suchtverhalten anderer gequält werden, noch nicht als Co-Abhängige, und Menschen, die tranken oder Drogen nahmen, galten noch nicht als Kranke. Obwohl ich nicht genau wusste, was Co-Abhängigkeit ist, war mir doch klar, wer darunter litt. Als Alkoholikerin und Drogenabhängige hetzte ich durchs Leben und trug dazu bei, dass einige Personen co-abhängig wurden.

Co-Abhängige stellten ein notwendiges Übel dar. Sie waren feindselig, auf Kontrolle und Manipulation bedacht, unaufrichtig, erzeugten Schuldgefühle, ließen kaum mit sich reden. Sie waren unsympathisch, manchmal sogar regelrecht gehässig – und wollten verhindern, dass ich mich zwanghaft aufputschte. Sie brüllten mich an, versteckten meine Pillen, setzten beleidigte Mienen auf, gossen meinen Alkohol ins Spülbecken, erschwerten mir die Beschaffung von Drogen, fragten mich, warum ich ihnen all das antäte und was mit mir los sei. Aber sie waren ständig da, bereit, mich vor Katastrophen zu bewahren, die allein ich heraufbeschwor. Diese Co-Abhängigen in meinem Leben verstanden mich nicht, und ich verstand sie nicht. Außerdem verstand ich mich selbst nicht.

Meine bewusste, berufliche Auseinandersetzung mit Co-Abhängigen begann erst 1976. Inzwischen arbeitete ich als Therapeutin für Suchtkranke. Da ich eine Frau bin, das niedrigste Dienstalter hatte und keiner meiner Kollegen diese Arbeit übernehmen wollte, forderte mich mein Vorgesetzter am Behandlungszentrum von Minneapolis auf, Selbsthilfegruppen für die Ehefrauen der am Programm teilnehmenden Abhängigen zu organisieren.

Ich war auf diese Aufgabe nicht vorbereitet. Co-Abhängige erschienen mir nach wie vor verachtenswert.

Sie bildeten eine bedrohliche Gruppe. Sie litten, klagten und versuchten, alles und jeden zu kontrollieren, außer sich selbst. Die meisten waren zwanghaft mit anderen Leuten beschäftigt. Mit großer Präzision und Detailkenntnis konnten sie ganze Listen mit Taten und Missetaten der Süchtigen herunterbeten: was er oder sie dachte, fühlte, sagte, machte – oder nicht dachte, nicht fühlte, nicht sagte, nicht machte.

Obwohl diese Co-Abhängigen einen so tiefen Einblick in die Innenwelt der anderen hatten, waren sie außerstande, die eigene Person unter die Lupe zu nehmen. Sie wussten nicht, was sie fühlten und dachten. Und sie hatten keine Ahnung, wie sie ihre Probleme lösen sollten – falls sich diese von denen des Süchtigen überhaupt unterschieden.

Schon bald schloss ich mich zwei weit verbreiteten Ansichten an: erstens, diese Co-Abhängigen sind kränker als die Abhängigen. Und zweitens: kein Wunder, dass der Alkoholiker trinkt und der Rauschgiftsüchtige Drogen nimmt, denn wer würde das bei so einer verrückten Ehefrau nicht tun?

Damals lebte ich schon seit einiger Zeit abstinent. Ich verstand mich selbst immer besser, nicht aber die Co-Abhängigkeit. Ich gab mir Mühe, doch erst Jahre später, als ich derart im Tohuwabohu einiger Alkoholiker gefangen war, dass ich kein eigenes Leben mehr hatte, ging mir ein Licht auf. In ihrer Gegenwart hörte ich auf zu denken und positive Gefühle zu empfinden – ich war allein gelassen mit meiner Wut, Aversion, Angst, Depression, Hilflosigkeit und meinem Schuldkomplex.

Leider wusste niemand, wie schlecht ich mich fühlte. Ich behielt meine Probleme für mich. Im Gegensatz zu den Alkoholikern und anderen Unglücksraben in meinem Leben richtete ich kein großes Chaos an in der Erwartung, dass irgendjemand es schon beseitigen werde. Verglichen mit diesen Leuten wirkte ich sogar relativ gesund.

Nachdem ich mich eine ganze Weile durch meine Verzweiflung gekämpft hatte, sah ich klarer. Wie viele andere, die hart über andere Menschen urteilen, merkte ich, dass ich langsam und auf qualvolle Weise selbst so geworden war wie jene, die ich verurteilt hatte. Jetzt verstand ich diese verrückten Co-Abhängigen. Denn ich war selbst eine geworden.

»Denkst du noch über dein Kontrollverhalten nach?«, fragte ich meine Tochter Nichole, als sie Anfang 20 war.
»Ich brauche darüber nicht nachzudenken«, antwortete sie.
»Denn es verfolgt mich geradezu. Im Grunde soll immer alles so sein, wie ich es haben möchte und wann ich es haben möchte, und sobald die Dinge anders laufen, ist der Teufel los. Kontrolle ausüben, manipulieren, gekünstelt reden und kritisieren, um beim Gegenüber eine bestimmte emotionale Reaktion hervorzurufen – ich ziehe alle Register, um meinen Kopf durchzusetzen. Aber wenn ich versuche, jemanden zu kontrollieren, dann klappt das nie, weil ich Sachen sage, die ich nicht wirklich empfinde. Sobald ich den anderen zwingen will, das auszusprechen oder zu tun, was ich von ihm erwarte, handle ich aus einem inneren Zustand, der gar nicht existiert – aus einem unechten Gefühl. Ich rede nicht darüber – und ich übernehme keine Verantwortung dafür –, wer ich wirklich bin.«
»Erzähl mir, welche Probleme du mit deinem Kontrollverhalten hast«, sagte ich zu einem Freund Anfang 30.
»Ich hab solche Probleme nicht«, erwiderte er. »Mir gefällt es einfach, jedem zu sagen, was er tun soll. Das ist kein Problem; ich sage bloß meine Meinung. Und ich weiß, dass ich Recht habe.«
»Wann haben Sie angefangen, an Ihren Problemen mit der Co-Abhängigkeit zu arbeiten?«, fragte ich eine verheiratete Frau Ende 20.

»Als ich genug davon hatte, mit dem Kopf gegen die Wand zu rennen, um alles und jeden in meiner Umgebung zu kontrollieren«, entgegnete sie.

»Natürlich ist das Unkontrollierbare, das der Co-Abhängige zu kontrollieren versucht, die Alkohol- oder Drogenabhängigkeit eines anderen«, schrieb Mary Allen in ihrem Buch *The Rooms of Heaven* (Die Räume des Himmels).

Ich denke, dass wir noch mehr kontrollieren wollen.

Wir nörgeln; halten Strafpredigten; schreien; brüllen; weinen; bitten; bestechen; zwingen; überfahren; beschützen; klagen an; jagen dem anderen hinterher; rennen von ihm weg; versuchen ihn zu überreden; versuchen ihm etwas auszureden; bemühen uns, dass er sich schuldig fühlt; verführen ihn; locken ihn in Fallen; überprüfen ihn; zeigen ihm, wie sehr er uns verletzt hat; verletzen ihn, damit er weiß, wie sich das anfühlt; drohen, uns wehzutun; drängen ihm unsere Machtspiele auf; stellen ihm Ultimaten; erweisen ihm Gefälligkeiten; verweigern ihm Gefälligkeiten; trampeln auf ihm herum; zahlen ihm dieses oder jenes heim; jammern; lassen unsere Wut an ihm aus; agieren hilflos; leiden in lautem Schweigen; versuchen ihn zu erfreuen; lügen; sind hinterlistig – mal mehr, mal weniger; fassen uns ans Herz und drohen zu sterben; fassen uns an den Kopf und drohen, verrückt zu werden; schlagen uns an die Brust und drohen, den anderen umzubringen; versichern uns der Unterstützung derer, die auf unserer Seite stehen; wägen jedes unserer Wörter genau ab; schlafen mit dem anderen; sträuben uns dagegen, mit ihm zu schlafen; haben Kinder mit ihm; verhandeln mit ihm; zerren ihn in die Therapie; zerren ihn aus der Therapie; sprechen schlecht über ihn; beschimpfen ihn; beleidigen ihn; verurteilen ihn; beten um Wunder; bezahlen für Wunder; gehen irgendwo hin, wohin wir gar nicht gehen wollen; bleiben in der Nähe, um zu überwachen; machen Vorschriften; geben Befehle; klagen; schreiben Briefe über ihn; schreiben Briefe an ihn; harren zu Hause aus und warten auf ihn; gehen nach draußen und suchen ihn;

rufen auf der Suche nach ihm überall an; fahren nachts durch dunkle Alleen in der Hoffnung, ihn aufzuspüren; rasen nachts durch dunkle Straßen in der Hoffnung, ihn zu erwischen; rennen nachts durch dunkle Alleen, um ihm zu entkommen; bringen ihn heim; halten ihn daheim fest; sperren ihn aus; gehen auf Abstand; nähern uns ihm an; schelten ihn; beeindrucken ihn; geben Ratschläge; erteilen Lektionen; lehren ihn Mores; insistieren; lenken ein; beschwichtigen; provozieren; versuchen ihn eifersüchtig zu machen; versuchen ihm Angst einzujagen; erinnern ihn; fragen ihn aus; ergehen uns in Andeutungen; durchsuchen seine Taschen; spähen in seine Brieftasche; durchwühlen die Schublade mit seinen Kleidungsstücken; durchstöbern die Kiste mit seinen Handschuhen; schauen ins Toilettenbecken; versuchen in die Zukunft zu blicken; durchforschen die Vergangenheit; sprechen mit Verwandten über ihn; reden ihm gut zu; klären ein für alle Mal gewisse Probleme; klären sie erneut; bestrafen; belohnen; geben ihn fast auf; strengen uns noch mehr an; und machen weitere geschickte Winkelzüge, die ich entweder vergessen oder bisher nicht ausprobiert habe.

Wir gehören nicht zu den Menschen, die »Dinge in die Tat umsetzen«. Co-Abhängige versuchen vielmehr unablässig und mit hohem Kraftaufwand, Dinge zu erzwingen.

Wir kontrollieren im Namen der Liebe.

Wir tun es, »weil wir nur helfen wollen«.

Wir tun es, weil wir am besten wissen, wie alles laufen und wie jeder sich verhalten sollte.

Wir tun es, weil wir im Recht und die anderen im Unrecht sind.

Wir kontrollieren, weil wir Angst haben, es nicht zu tun.

Wir tun es, weil uns schleierhaft ist, was wir sonst tun sollen.

Wir tun es, um den Schmerz zu unterbinden.

Wir kontrollieren, weil wir denken, es tun zu müssen.

Wir kontrollieren, weil wir nicht nachdenken.

Wir kontrollieren, weil wir an nichts anderes als an Kontrolle denken können.

Und wir kontrollieren, weil wir es vielleicht schon immer getan haben.

Bei einem meiner Ausflüge – diesmal nach New Orleans – betrat ich einen Laden im französischen Viertel. Es war die Heimat von Marie LeVeaux gewesen, die dort als Voodoo-Königin, als Hohepriesterin der schwarzen Magie galt – und es für einige weiterhin ist. Ich hatte und habe Angst davor: vor der schwarzen Magie, dem Voodoo, dem Laden. Also machte ich kehrt und ging hinaus und fühlte mich schon allein deshalb schuldig, weil ich mich umgeschaut hatte. Aber als ich in derselben Straße einen weniger Furcht erregenden Laden aufsuchte, dämmerte mir, dass die schwarze Magie nur eine andere Form von – und eine andere Bezeichnung für – Manipulation und Kontrolle ist.

In diesem zweiten Geschäft betrachtete ich die vielen Steine, Kerzen und Kuriositäten auf den Regalen. Eine große Kristallkugel erregte meine Aufmerksamkeit. Ich nahm sie in die Hand. Eigentlich handelte sich nicht um einen Kristall, sondern um einen Stein, in den Spiegelsplitter eingelassen waren. Als ich die Kugel untersuchte, konnte ich nur einen Widerschein meiner selbst und meiner unmittelbaren Umgebung sehen.

»Wir können einen klaren Schimmer der Zukunft erhaschen«, sagte mir einmal ein Parapsychologe. »Aber wir erkennen deshalb nicht sämtliche Details, weil das unser Auffassungsvermögen übersteigen würde. Außerdem: Wenn wir wüssten, was alles passieren wird, würden wir versuchen, auch die Zukunft zu kontrollieren.«

Das ist der Gegenstand, den ich kaufen muss, dachte ich, in die kristallähnliche Kugel blickend. *Ich brauche nicht zu erkennen, was als Nächstes geschieht, sondern nur, wer und an welchem Punkt ich gerade bin.*

Co-Abhängige spielen gerne Gott.

1986 schrieb ich ein Buch mit dem Titel *Codependent No More* (*Die Sucht, gebraucht zu werden*). Darin vertrat ich die Überzeugung, dass die Probleme der Co-Abhängigkeit – insbesondere die ständige Sorge um andere Menschen, die sich nicht helfen können oder wollen – wahrscheinlich schon seit langer Zeit existieren. Hinter dem Inhalt dieses Buches stehe ich weiterhin – bis auf eine Stelle, die ich hier korrigieren möchte.

Inzwischen nämlich bin ich zu der Einsicht gelangt, dass die Co-Abhängigkeit noch älter ist.

»Die Menschen müssen andere Menschen respektieren und dürfen nicht versuchen, Gott zu spielen«, sagte der Babalawo zu mir. »Doch ich sehe das Problem, dass die meisten niemand anders respektieren wollen und dass alle Gott spielen wollen.«

Um die wahre Geschichte der Co-Abhängigkeit zu erzählen, müssen wir uns erneut dem Garten Eden zuwenden. Heute glaube ich, dass dort die Co-Abhängigkeit begann. Eva sah die Frucht am Baum der Erkenntnis, der das Wissen um Gut und Böse verheißt. Sie wollte nicht davon essen. So dumm war sie nicht. Aber die listige Schlange näherte sich ihr und quälte sie, bis sie den Apfel pflückte und hineinbiss.

»Gott will nur deshalb nicht, dass ihr davon esst, weil ihr dann so seid wie Er«, sagte die Schlange.

Abgesehen davon, dass Eva ein Gebot missachtete, bestand ihr Vergehen darin, ebenfalls Gott spielen zu wollen.

Vielleicht ist am Ende Co-Abhängigkeit die Erbsünde.

»1844 sagte Karl Marx, ›Religion ist Opium für das Volk‹. Heute, im Jahre 1988, haben wir ein neues Opiat: die volkstümliche Psychologie«, schrieb Ena Naunton in einem Zeitungsartikel über Co-Abhängigkeit, der in mehreren Blättern erschien (»Tangled in Someone Else's Illness? Let's Talk« – »In die Krankheit eines anderen Menschen verstrickt? Dann sollten wir darüber sprechen«). In jenem Jahr erreichte die Co-Abhängigkeitswelle ihren Höhepunkt.

Im 21. Jahrhundert kündigt sich die Vereinigung zweier Lehren an: Religion und Psychologie. Im Gegensatz zum Opiat, das den Geist betäubt, soll diese Verbindung uns auf eine höhere Bewusstseinsebene bringen. Der fürsorgliche Umgang mit uns selbst ist das Gegenmittel, ja das *Heilmittel* gegen Co-Abhängigkeit. Dabei begegnen wir Gott in einem Sessel unseres Wohnzimmers ebenso wie in der Mühsal des Alltags.

Genau davon handelt die folgende Geschichte.

℘

Von jener Zeit in der Pleasant Avenue sind mir vor allem die Sommer in Erinnerung geblieben. Die Wintermonate in Minnesota haben dagegen etwas Grauenhaftes. Einmal wurde es so schrecklich kalt, dass wir den Deckel von unserem Grill abnahmen, ihn mit Holzkohle füllten, sie entzündeten und unter das Auto stellten, um den Motor genügend zu enteisen, damit er überhaupt anspringen konnte.

Aber sobald der letzte heftige Schneesturm – der die meisten Bewohner der Stadt ein ums andere Mal zu überraschen scheint – gegen Ende März vorübergezogen ist, schmilzt endlich der Schnee, erwärmt die Sonne wieder die Erde, sprießen an den kahlen Bäumen die Blätter, kehren Gras und Blumen zurück.

So sehr ich das gleichbleibend warme, aber nicht zu heiße Klima in Kalifornien, wo ich heute lebe, genieße und so ungern ich jene harten, fast unchristlich kalten Winter noch einmal erleben würde, die die Leute in Minnesota mit Stolz erdulden, eignet doch dem Wechsel der Jahreszeiten etwas, das zu unserer Seele spricht.

Wenn man sieht, wie sich dieser verlässliche, dramatische, intensive, wundersame Wechsel jedes Jahr von neuem ereignet, festigt sich der Glaube an Gott.

Ich traf David Beattie, den Mann, mit dem ich dann zehn Jahre verheiratet war und der zum Vater meiner beiden Kinder Nichole Marie und Shane Anthony wurde, im Juli 1975. Er war fast zwei Meter groß, hatte große braune Augen, braunes Haar, einen sanften Geist, einen sprühenden Witz und meistens ein Lächeln um die Mundwinkel. Er war ein Ire, der früher zu viel getrunken hatte und inzwischen abstinent lebte. Außerdem war er ein großartiger Therapeut, ein gutherziger Mensch, den viele Leute als ihren »Freund« bezeichneten – mit umfangreichen Kenntnissen in Politik, insbesondere Außenpolitik, und bewandert in den Fragen oder Tendenzen, die die Gegenwart betrafen.

Meine Entziehungskur lag anderthalb Jahre zurück. Seither hatte ich eine einsame und verwirrende Zeit verbracht. Mein altes Leben als Drogenabhängige war vorbei, mein neues gerade angebrochen. Ich wusste nicht genau, was vor sich ging oder was als Nächstes kommen würde. Anderthalb Jahre lang hatte ich mir überlegt, den Vater meines Sohnes John erneut zu heiraten – in der Überzeugung, dass ich in die Vergangenheit zurückkehren und eine zuverlässige Ehefrau und Mutter sein könnte, wenn ich mich besserte und versuchte, das Richtige zu tun.

Ich ging jeden Tag zur Arbeit. Ich hatte gut bezahlte Stellen zunächst im Willmar State Hospital und später in Minneapolis, wo ich wieder als Anwaltssekretärin tätig war. Ich bezahlte meine alten und neuen Rechnungen und aß mittags Sandwiches mit Erdnussbutter. Ich besuchte meinen Sohn an den Wochenenden, half meiner Ex-Schwiegermutter, ihr Haus zu säubern und aufzuräumen, und fragte mich, was ich machen sollte. In die Vergangenheit zurückkehren? Oder in die Zukunft aufbrechen, die einer leeren Tafel glich?

Schritt für Schritt bemühte ich mich, alles richtig zu machen. Ich erstellte eine Liste der Menschen, denen ich während meiner Suchtphase Schaden zugefügt hatte, und nahm die Aufgabe in Angriff, meine Angelegenheiten nach besten Kräften zu ordnen. Ich fand langsam wieder den Glauben an mich selbst und entwickelte ein klein wenig Selbstachtung. Schließlich endete meine Bewährungsfrist, und die Strafgerichtsbarkeit des Staates, in dem ich lebte, stellte mir ein gutes Zeugnis aus.

Mein Leben begann sich zu ändern.

In jener Zeit traf ich Scotty und freundete mich mit einer Frau namens Echo an, die seither zu meinen Vertrauten zählt.

Zwölf-Schritte-Programme und Behandlungsmethoden zur inneren Heilung wurden gerade populär. Der Gesellschaft wurde bewusst, dass man kein Säufer in einer finsteren Seitengasse sein muss, um als Alkoholiker zu gelten. Viele junge Menschen waren suchtkrank – und hatten eben jene schicksalhafte Disposition, die sie verrückt machte, sobald sie tranken oder Drogen nahmen. Ich schloss mit weiteren Menschen Freundschaft. Eine ganze Reihe von uns jungen Leuten kam zusammen – nicht, weil es schick oder *in* war, sondern weil wir das Zwölf-Schritte-Programm benutzten, um unser Leben zu retten.

Es war eine schwierige Periode meines Lebens – in geistiger, seelischer und gefühlsmäßiger Hinsicht. Meine Therapeuten hatten mir ans Herz gelegt, ein Jahr lang mit keinem Mann auszugehen und keine Liebesbeziehung anzufangen. Mit Ausnahme einer eher zufälligen Begegnung kam ich dieser Aufforderung nach.

Voller Schuldgefühle und Reue betrachtete ich die gescheiterte Ehe, die ich hinter mir ließ. Mein Sohn John, sein Vater und seine Großeltern begegneten mir mit Offenheit – aber auch mit berechtigter Skepsis.

In der Rückschau sieht vieles ganz anders aus. Die wahnhafte Existenz einer Alkohol- und Drogenabhängigen war mir damals völlig natürlich erschienen. Jetzt aber erschreckte sie mich – wegen der Dinge, die ich, Gesundheit und Freiheit aufs Spiel setzend, getan hatte, und wegen des Menschen, der ich gewesen war. Die Zeit zwischen meinem zwölften Lebensjahr und dem Augenblick, da ich auf dem Dach der Apotheke festgenommen wurde, stand im Zeichen eines rasenden, verzehrenden Feuers. Jetzt wollte ich mich so weit wie möglich davon fern halten.

Während meiner Entziehung hatte ich begriffen, dass ich unter zwei miteinander verwandten Krankheiten litt: Alkoholismus und Rauschgiftsucht – und dass ich sie für den Rest meines Lebens in mir tragen würde. Wenn ich Glück hätte, die Gruppentreffen besuchte und Gott täglich bäte, mir zur Abstinenz zu verhelfen, wenn ich Ihm dann jeden Abend dafür dankte, könnte ich immer wieder von diesen Krankheiten verschont bleiben und jene Linderung erfahren, die viele Menschen – auch ich selbst – als Geschenk der Höheren Macht bezeichnen. Nur eine Sache, die mich vielleicht veranlassen könnte, zu meinen früheren Gewohnheiten und in mein altes Leben zurückzukehren, machte mir Angst: eine mögliche Wiederbegegnung mit Paul Rutledge, mit dem ich Apotheken ausgeraubt und unzählige Drogen eingenommen hatte.

Eines Tages läutete in meinem Ein-Zimmer-Apartment das Telefon. Ein Mann am anderen Ende der Leitung fragte, ob ich Melody sei. Ich sagte Ja. Er stellte sich als Therapeut in einem örtlichen Behandlungszentrum vor. Einer seiner Patienten namens Paul sei ihm aus dem Gefängnis überstellt worden und vor kurzem entflohen.

»Er sucht wie besessen nach Ihnen und ist überzeugt, dass Sie seine rechtmäßige Frau seien.«

Ich dankte ihm für den Hinweis und die Mühe und legte auf. Damals wusste ich noch nicht, dass der Mann, der gerade angerufen hatte, um mich vor Paul zu warnen, mich zu einem späteren Zeitpunkt persönlich treffen und schließlich heiraten würde.

Ich entfernte meinen Namen vom Briefkasten und erhielt eine Geheimnummer. Jede Nacht blieb ich bis drei Uhr auf und beobachtete den Lichtstreifen unter meiner Wohnungstür – voller Panik, dort ein Paar Herrenschuhe stehen zu sehen.

Ich befürchtete nicht, dass Paul mich verletzen, misshandeln oder gar zusammenschlagen würde. Doch nach jenem knappen »Leb wohl«, das ich ihm auf eine Karte gekritzelt hatte, war ich seinetwegen beunruhigt. In erster Linie aber hatte ich Angst vor mir selbst, davor, dass die altbekannten Bedürfnisse, high zu werden und wahnsinnige Dinge zu tun, in dem Moment wieder erwachen würden, da ich ihn anschaute. Ich hatte Angst, dass die Versuchung, herumzurennen und mir Drogen zu beschaffen, meine Kräfte übersteigen würde. Ich hatte Angst, nicht Nein sagen zu können, falls er mich bäte, gemeinsam mit ihm die Flucht zu ergreifen.

Es ist seltsam, wie wir Dinge fühlen und ahnen. Ich empfing die Energie von jemandem, der mich verfolgte. Zumindest ein halbes Jahr lang lebte ich mit dieser Empfindung. Dann verschwand sie plötzlich. Ich spürte sie nicht mehr. Kurz darauf rief mich wieder der Therapeut vom Behandlungszentrum an. Paul Rutledge, der Apothekenräuber, war an einer Überdosis Kokain gestorben.

Nun konnte ich diesen Lebensabschnitt abhaken. Etwa zur gleichen Zeit nahm ich Abschied von meiner gescheiterten Ehe. Ich kam zu der Überzeugung, dass das Programm, an dem ich arbeitete, nicht auf Bestrafung, sondern auf Vergebung basierte. Ich hatte einen, ja viele Fehler begangen. Wenn Gott mir verzeihen konnte, so war es wohl angebracht, dass auch ich mir verzieh und aus dem Schatten meiner Vergangenheit heraustrat. Außerdem, dachte ich, würde es meinem Sohn mehr schaden, wenn ich seinen Vater wieder heiratete und dann erneut meinen Fehler einsehen und weggehen würde. Du musst lernen, mit deinen Schuldgefühlen zu leben und sie allmählich zu überwinden, sagte ich mir.

In jener Zeit begegnete ich einem Mann namens Scotty. Er war in meinem Alter, hatte ein Funkeln in den Augen und suchte meine Nähe. Ein- oder zweimal fuhr er mich nach Hause, dann lud er mich zum Essen ein.

Nach einem Gruppentreffen begleitete er mich in mein Apartment.

Wir fingen an herumzualbern, und ich sagte ihm, es täte mir Leid, aber er müsse jetzt nach Hause gehen.

Kurz darauf stellte mich meine Freundin Echo einem Mann vor, den ich ihrer Meinung nach unbedingt kennen lernen sollte. Er hieß David und war der Therapeut, der mich vor Paul gewarnt hatte. Was ich in ihm sah, gefiel mir. Und ihm gefiel, was er in mir sah. Wir beide waren davon überzeugt, dass es sich bei unserem Gefühl um Liebe auf den ersten Blick handelte. Er umwarb mich sechs Monate lang. Die ganze Zeit hielt ich den Atem an.

Während der Entziehung hatte mir meine Therapeutin gesagt, sie könne bei mir eine positive Eigenschaft feststellen: Ich sei ausdauernd. Rückblickend frage ich mich, ob »obsessiv« nicht der treffendere Ausdruck wäre.

Im Dezember 1975 gaben David und ich uns das Jawort.

Zwei Monate später, kurz nachdem wir über Empfängnisverhütung diskutiert und sie abgelehnt hatten, wurde ich mit Nichole schwanger.

Ich begann, Abendkurse an der University of Minnesota zu belegen. Ich wollte Therapeutin für Suchtkranke werden und meine eigenen Drogenerfahrungen benutzen, um anderen Menschen zu helfen. Dann bemühte ich mich um eine entsprechende Arbeitsstelle.

Ein Jahr darauf kauften wir unser erstes Haus, jenes gelbe, dreigeschossige, um die Jahrhundertwende erbaute Gebäude an der Pleasant Avenue im Süden von Minneapolis. Es war nicht das, was ich mir erhofft hatte, aber das einzige, das wir uns leisten konnten.

Dieses Haus mit zerbrochenen Scheiben und morschen Balken war 15 Jahre lang vermietet worden und hatte dann ein Jahr leer gestanden. Auf den Wänden einiger Zimmer klebten zehn Tapetenschichten. Manche Wände wiesen so große Löcher auf, dass man durch sie direkt ins Freie schauen konnte. Die Böden waren mit einem leuchtend orangefarbenen, fleckigen Teppichboden bedeckt. Wir verfügten weder über die finanziellen Mittel noch über die handwerklichen Fertigkeiten, das Haus instand zu setzen. Auch für Möbel war kein Geld vorhanden. Uns gehörten drei baufällige Stockwerke mit einem Küchentisch, zwei Stühlen, einem Hochstuhl, einem Bett, einer Krippe und zwei Schränken, wobei in dem einen die Schubladen kaputt waren.

Etwa zwei Wochen nach dem Einzug kam ein Freund bei uns vorbei. Wir redeten darüber, wie schön der Rasen wäre, wenn dort Gras wachsen würde. Mein Freund sagte immer wieder, welches Glück ich hätte und wie wunderbar es sei, ein eigenes Heim zu besitzen. Aber ich war nicht glücklich. Ich kannte niemanden, der so ein Haus hatte.

Ich sprach kaum über meine Gefühle, aber jede Nacht, wenn mein Mann und meine Tochter schliefen, schlich ich auf Zehenspitzen ins Wohnzimmer, setzte mich auf den Boden und weinte. Das wurde zu einer Art Ritual. Sobald meine Familie eingeschlafen war, saß ich in der Mitte des Wohnzimmers, dachte an all das, was ich an diesem Haus hasste, heulte und gab alle Hoffnung auf. Das ging monatelang so. Wie berechtigt meine Reaktion auch gewesen sein mochte – sie änderte überhaupt nichts.

In meiner Verzweiflung versuchte ich einige Male, das Haus zu renovieren, aber nichts funktionierte. Am Tag vor Thanksgiving wollte ich die Wände des Wohn- und Esszimmers streichen. Aber sobald ich die Farbe auftrug, lösten sich die Tapeten ab. Dann bestellte ich teure Tapeten, guten Glaubens, bis zur Lieferung das nötige Geld aufzutreiben. Es gelang mir nicht.

Als ich eines Abends in der Mitte des Fußbodens mein Klageritual wiederholte, kam mir ein Gedanke: *Warum probierst du es nicht einmal mit Dankbarkeit?*

Zunächst verwarf ich ihn. Eine dankbare Einstellung erschien mir absurd. Warum und wofür sollte ich dankbar sein? Dann beschloss ich, es trotzdem einmal zu versuchen. Ich hatte nichts zu verlieren. Außerdem ging mir mein Gejammer allmählich auf die Nerven.

Da ich weiterhin nicht wusste, wofür ich danken sollte, dankte ich für alles. Ich empfand keine Dankbarkeit. Aber ich wollte sie, erzwang sie, täuschte sie vor. Ich brachte mich dazu, intensiv an sie zu denken. Sobald ich die herunterhängenden Tapeten vor mir sah, dankte ich Gott. Ich dankte Ihm für all das, was ich an diesem Haus verabscheute. Ich dankte Ihm dafür, dass Er es mir gegeben hatte. Ich dankte Ihm für mein Leben. Ich dankte Ihm sogar dafür, dass ich das Haus verabscheute. Jeden verdrießlichen Gedanken bekämpfte ich mit einem dankbaren.

Vielleicht war diese Reaktion weniger folgerichtig als die Negativität, aber sie erwies sich als wirkungsvoller. Nachdem ich drei oder vier Monate lang eine dankbare Einstellung eingeübt hatte, traten erste Veränderungen ein.

Ich setzte mich nicht mehr in die Mitte des Fußbodens, sondern fing an, das Haus so zu akzeptieren, wie es war. Ich kümmerte mich darum, als wäre es ein Traumhaus. Ich verhielt mich, als bewohnte ich mein Traumhaus. Ich hielt es nach besten Kräften sauber und in Ordnung und verschönerte es.

Dann überlegte ich genauer. Wenn ich zuerst die alten Tapetenschichten abtrug, würde wohl auch die Farbe an den Wänden haften bleiben. Ich zog den orangefarbenen Teppichboden an einigen Stellen hoch und entdeckte im ganzen Haus massive Eichenböden. Ich durchstöberte weggepackte Schachteln und fand alte Spitzenvorhänge, die an die Fenster passten. Ich stieß auf ein Aktionsprogramm der Gemeinde, bei dem man passable Tapeten für einen Dollar pro Rolle bekommen konnte. Ich lernte, wie man Löcher und Risse in den Wänden mit Spachtelmasse ausfüllt. Ich gelangte zu der Überzeugung, dass ich fähig war, mir die noch fehlenden

Kenntnisse anzuzeigen. Meine Mutter half mit beim Tapezieren. Alles, was ich brauchte, wurde mir zuteil.

Ein dreiviertel Jahr später hatte ich ein herrliches Heim. Überall glänzten die dunkel gebeizten Eichenböden, zu denen die mit ländlichen Motiven bedruckten Tapeten und reliefartigen weißen Wände einen harmonischen Kontrast bildeten.

Wann immer ich vor einem Problem stand – zum Beispiel fehlte jede zweite Schranktür, und für einen Tischler hatte ich kein Geld –, entschied ich mich für die Dankbarkeit. Ziemlich bald ergab sich die Lösung – in diesem Fall bestand sie darin, alle Türen zu entfernen, sodass eine offene Anrichte in rustikalem Stil entstand.

Ich arbeitete unermüdlich, bis das Haus von unten bis oben zu einem kleinen Prunkstück geworden war. Es war zwar nicht perfekt, aber es gehörte mir, und ich war froh, stolz und dankbar, darin zu wohnen.

Nach kurzer Zeit füllte es sich auch mit Möbeln. Ich lernte, einzelne Stücke, die nicht mehr als fünf oder zehn Dollar kosteten, sorgfältig auszuwählen und zu sammeln. Die unschönen Stellen besserte ich aus und legte Spitzendeckchen darüber. Ich brachte mir bei, aus fast nichts Etwas zu machen, anstatt aus etwas Nichts zu machen.

Ja, ich verliebte mich in mein Haus.

Dabei entdeckte ich die verwandelnde Kraft der Dankbarkeit.

In jener Phase wurde ich erneut schwanger. Ich brachte einen Jungen zur Welt, den ich Shane nannte. Während der Schwangerschaft erinnerte ich mich an einen Traum, den ich als kleines Mädchen gehabt hatte.

Als ich ein Zimmer strich, fiel mir nämlich ein, was ich in der sechsten Klasse über mich selbst erfahren hatte, als uns die Lehrerin aufforderte, unsere Berufswünsche aufzulisten. Wir sollten drei Tätigkeiten auswählen, sie genauer untersuchen und jeweils einen Text dazu schreiben. Ich wusste sofort, was ich werden wollte: Schriftstellerin, Journalistin und Reporterin. Ich sehnte mich danach, Geschichten zu erzählen. Ich wollte mit einem Stift, einem Blatt Papier und meinem Kopf – meiner Phantasie – arbeiten. Ich hatte den Wunsch, Wörter aneinander zu reihen.

Auf der Grundschule hatte ich Geschichten verfasst, die Menschen zum Lachen und zum Weinen brachten. Dann schrieb ich eine, die meine Mutter wütend machte, weil ich darin über meine Gefühle in Bezug auf unsere häuslichen Verhältnisse sprach. Das beschämte und ängstigte sie offenbar. Sie beurteilte die Situation anders als ich. Dadurch wurde ich unruhig, und meine Inspiration geriet ins Stocken. Ich bereitete meiner Mutter schon genug Ärger und wollte sie mit meinen Geschichten nicht noch mehr vor den Kopf stoßen.

In meiner Highschool war ich die jüngste Schülerin, die je in der Schulzeitung schrieb. Ich liebte den Journalismus, die Recherche und das Schreiben von Artikeln über Menschen und Ereignisse, die tatsächlich stattfanden. Aber ich liebte es auch, erfundene Geschichten zu Papier zu bringen – bizarre kleine Episoden, in denen jene Gefühle zum Vorschein kamen, die ich nicht auf andere Weise auszudrücken wusste.

Je öfter ich trank und Drogen nahm, desto ferner rückte der Traum vom Schreiben. Als ich zur Entziehung ins Willmar State Hospital eingeliefert wurde, hatte ich ihn völlig vergessen. Nach all den Jahren des Rauschmittelkonsums war ich derart benebelt, dass ich keinen Satz mehr bilden konnte. Geschichten zu erzählen und aufzuschreiben, wäre ein Ding der Unmöglichkeit gewesen.

Doch an dem Tag, als ich die Wände in meinem Haus strich, erinnerte ich mich plötzlich wieder an meine Sehnsucht nach Wörtern.

Ich legte den Pinsel auf den Boden.

Wie hatte ich nur vergessen können, dass ich unbedingt Geschichten schreiben wollte?

Ich schaute zur Decke und vertraute meinen Traum Gott an.

»Wenn du möchtest, dass ich Schriftstellerin werde«, sagte ich, »dann musst du dafür sorgen.«

Innerhalb der nächsten 24 Stunden hatte ich meinen ersten Job bei einer Lokalzeitung in der Nachbarschaft. Für jede Story erhielt ich fünf Dollar – mitsamt der freudigen Erregung, meinen Namen gedruckt zu sehen. Ich arbeitete weiterhin als Therapeutin auf Teilzeitbasis, aber nun schrieb ich auch. Um mein schriftstellerisches Handwerk zu erlernen, las ich sorgfältig jedes Buch und jedes Magazin, dessen ich in der Bücherei habhaft werden konnte.

Ich besaß nur eine alte Reiseschreibmaschine, bei der die Taste für »N« fehlte.

Mehr brauchte ich nicht.

Ich war glücklicher als je zuvor und als ich es mir hätte vorstellen können.

Es sah so aus, als würden all meine Träume in Erfüllung gehen. Was mir während der Entziehungskur gesagt worden war, erwies sich als richtig. Wenn ich abstinent lebte und das Richtige tat, konnte ich alles unternehmen, was ich wollte. Als ich meine durch die Alkohol- und Drogenabhängigkeit erschütterte Existenz neu aufbaute, träumte ich davon, wieder zu heiraten und eine Familie zu gründen. Außerdem sehnte ich mich nach einem schönen Haus, das unser kleines Schloss sein sollte. Ich wünschte mir einige der Dinge, die andere Leute auch hatten. Ich begehrte die Normalität, was immer das bedeutete.

Dazu gehörte eine sinnvolle Arbeit, ein Ehemann und Kinder – am liebsten zwei. Ich wollte eine Familie, die ich lieben konnte, und ein Zuhause, in dem wir zusammen lebten und einander liebten.

Die Gegend von Minneapolis, in der wir wohnten, hätte jeder als angenehm beschrieben. Zur Weihnachtszeit veranstaltete eine der Familien eine Party für die Leute in der unmittelbaren Nachbarschaft. Wir alle trafen uns und aßen Truthahn und sangen Weihnachtslieder. Im Sommer sperrten wir die Straßen ab, und alle Kinder rannten wild herum, und die Eltern saßen da und verspeisten Hot Dogs und Chips.

Ich blieb oft daheim – und zwar aus vier Gründen. Erstens war ich sehr gerne mit den Kindern zusammen. Sie sollten ein Zuhause haben, wo viele Kinder sich treffen, an meinem Küchentisch sitzen und für die Weihnachtsdekoration Popcorn auf eine dünne Schnur aufreihen oder unter den Wasserstrahlen des Rasensprengers im Garten hin- und herlaufen, um sich abzukühlen inmitten jener sengenden und zugleich feuchten Hitze, die Minnesota gewöhnlich im Juli erfasst.

Zweitens besaß ich kein Auto. Falls wir tatsächlich für mich einen alten Schlitten gefunden hätten und unser Erstwagen dann kaputt gewesen wäre, hätte David meine Rostlaube genommen; so oder so saß ich ohne fahrbaren Untersatz da.

Drittens hatten wir nur wenig Geld. Ein Ausflug pro Jahr zu Burger King – Hamburger mit Pommes frites, aber ohne Getränke bitte, einfach nur Wasser – war in etwa das, was wir uns leisten konnten.

Viertens betrank sich David, wenn ich mehr als nur ein paar Stunden außer Haus war.

∾

Obwohl ich mich mit jedem Tag der Abstinenz vom verzehrenden Feuer meiner süchtigen Vergangenheit weiter entfernte, glühten in meinem Leben die Kohlen eines anderen Feuers, dessen ich mir nicht bewusst war.

Man sagt zwar, dass in einer co-abhängigen Beziehung zumindest einer der Partner definitiv von Alkohol oder Drogen abhängig ist, aber ich habe festgestellt, dass dies nur ein Teil der Wahrheit ist. Gewiss, eine derartige, nicht behandelte Suchtkrankheit trägt in hohem Maße zur Co-Abhängigkeit bei, doch jede ernste und schleichende Funktionsstörung tut das auch – etwa Sex-, Spiel-, Ess-Sucht, Depression, die Unfähigkeit, mit Geld umzugehen, krankhafte Unehrlichkeit, eine verletzende, kalte, hartherzige Persönlichkeit oder eine chronische Krankheit.

Manchmal kann schon bloße Vernarrtheit oder Verliebtheit zumindest zeitweilig in den – realen oder eingebildeten – Zustand co-abhängigen Wahns führen. Die unsichtbaren Grenzen, die unser Energiefeld umgeben, lösen sich auf, und wir verschmelzen mit dem Energiefeld des anderen Menschen. Seine Gedanken, Hoffnungen, Wünsche und Sehnsüchte sind dann von den unseren kaum noch zu unterscheiden. Wir werden mit ihm eins – oder verwandeln uns in sein sprechendes und gehendes Anhängsel.

Tatsächlich kann ein wirklich »begabter«, »hochtrainierter« Co-Abhängiger bei *jedem* Menschen seine anomalen Verhaltensweisen entwickeln.

Die Co-Abhängigkeit ist durch bestimmte Dispositionen oder Neigungen gekennzeichnet: ein niedriges Selbstwertgefühl, das vor allem durch Vergleiche mit dem Suchtverhalten der Menschen in der eigenen Umgebung gestützt und gestärkt wird; ein quälendes Gefühl von Unzulänglichkeit, das einen immer wieder zu anderen Leuten und ihren Problemen treibt; ein unwiderstehlicher Drang, sich um sie zu kümmern und das eigene Ich zu vernachlässigen; und die Fähigkeit, anderen Menschen zu gefallen, die jedoch den genau gegenteiligen Effekt hat, weil die anderen einen nur schnellstens wieder loswerden wollen.

Wir sehen nur noch, was der andere tut, und vergessen, uns selbst zu betrachten.

Wenn jemand uns sagt, dass er – oder sie – uns liebt, erwärmt das nicht unser Herz; nein, es versetzt uns in Anspannung, Nervosität und Angst. Unser erster Impuls ist nicht, ihn – oder sie – zu umarmen und zu erwidern: »Danke, ich liebe dich auch.« Vielmehr wollen wir ihn – oder sie – packen, schütteln und dazu bringen, uns genau darzulegen, was es mit dieser Liebeserklärung auf sich hat.

Co-abhängige Beziehungen weisen ganz ähnliche Merkmale auf wie die Co-Abhängigkeit selbst. Aus meiner jahrelangen therapeutischen Tätigkeit mit Co-Abhängigen und aus meiner noch längeren Zeit als Co-Abhängige weiß ich, dass es in einer Beziehung drei klassische Symptome gibt, die diese fatalen Verhaltensmuster hervorrufen können.

Da sind zunächst die unschönen Projektionen und Verdrehungen. Sie versprechen die Befriedigung aller Bedürfnisse, die Erfüllung aller Träume, Wünsche und Hoffnungen. Eine bestimmte Person tritt in unser Leben. Wir malen uns aus, wie sich das Zusammensein mit ihr gestalten wird. Diese Vorstellungen werden – in positiver wie in negativer Hinsicht – noch verstärkt, wenn wir Gott gebeten haben, uns den oder die Richtige(n) zu schicken. Und dann beginnen wir die Beziehung unter der Voraussetzung, dass wir gehorsam Gottes Willen ausführen.

Das zweite Merkmal co-abhängiger Verbindungen ist das Warten. Der oder die Co-Abhängige wartet – Tag für Tag, Monat für Monat, Jahr für Jahr – darauf, dass sich alles zum Guten wenden möge. Die Geschichte, die sich im Kopf abspielte, als man den anderen Mensch traf und sich verliebte, soll sich doch irgendwann bewahrheiten.

Man erwartet, dass die Dinge wieder so werden, wie sie am Anfang waren.

Infolgedessen geht man dazu über, die andere Person zu kontrollieren und zu manipulieren, damit sie den eigenen Vorgaben besser entspreche.

Wenn ich dem anderen nicht mitteile, wie wütend ich auf ihn bin, wenn ich mir nicht eingestehe, dass ich gekränkt bin, wenn ich den Atem anhalte und abwarte, dann bekomme ich eines Tages vielleicht das, was ich will. Dieses Versprechen, diese erwartete Belohnung, motiviert einen stets aufs Neue.

Das dritte Kennzeichen co-abhängiger Beziehungen besteht darin, dass man sich selbst verliert, wie es viele Betroffene ausdrücken. Dieser Umstand hat aber noch einen weiteren

Aspekt. In solchen Beziehungen engagieren wir Co-Abhängigen uns stets für den anderen, komme, was da wolle. Wir denken, es sei unsere Aufgabe, für ihn zu sorgen und seinen Bedürfnissen, Wünschen und Erwartungen gerecht zu werden. Wir haben jedoch keine Ahnung, was es eigentlich heißt, für uns selbst zu sorgen und ebenso gewissenhaft wie liebevoll für die eigenen Angelegenheiten die Verantwortung zu übernehmen.

ಲ

Nichole war noch ein Baby, als ich zum ersten Mal im Haus eine Flasche fand.

Ich wusste, dass irgendetwas nicht stimmte. Wann immer David und ich miteinander redeten, hatte ich ein seltsames Gefühl. Ich musste jahrelang an mir selbst arbeiten, um dieses Gefühl als meine innere Reaktion auf die mir aufgetischten Lügen bewusst wahrzunehmen und richtig zu deuten. Er war den Tag über immer wieder draußen gewesen, um, wie er sagte, Besorgungen zu machen. In seiner Nähe hatte ich etwas Dunkles und Kaltes empfunden. Nichole war erst acht Monate alt. Meine Ehe beunruhigte, ja erschreckte mich, aber meine Tochter liebte ich über alles.

Nachdem ich sie an jenem Abend gefüttert und ins Bett gebracht hatte, war David im Schlafzimmer verschwunden. Er hatte sich sehr früh hingelegt und schnarchte jetzt. Ich bemerkte nicht, dass er eigentlich stockbetrunken war. Das Wasser der Toilettenspülung lief und lief. Ich rüttelte am Hebel, aber ohne Erfolg. Ich dachte, das Ablaufventil sei defekt.

Ich hob den Porzellandeckel des Beckens hoch. Darin lag eine fast leere Wodkaflasche.

Mir stockte der Atem, ich war völlig fassungslos.

Was hatte dieser Mann in der Woche vor der Hochzeit gesagt und damit ein tiefes Schuldgefühl in mir hervorgerufen? »Ich liebe dich wirklich, Melody. Aber ich habe Angst, dass ich eines Tages von der Arbeit nach Hause komme und dich in der Badewanne liegen sehe, high vom letzten Schuss.«

Ich therapierte Suchtkranke – ebenso wie der Mann, den ich vor über einem Jahr geheiratet hatte. Wir führten eine Ehe und hatten ein kleines Kind. Dies war mein neues Leben. Etwas war verkehrt, schrecklich verkehrt. Was sich da abspielte, erschien mir wie eine Szene aus einem schlechten Film, nicht wie das wirkliche Leben.

Ich nahm meine Tochter, ging mit ihr hinaus zum Auto, legte sie in den Kindersitz neben mich und fuhr irgendwohin. Ich weinte, zitterte, fühlte mich entsetzlich betrogen. Ich hatte keine Ahnung, wohin ich gehen oder was ich als Nächstes tun sollte. Meine Welt fiel in sich zusammen wie ein Kartenhaus. Wenn David wieder trank, war auch meine Abstinenz in Gefahr. Ich konnte nicht bei ihm bleiben!

Plötzlich begann Nichole zu würgen. Sie hatte sich ein Stück Papier geschnappt, darauf herumgekaut und eine Ecke hinuntergeschluckt. Die steckte in ihrem Hals fest. Ich fuhr an den Straßenrand, drückte gegen ihren Bauch unterhalb des Brustkastens, bis sie den Papierfetzen aushustete und wieder zu atmen begann.

Es ging ihr gut.

Ich suchte eine Telefonzelle auf und rief eine Freundin an. Ich erzählte, was geschehen war.

»Oh, mach dir keine Sorgen«, sagte sie, als ich ihr meine Panik schilderte. »Niemand ist perfekt. Gib David einfach ein bisschen Zeit.«

Ich fuhr direkt nach Hause zurück. Ich hatte einen Entschluss gefasst: Ich würde mich verstellen und so tun, als ob nichts passiert wäre.

Die Neigung, die Lügen anderer Menschen zu glauben, ist sehr stark.

Die Neigung, die eigenen Lügen zu glauben, ist noch stärker.

Das Problem mit der Sucht bestand für mich darin, dass viele Leute, die unter dieser Krankheit litten, deren Leben von Alkohol und Drogen beherrscht wurde, die durchdrehten und die Kontrolle verloren, wenn sie sich mit Betäubungsmitteln voll pumpten, nicht annähernd so exzessiv waren wie ich während meiner Abhängigkeit.

David war ein so genannter »Quartalssäufer«. Er hatte sich eine destruktive Form des kontrollierten Alkoholmissbrauchs angewöhnt.

Alle paar Monate ging er aus und betrank sich bis zum Umfallen. Er verlor entweder Geld oder den Führerschein oder seine Arbeit. Nach einigen Tagen oder Wochen fing er sich wieder.

»Was ist das Problem?«, fragte er dann. »Darf ein Mann nicht ab und zu einen Schluck Alkohol trinken?«

Ich konnte irgendwie sehen, was ihm widerfuhr. Aber ich sah nicht, was mir widerfuhr.

Ich hätte es wissen müssen. Ich hätte es wirklich wissen müssen.

Ich hätte es schon seit der Hochzeit wissen müssen. Mehrmals änderten wir unsere Pläne. Wir entflohen nach South Dakota, aber anstatt dort die Flitterwochen zu verbringen, fuhren wir am nächsten Tag zurück nach Minnesota, weil David in einem Theaterstück mitspielte und zur Probe musste. Ich saß in einem Hotel an meinem Wohnort und wartete darauf, dass mein Mann nach Hause kam. Das war unser Honeymoon.

Einige Tage später erhielt David eine traurige Nachricht. Wir waren immer noch auf Urlaub, den ich als »Hochzeitsreise« und er als »Eheleben« bezeichnete. Sein Vater war gestorben. (Der Tod seiner Mutter lag schon mehrere Jahre zurück.)

Ich wusste nicht viel über Eheleben und Liebe. Aber ich dachte, David würde mir Trost, Hilfe und Unterstützung zuteil werden lassen. Dem war nicht so. Er verschwand abends und kam erst bei Sonnenaufgang wieder zurück. Wenn er mich dann weinend auf der Couch vorfand, sagte er, ich würde übertrieben reagieren. Er sei nur mit einem Freund zusammen gewesen und habe Poker gespielt.

Ich verbrachte Jahre im Chaos und voller Verwirrung, derweil ich Lügen glaubte, derweil ich schrie, tobte und mich schuldig fühlte, bis ich endlich die Wahrheit erkannte. Das war zu jenem Zeitpunkt, als David sich zum ersten Mal weggeschlichen und betrunken hatte.

Ohne Widerrede akzeptierte ich seine Ausführungen. Mein Lieblingsspiel bestand darin, mich dumm zu stellen in der Annahme, dass mit mir irgendetwas nicht stimmte. Ich fürchtete mich vor den Konsequenzen, die das Bekenntnis zu meiner eigenen Stärke gehabt hätte.

David ändern zu wollen, war mein zweites Lieblingsspiel. Dabei vertrat ich die Auffassung, dass bei mir wirklich alles stimmte.

Bisher hatte David sporadisch getrunken – genauer gesagt: sporadisch abstinent gelebt. Mein ganzes Vertrauen, das ich mit so viel Mühe wiederhergestellt hatte, war verpufft.

David fuhr beharrlich fort, ungedeckte Schecks auszustellen. Er meinte, das sei ein Akt des Glaubens. Wenn wir einfach guten Glaubens wären, würde etwas geschehen, das zur Deckung des Schecks beitrüge. Gott würde dafür sorgen, dass wir genug Geld auf der Bank hätten.

Außerdem machte er gerne irgendwelche Geschäfte.

Einmal sollte ich als Vertreterin arbeiten und für die Firma Amway von Haustür zu Haustür gehen. Es war kurz vor der Weihnachtszeit, draußen herrschte klirrende Kälte, und ich marschierte durch die Nachbarschaft, klopfte an jede Tür, um die Leute zu fragen, ob sie reich werden oder stattdessen nicht wenigstens etwas Seife kaufen wollten.

Dann investierten wir in Goldminen, später in Vulkanasche. Mount St. Helens war ausgebrochen. David meinte, wenn wir uns genügend Geld borgten, um eine Fernsehwerbung zu finanzieren, könnte er die Leute dazu bringen, diese verdammte Asche zu kaufen.«Ein Souvenir, ein Stück Naturgeschichte«, verkündete der Werbespot, der 5000 Dollar kostete. Das Problem war, dass er nur mitten in der Nacht lief. Kein Mensch wollte die Asche haben. Lange Zeit war sie in Abfalltüten in unserem Keller gelagert. Jetzt lag sie im ganzen Haus verstreut, die Asche drang in alle Ritzen, sodass ich mir wie in einem Horrorfilm vorkam.

Ich hielt es nicht mehr aus, ich war kurz davor, durchzudrehen. Aber trotzdem hielt ich den Atem an. Diese Ehe durfte auf keinen Fall scheitern.

Wenige Minuten nach Shanes Geburt verließ David das Krankenhaus. Wir hatten einen dieser Räume, die wie ein normales Schlafzimmer ausgestattet waren. David hätte im Kreißsaal sein und die erste Nacht bei mir und seinem Sohn verbringen können. Aber er verschwand einfach.

Am nächsten Tag wollte ich mich operieren und die Eileiter abbinden lassen. Nach Shane wollte ich keine weiteren Kinder. Zwei kleine Wesen waren für mich mehr als genug. Abends beobachtete ich draußen im Gang, wie die Ehepartner Händchen hielten und ihr Baby in der Welt willkommen hießen. Irgendwann schlief ich über der Frage, wohin David wohl gegangen sei, ein.

Nachdem man mich aus dem Operationssaal in mein Zimmer zurückgebracht hatte, rief meine Mutter an. Sie war gekommen, um David mit Nichole zu helfen, während ich im Krankenhaus lag.

»Er ist betrunken«, sagte sie. »Was willst du dagegen tun?«

»Morgen komm ich nach Hause«, antwortete ich und hängte ein. Ich war zu benommen, um zu weinen.

Ich hatte meine Schreibmaschine. Ich verdiente zuerst fünf, dann zehn Dollar pro Story. Während ich am großen Tisch im Esszimmer saß und schrieb, spielten die Kinder um meine Füße herum.

Von jener Zeit an berührten David und ich uns kaum mehr. Die Jahre vergingen. Ich kümmerte mich stets um die Kinder. Ich liebte sie. Und ich liebte das Schreiben. Inzwischen hatte ich mein erstes Buch verfasst. Tausend Exemplare wurden verkauft, und ich gewann einen kleinen Preis. Diese Anerkennung brauchte ich, um weitermachen zu können.

David liebte die Kinder, und er liebte mich. Er wusste nur nicht, wie er nüchtern bleiben sollte.

Also beschloss ich, mein Leben der Kontrolle und der Veränderung der Dinge – vor allem in Bezug auf David – zu widmen.

∞

Kontrolle ist eine Illusion. Sie funktioniert nicht. Man kann den Alkoholismus ebenso wenig kontrollieren wie zwanghafte Verhaltensstörungen – Ess-, Spiel-, Sexsucht – oder andere Verhaltensweisen. Man kann auch die Gefühle, Gedanken und Entscheidungen eines anderen nicht kontrollieren – ganz abgesehen davon, dass sie uns nichts angehen. Man kann den Ausgang der Ereignisse nicht kontrollieren. Man kann das Leben nicht kontrollieren. Und einige von uns können noch nicht einmal sich selbst kontrollieren.

Letztlich tun die Menschen, was sie wollen. Sie fühlen sich so, wie sie sich fühlen möchten (oder wie sie sich eben fühlen); sie denken, was sie denken möchten; sie unternehmen Dinge, die sie ihrer Meinung nach unternehmen müssen. Sie ändern sich nur, wenn sie dazu bereit sind. Es spielt keine Rolle, ob sie Recht oder Unrecht haben, ob sie sich selbst schaden oder ob wir ihnen helfen könnten, wenn sie uns nur zuhören und mit uns zusammenarbeiten würden. Auf all das kommt es nicht an.

Allerdings wusste ich das damals nicht. Ich glaubte, es sei meine Pflicht, meine von Gott gegebene Aufgabe, andere Menschen zu kontrollieren und zu umsorgen. Von da an lautete mein Motto: »Tu für andere das, was sie zwar ablehnen, aber unbedingt für sich tun sollten.« Wenn sie sich ihrer Verantwortung entzogen, nahm eben ich mich der Sache an.

Ich stellte mich sozusagen auf den Kopf, um David zu zeigen, wie sehr er mich verletzte, und ihn zur Abstinenz anzuhalten. Aufgrund meines Kampfes gegen Drogen hätte ich erkennen müssen, dass ich mich nicht in seinen Kampf gegen den Alkohol einmischen durfte.

David hatte sich nicht unter Kontrolle. Auch ich vermochte ihn nicht zu kontrollieren. Und ich übersah, ja konnte mir überhaupt nicht vorstellen, wie sehr ich selbst außer Kontrolle geraten war.

∞

Wir kannten all unsere Nachbarn, einige besser als andere. Die Sampsons wohnten ein paar Häuser weiter – schon seit Beginn ihres Ehelebens. Laura und George hatten vier Kinder; ihre jüngste Tochter Katie war etwa im gleichen Alter wie Nichole.

Auf der gegenüberliegenden Straßenseite wohnte Laverne. Sie befand sich in einer schwierigen Situation. Sie hatte jung geheiratet und trotz anhaltender Bemühungen keine Kinder bekommen können. Schließlich adoptierte sie zwei, einen kleinen Jungen und ein kleines Mädchen. Kurz darauf brachte ihr Mann die gemeinsame Welt zum Einsturz. Er verließ sie, um mit einer anderen Frau zusammenzuleben.

Laverne war zutiefst traurig. Als ich ihr begegnete, waren ihre Kinder zehn und zwölf Jahre alt. Sie arbeitete, traf sich oft mit ihrer Mutter und töpferte gerne kleine Keramikengel und Kaffeetassen, die sie mit schönen Farben bemalte. Außerdem machte sie sich viele Sorgen um ihre Kinder.

Weiter vorn, fast an der Straßenecke, lebte Joey mit seinem Vater. Seine Mutter war bei einem Unfall mit dem Motorrad, das ihr Mann lenkte, tödlich verunglückt. Damals war Joey noch ein Baby. Wir kümmerten uns um ihn, so gut wir konnten, gaben ihm Plätzchen, wuschen ihm das Gesicht und ließen ihn draußen herumtollen.

Nach hinten wohnten direkt gegenüber von unserem Garten Matt und Marilyn King. Auch sie hatten ein Haus voller Kinder. Zwei Mädchen stammten aus Matts früherer Ehe. Der Junge war aus Marilyns erster Ehe. Nach dem Selbstmord ihres Mannes hatte sie Matt geheiratet. Zu diesen Kindern war dann noch ihr gemeinsamer Junge dazugekommen, ein kleiner Lümmel namens Mattie jr.

In unserem Block kannte jeder jeden. Aber die Familien mit Kindern schienen sich am besten zu kennen. Meistens spielten die Kleinen bei uns oder bei den Sampsons.

Laura und ich standen uns sehr nahe. In den zwei Jahren, als wir kein Telefon hatten, suchte ich sie bei Notfällen auf, um von ihr aus zu telefonieren. Häufig luden wir uns gegenseitig zum Abendessen ein. Laura verstand, was ich alles durchleiden musste. Sie hatte auch ihre Probleme. Ich ließ meine Schimpftiraden auf David los, äußerte meine Sorgen wegen der unbezahlten Rechnungen oder sinnierte darüber, wann er sich wohl wieder betrinken würde. Sie lauschte mir eine Weile und sagte dann immer wieder, dass ich die Gruppentreffen von Al-Anon besuchen müsse.

Ich hatte von Al-Anon gehört. Dieses Programm bildete die Ergänzung zu dem der Anonymen Alkoholiker. Obwohl ich derlei Gedanken für mich behielt, glaubte ich, die AA seien für den süchtigen Menschen, der wirklich ein Problem hatte, und Al-Anon sei nur eine kleine zusätzliche Einrichtung, in der die Frauen beklagen konnten, welch schreckliche Konsequenzen die Trunksucht ihrer Männer hatte.

Ich wollte nicht dorthin gehen.

Meiner Meinung nach hatte ich schon genug mitgemacht. Ich sah nicht ein, warum ich diese Treffen besuchen sollte. Schließlich war nicht ich diejenige, die sich betrank.

Die Sommer an der Pleasant Avenue waren in der Tat angenehm. Ich hatte einen kleinen Garten hinter dem Haus, in dem ich Wassermelonen, Kürbisse, Tomaten und Mais anpflanzte. Die Kinder trafen sich gern hier oder im Garten der Sampsons, um herumzutoben. Mit viel Eifer schrieb ich meine Storys, spielte mit den Kindern und versuchte, all das zu ignorieren, was in meiner Ehe schief gelaufen war. Meistens gaukelte ich mir vor, dass alles gut werden und sich mit der Zeit einpendeln würde. Außerdem dachte ich, dass das Problem vielleicht bei mir lag.

Der letzte Sommer war stürmisch gewesen. Einmal fegte ein Tornado direkt durch unsere Nachbarschaft. Dieser Tag – ein Sonntag – war seltsam. Aus irgendeinem Grund hatte ich beschlossen, alle Kinder zu einer Rollschuhbahn weit draußen in einem Vorort mitzunehmen. Dazu musste ich mir Lauras Wagen ausleihen, die Kinder hineinpferchen und mehrere Kilometer in Richtung Süden fahren.

Das Wetter war anders als sonst – heiß, aber mit einem fast kalten Druck in der Luft. In unserem Garten hatte ich eine kleine Hütte gebaut. Bernie, der Bernhardiner, den ich für die Kinder angeschafft hatte, war jedoch so groß und unbeholfen, dass er sie zertrampelte. Also nahm ich eine Säge und ein paar Sperrholzlatten und baute ihm ein eigenes Haus, sodass er draußen bleiben konnte.

Als es dann da stand, betrachtete er es und sprang mit voller Wucht aufs Dach, wodurch es einstürzte. Ich besorgte für ihn ein neues Haus und baute das kaputte Spielhaus der Kinder wieder auf. Es hatte nur drei Seiten und ein Dach, aber die Kinder spielten sehr gerne darin. Manchmal, wenn es heftig regnete, hielten sie sich im Freien auf, kletterten ins Holzhaus und schauten dem Wolkenbruch zu.

Ich weiß, dass sie sich, wären wir an jenem Tag daheim geblieben, in diesem Holzhaus aufgehalten hätten.

Jedenfalls sammelte ich die Kinder ein, lud sie ins Auto und fuhr zur Rollschuhbahn. Wir waren noch keine Viertelstunde dort, als die Sirenen zu heulen anfingen. Uns wurde gesagt, dass wir uns am Rand der Bahn hinsetzen sollten, ein Tornado fege über die Stadt.

Ich haderte mit mir selbst. Tornados wüteten immer in den Vororten, das wusste man. Warum war ich nicht zu Hause geblieben, wo wir uns in Sicherheit befunden hätten?

Die Lichter gingen aus. Stundenlang kauerten wir uns aneinander. Irgendwann wurden wir nach Hause geschickt.

Für die normalerweise 20-minütige Fahrt brauchte ich vier Stunden. Bäume, Strommasten und fast alles, was aufrecht gestanden hatte, lag jetzt auf der Erde. Schließlich bahnte ich mir einen Weg in unsere Wohngegend. Es stellte sich heraus, das sie am schlimmsten verwüstet worden war.

In meinem Garten hatte der Wirbelsturm einen Baum gefällt.

Dabei war das Holzhaus zertrümmert worden.

»Es gab keine Warnung«, sagte David, als sie ihn für die Nachrichten interviewten. »Im einen Augenblick schien noch die Sonne. Im nächsten hörte ich ein Geräusch wie von einem Güterzug. Dann sah ich, dass der Baum umstürzte.«

Dieses Ereignis festigte ein wenig meinen Glauben an Gott. Aber die meiste Zeit fühlte ich mich einsam.

Dieser verdammte Mann, dachte ich. Warum nur musste er trinken? Warum lebte er nicht seit langem abstinent? Warum musste er immer wieder lügen? Warum konnte er mich nicht so innig lieben, wie ich ihn geliebt hatte? Warum hörte er nicht schon vor Jahren auf zu trinken und zu lügen, als mir noch etwas an ihm lag?

Es war nie meine Absicht gewesen, einen Alkoholiker zu heiraten. Mein Vater war einer gewesen. Ich hatte mir doch alle Mühe gegeben, meinen Ehemann sorgfältig auszuwählen.

Ich hatte mir von dieser Heirat so viel versprochen, unzählige Träume mit ihr verknüpft. Keiner war in Erfüllung gegangen. Man hatte mich hereingelegt, betrogen. Mein Zuhause und meine Familie – der Ort und die Menschen, die warmherzig, fürsorglich, tröstlich, ein Hafen der Liebe hätten sein sollen – waren zu einer Falle geworden. Und ich fand keinen Ausweg. Vielleicht, sagte ich mir, wird sich alles zum Guten wenden. Immerhin hatte David diese schwierige Situation heraufbeschworen. Er war derjenige, der trank. Ich dachte, wenn er sich besserte, würde sich auch unsere Ehe bessern.

Einen Monat später hatte ich einen Verdacht, der sich bald bestätigen sollte. Inzwischen hatte sich nur eines geändert – mir ging es noch schlechter. Mein Leben war zum Stillstand gekommen. Ich hatte keine Hoffnung auf Fortschritte; ja, ich wusste nicht einmal, was eigentlich verkehrt lief. Ich hatte keinen anderen Lebenszweck, als für andere Menschen zu sorgen, und das gelang mir kaum. Ich fühlte mich die ganze Zeit schuldig und fragte mich, ob ich allmählich verrückt würde. Mir war etwas Schreckliches zugestoßen, das ich nicht erklären konnte. Es hatte sich an mich herangeschlichen und mein Leben zerstört. Irgendwie war ich durch Davids Trunksucht schwer in Mitleidenschaft gezogen worden, und die daraus resultierenden Symptome waren nun meine Probleme. Es spielte keine Rolle mehr, wer sie verursacht hatte.

Die Tatsache, dass er vom Alkohol abhing, war nicht mein Problem, sondern seines. Mein Problem war die Co-Abhängigkeit.

Aber noch sah ich das nicht ein. Wie jeder gute Co-Abhängige sah ich nur, was andere Leute mir antaten.

»Spielt nicht mit dem Feuer«, warnte ich die Kinder immer wieder. Sie zündeten gerne Kerzen an, wollten diejenigen sein, die das Streichholz entfachten, das Feuer betrachteten und es an den Docht hielten. »Ihr dürft nur dann die Streichhölzer benützen, wenn ich es erlaube und da bin, um aufzupassen.«

Shane, inzwischen vier Jahre alt, schaute gerne zu, wenn sein Papa den Grill anzündete. Er sammelte Zweige, legte sie auf die Holzkohle und bewunderte den orangefarbenen und roten Feuerball, der in die Höhe schnellte, sobald David Benzin auf die glühende Kohle goss.

An jenem Morgen im Dezember schnappte sich Shane aus der Speisekammer eine Packung Streichhölzer und blickte verstohlen um sich. Niemand sah ihn. Sein Vater machte sich gerade fertig, um zur Arbeit zu gehen.

Bevor David aufbrach, ging ich nach draußen zum Auto, um mein Notizbuch zu holen. Ich hatte für die Zeitung ein Interview geführt und wollte jetzt an meiner Geschichte weiter schreiben. Als ich die hintere Tür auf der Beifahrerseite öffnete, fiel mir auf, dass sie nur angelehnt war. Ein knurrender, kläffender Schäferhund sprang in meine Richtung und rannte die Straße hinunter.

Das ist ein schlechtes Omen, dachte ich. *Ich weiß nur nicht, was es bedeutet.*

Während ich beim Auto war, schlich Shane die Treppe hoch zu unserem Schlafzimmer, wo er sich sicher und unbeaufsichtigt fühlte.

Er hatte einen Plan.

Er riss zwei Streichhölzer aus der Schachtel und rieb sie an der rauen Seite.

Sie brannten nicht. Er hatte es nicht richtig gemacht. Also unternahm er einen neuen Versuch.

Diesmal gelang sein kleines Experiment. Das erste Streichholz flammte auf, im nächsten Moment auch das zweite.

»Shane! Wo bist du! Was treibst du?«, rief ich von unten.

Sein kleines Herz schlug schneller. Wenn er dabei erwischt würde, wäre er in ziemlich großen Schwierigkeiten. Also hob er den Saum der Bettdecke hoch und warf die Schachtel mitsamt den beiden brennenden Streichhölzern unters Bett. Dann lief er durchs Zimmer und schaltete den Fernseher ein.

»Ich bin hier oben, in deinem Zimmer, und schaue mir die *Sesamstraße* an«, rief er von oben.

»In Ordnung. Wollte nur wissen, was los ist.«

»Mach dir keine Sorgen. Ich tu nichts Schlimmes.«

Ohne dass Shane es bemerkte, erreichten die kleinen Flammen die Unterseite der Matratze. Deren Drillich ist dick. Er brennt zwar nur langsam, ist aber extrem feuergefährlich. Shane war noch zu klein, um zu verstehen, was da vor sich ging. Eine Glut kann lange schwelen, bevor sie sich in wütende Flammen verwandelt, die nicht mehr zu löschen sind. Er saß neben dem Bett, schaute fern und wartete darauf, dass ich mich um die alltäglichen Dinge kümmerte. Er hatte die Streichhölzer unters Bett geworfen. Er konnte die Flammen nicht sehen. Wie alle anderen Kinder dachte er: *Was ich nicht sehe, ist auch nicht da.*

Ich schlurfte ins Badezimmer im zweiten Stock und starrte in den Spiegel. Zähne putzen, Haare kämmen, mich zurechtmachen und den Tag beginnen – all das schien meine Kräfte zu überfordern.

Shane kam herein.

»Mami«, sagte er. »Komm mal.«

»Gleich, mein Süßer«, erwiderte ich. »Bin sofort da.«

Er schaute mich an.

»Mami«, sagte er bestimmt, »du sollst aber jetzt kommen.«

Hohe Flammen hüllten das Schlafzimmer ein; sie hatten sich über die Wände ausgedehnt, die Vorhänge erfasst – und knisterten nun an der Decke.

Einen Moment lang traute ich meinen Augen nicht.

»Kein Problem«, sagte ich dann und griff nach dem Feuerlöscher in der Ecke. »Ich hab's unter Kontrolle.«

Ich sprühte den Schaum in die Feuersbrunst.

Das nützte überhaupt nichts. Die Flammen loderten genauso wie zuvor.

Ich war derart benommen und gelähmt, dass ich nicht einmal mehr in Panik geraten konnte. Ich packte Shanes Hand, machte kurz beim Badezimmer Halt, um mir ein Kleid zu schnappen und es mir über den Pyjama überzuwerfen.

Es war höchste Zeit, das Haus zu verlassen.

Ich rannte den Bürgersteig entlang zu Lauras Haus, rief die Feuerwehr und ging zu meinem Haus zurück, stand da und sah zu, wie es brannte.

Die nächsten Stunden und Tage waren ein einziges Chaos.

Die Versicherung brachte uns in einer kleinen Wohnung unter, die in einem schäbigen Viertel lag.

Dort feierten wir Weihnachten.

Ich hatte ein Tannenbäumchen aus Plastik gekauft.

»Ich will dieses Haus gar nicht mehr sehen«, sagte David. »Du kümmerst dich um alles. Überrasch mich einfach. Führ mich wieder dorthin, wenn alles fertig ist.«

Irgendwo weiter weg wollte er neue Geschäfte tätigen. Dadurch würden wir schnell reich werden, meinte er.

Schließlich bot ich meinen ganzen Mut auf, um einen Blick auf unser altes Haus zu werfen. Dort angekommen, saß ich inmitten der nassen Asche auf den Überresten unserer Wohnzimmercouch und weinte. Ich war so unendlich müde. Trotzdem bahnte ich mir einen Weg zum Schlafzimmer im zweiten Stock, wo das Feuer ausgebrochen war.

Hier schien der Schaden am größten.

Was die Flammen nicht vernichtet hatten, war durch die Hitze geschmolzen. Sogar der massive Eichenschrank hatte sich in einen wohl geformten Klumpen Asche verwandelt. Der Fernseher war ebenfalls geschmolzen. Alles, was sich auf dem Schrank befunden hatte, war nur noch ein Stück lockerer Asche in der Form des früheren Gegenstands. In der Mitte dieser Wüste lag die alte, in schwarzes Leder gebundene Familienbibel.

Sie war im ganzen Raum das Einzige, das weder versengt noch verbrannt war.

Ich nahm sie an mich und verließ das Haus.

In dieser Situation dachte ich mir einen Plan aus.

David hielt sich in Dakota auf. Er hatte mich in diesem Chaos allein gelassen. Der alte blaue Pinto, den ich besaß, hatte keine Heizung. Es waren 30 Grad unter Null. Das Fenster ging nicht zu, die Tür auch nicht. Wenn ich mich hineinsetzte, musste ich sie jedes Mal mit einem Telefonkabel befestigen. Das Auto war nicht versichert. Der Bus der Kindertagesstätte fuhr ebenso wenig in unsere neue Wohngegend wie der Schulbus, sodass Shane und Nichole nicht abgeholt wurden.

Ich hatte kein Geld.

Ich hatte kein Zuhause.

Ich hatte keine Kleider, nur die Jeans und das Hemd, die ich trug.

Ich hasste meinen Mann.

Mein ganzes Leben hatte sich in Rauch aufgelöst.

Wenn dies das neue, mir versprochene Leben war, dann konnte Gott es gerne wiederhaben.

Auf meinem Nachhauseweg hielt ich vor dem Spirituosengeschäft. Alle Menschen in meiner Umgebung taten, was ihnen Spaß machte. Während meiner Suchtphase hatte ich nicht sehr viel getrunken, aber es war an der Zeit, das Versäumte nachzuholen. Jetzt war ich an der Reihe. Sorgfältig wählte ich zwei Flaschen aus: gute Tropfen, die ich noch nie probiert hatte. Früher waren sie mir gleichgültig gewesen. Heute Abend jedoch würde ich mich damit betrinken.

Ich hatte fast alles verloren. Ich konnte genauso gut den totalen Bankrott riskieren und auch noch meine Abstinenz opfern. Einige Leute, die ich kannte, sollten von ihrer Sucht genesen – und tranken sich trotzdem einen Rausch an, wann immer sie Lust dazu hatten. Warum konnte ich es ihnen nicht nachtun?

Ich brachte die zwei Flaschen nach Hause, versteckte sie im oberen Geschirrschrank und fuhr dann los, um die Kinder von der Tagesstätte und der Schule abzuholen. Als sie zur Welt kamen, lebte ich bereits abstinent. Wenn ich schon trinken wollte, dann konnte ich wenigstens so lange damit warten, bis sie schliefen. Sie hatten es nicht verdient, ihre Mutter betrunken zu sehen. Nein, dieser Anblick sollte ihnen erspart bleiben.

Um zehn Uhr abends, nachdem sie zu Bett gegangen waren, beschloss ich, mir einen Schluck zu genehmigen. Dann überlegte ich noch einmal. Es war spät, und ich war todmüde. Es hatte keinen Sinn, jetzt noch zu trinken. Ich war bereit, mich schlafen zu legen.

Am nächsten Tag fuhr ich Nichole zur Schule. Shane blieb mit mir zu Hause. Ich schaute auf die Uhr, wartete, bis ich die Kinder ins Bett bringen konnte. Ich war weiterhin der festen Überzeugung, dass diese Kleinen ihre Mutter nicht in volltrunkenem Zustand sehen sollten.

Als sie schliefen, holte ich die Flaschen aus dem Schrank. Eine Zeit lang starrte ich sie an. Meiner Meinung nach gab es in dieser Welt keinen Grund, warum ich mich nicht betrinken sollte. Seit neun Jahren war ich trocken und clean. Ich hatte die anderen dabei beobachtet, wie sie sich amüsierten, während ich mich zurückhielt und das von ihnen angerichtete Chaos beseitigte. Das erschien mir unfair.

Ich dachte intensiv nach, den Blick auf diese Flaschen gerichtet. Ich öffnete die mit Irish Cream, um mir ein Glas einzuschenken.

Dann ging ich zurück ins Schlafzimmer und sah die Bibel auf dem Nachttisch.

Ich dachte an den Gott meiner Nüchternheit. Ich wollte Ihm eine letzte Chance geben.

»Okay, Gott, so sieht's also aus«, sagte ich mit erhobener Stimme in diesem kleinen, kitschigen Zimmer. »Du hast eine Chance. Nenne mir einen guten Grund, warum ich keinen Alkohol trinken sollte.«

Ich öffnete die Bibel an irgendeiner Stelle und las den Vers, auf dem mein Daumen ruhte.

»Du kannst nicht zwei Herren zugleich dienen«, las ich laut vor.

Das genügte mir.

Es kam nicht darauf an, was jemand anders tat oder unterließ. Als ich trank und fixte, war mein Leben von Alkohol und

Drogen beherrscht. Ich ging in die Küche und goss den Inhalt beider Flaschen ins Spülbecken.

Im Laufe der Wochen forderte mir das Leben ein wenig Aktivität ab. Die Inventarverzeichnisse der Versicherung, Verhandlungen, Aufräumarbeiten und Wiederaufbaupläne beanspruchten meine Aufmerksamkeit. Ich war ängstlich und unsicher, aber ich hatte keine Wahl. Ich musste über vieles nachdenken und mich an die Arbeit machen. Bestimmte Dinge duldeten keinen Aufschub. Als mit dem Wiederaufbau tatsächlich begonnen wurde, hatte ich noch mehr zu tun. Ich traf Entscheidungen, die mehrere 1000 Dollar betrafen, arbeitete eng mit den Handwerkern zusammen und unternahm alles Mögliche, um die Kosten zu senken und das Projekt voranzutreiben. Dazu bedurfte es auch des körperlichen Einsatzes, wie ich ihn seit langem nicht mehr kannte. Je intensiver ich mich beschäftigte, desto besser fühlte ich mich. Allmählich vertraute ich meinen Entscheidungen. Ich arbeitete meine Wut und meine Angst zu einem großen Teil ab. Als meine Familie und ich in das Haus einzogen, war mein inneres Gleichgewicht wiederhergestellt. Ich hatte begonnen, mein eigenes Leben zu leben, und das wollte ich auch weiterhin tun.

Mir ging es wirklich gut!

Vielleicht wusste Gott, was ich eigentlich brauchte. Er hatte unter mir ein Feuer entfacht.

Auf jeden Fall bewegte ich mich wieder.

»Liebling, ich habe die Möglichkeit, diese Woche ein paar Tage in Las Vegas zu verbringen. Du hast doch nichts dagegen, oder?«, fragte David, während er freudig vor mir herumtanzte.

Ob ich etwas dagegen hatte? Und ob! Seit Jahren hatten wir keinen längeren Ausflug unternommen, weil uns das Geld für die Rechnungen fehlte. Wie konnte er es da wagen, sich davonzumachen, ja auch nur vorschlagen, eine Reise zu unternehmen?

Das waren meine Gedanken. Doch sofort fühlte ich mich ihretwegen schuldig. Also sagte ich Folgendes:
»Natürlich nicht. Aber versprich mir eines.«
»Was denn?«, fragte er.
»Wenn du nach Las Vegas fährst, dann rühr keinen Alkohol an.«

David versprach es. Ich war so naiv, ihm zu glauben. Dann bat ich ihn um ein weiteres Versprechen. Laura hatte die Prüfung an der Schwesternschule bestanden, weshalb ich für sie eine Party in unserem neu ausgestatteten Haus veranstalten wollte. Nach Davids Rückkehr aus Las Vegas sollte es für 80 Gäste festlich geschmückt sein.

Schon in den ersten 24 Stunden nach Davids Abreise übermannte mich von neuem dieses flaue Gefühl, diese abgrundtiefe, schmerzliche Angst. Ich wusste, dass etwas nicht stimmte, und wählte die Telefonnummer, die er mir hinterlassen hatte.

»Trinkst du wieder?«, fragte ich in jenem jammernden, anklagenden, co-abhängigen, nörgelnden, kontrollierenden Ton.

Ich hörte nichts außer gluck, gluck, gluck, als er den Whiskey oder Wodka oder das Bier oder irgendein anderes alkoholisches Getränk hinunterschluckte.

Dann legte er auf.

Ich rief ihn sofort zurück.

»David? David?«, schrie ich. »Du trinkst schon wieder!«
Klick.

Ich saß am Tisch und wählte – zwanghaft, wie besessen – den ganzen Nachmittag bis in die Abendstunden immer dieselbe Nummer.

David war schlau. Oder betrunken. Oder völlig betäubt. Jedenfalls meldete er sich nicht.

Unverzagt bemühte ich mich, ihn zu erreichen.

Wenn ich ihn nur dazu bringe, den Hörer abzunehmen, wird er die Flasche wegstellen, ins Flugzeug steigen und nach

Hause kommen, dachte ich. *Wenn ich ihn nur dazu bringe, zu antworten, wird alles gut werden.*

Um zehn Uhr abends gab ich meine Versuche auf. Ich schaute mich im Zimmer um. David hatte die Kontrolle über sich verloren. Er log. Er betrank sich. Er brach die Versprechen, die er mir gegeben hatte. Und ich? Morgen würden 80 Personen in mein Haus kommen. Es war schon spät, und ich hatte noch nicht angefangen, zu kochen und sauber zu machen.

Fast den ganzen Tag hatte ich am Telefon gesessen, um obsessiv immer wieder dieselbe Nummer zu wählen und einen Betrunkenen zu zwingen, den Hörer abzunehmen.

Vielleicht, ja vielleicht war auch ich außer Kontrolle geraten.

Dort am Tisch, zwischen den verzweifelten Bemühungen, ihn an den Apparat zu bekommen, erlebte ich mein zweites geistiges Erwachen.

Zum ersten Mal in unserer Ehe hörte ich auf, mit dem Finger auf David zu zeigen.

Zum ersten Mal sah ich mich selbst.

Es war Zeit, auf Abstand zu gehen, meinen Ehemann loszulassen und mich um mein eigenes Wohl zu kümmern. Was das genau bedeutete, würde sich mit der Zeit herausstellen und je nach Situation neue, intensivere Formen annehmen. An diesem Abend drehte es sich darum, den Telefonhörer nicht mehr abzuheben, das Haus zu säubern, das Essen vorzubereiten und David darüber entscheiden zu lassen, ob er nüchtern oder betrunken sein wollte.

Als am nächsten Tag die Party in vollem Gange war, läutete das Telefon.

David befand sich am Flughafen in Minneapolis. Er hatte kein Geld. Ich sollte ihn abholen.

Es ist interessant festzustellen, wie Verhaltensweisen wie das Loslassen und Sich-Distanzieren Zeit und Raum übersteigen. Er konnte meine innere Veränderung spüren, obwohl wir

2400 Kilometer voneinander getrennt gewesen waren. In dem Augenblick, da ich einen Rückzieher machte, stellte er die Flasche weg und trat den Heimweg an.

Ich holte tief Luft, und dann sprudelte es nur so aus mir heraus. Ich hatte alles getan, was in meinen Kräften stand, um ihn zur Abstinenz zu bewegen, uns ein schönes Zuhause einzurichten und nicht das zu verlieren, was ich so dringend brauchte – meinen Traum von der Familie.

»Du bist nach Las Vegas abgehauen. Du hast dich dort sehr gut zurechtgefunden. Im Moment gebe ich eine Party«, sagte ich. »Ich bin felsenfest davon überzeugt, dass du auch ohne meine Hilfe nach Hause kommst, wenn du es wirklich willst.«

Klick.

Diesmal war ich diejenige, die auflegte.

Bei meinem ersten Al-Anon-Gruppentreffen brach ich in Tränen aus. Ich war zu nichts anderem fähig, als dazusitzen und zu weinen. Aber wenigstens empfand ich wieder meine durchaus berechtigten Gefühle, anstatt mit dem Finger auf David zu zeigen und zu brüllen: *Schau nur, was du mir gerade angetan hast.*

In den folgenden Monaten entdeckte ich eine neue Stärke. Sie bestand darin, die eigene Ohnmacht, die Niederlage erneut zuzugeben. Diesmal war ich nicht gegenüber dem Alkohol machtlos, sondern gegenüber den Auswirkungen, die die Trunksucht eines anderen auf mich hatte.

Ich begriff allmählich, welche Stärke ich dadurch erlangte, dass ich mich von Menschen und Dingen löste, die ich ohnehin nicht kontrollieren konnte, und lernte, mich auf die Hege und Pflege meiner selbst zu konzentrieren. Aufgrund meiner Erfahrungen mit Alkohol und Drogen hätte ich von Anfang an klüger sein müssen; schließlich hatte mich auch niemand davon abbringen können. Aber ich war es nicht. Ich verglich meine Abhängigkeit mit der von David. Obwohl ich mit der Zeit erkannte, dass er tatsächlich Alkoholiker war, täuschte ich mich zunächst doch, eben weil er nicht ganz so schlimm, nicht ganz so sehr außer Kontrolle war wie ich in meiner Drogenphase.

Das war eine der wirksamsten Lektionen, die ich je lernen sollte und die immer wieder auftauchen würde – wie eine Prüfung. Sie gehörte zu jenen Erfahrungen, die ich einfach machen musste, wie der Babalawo sagte.

Aus der Asche dieses Feuers trat ein anderer Traum hervor. Ich verspürte den fast zwanghaften und unstillbaren Wunsch, ein Buch über meinen Lernprozess zu schreiben, um Menschen zu helfen, die – wie ich – co-abhängig waren oder es immer noch sind.

Nachdem das Haus wieder hergerichtet war, erstanden David und ich günstig ein Haus in Stillwater, das in einer besseren Umgebung lag. Wir ließen die Pleasant Avenue und den dort verbrachten Lebensabschnitt hinter uns. Ich wusste nicht, ob ich bei ihm bleiben sollte oder nicht, also beschloss ich, fürs Erste loszulassen, die Ehe fortzuführen und darauf zu warten, dass sich das Problem von selbst löste.

Kurz nach dem Umzug wurde bei Laverne ein Karzinom in der Herzgegend diagnostiziert. Sie starb einige Jahre später und ließ ihre beiden kleinen Kinder allein zurück. Die Kings trennten sich. Er brannte mit seiner Sekretärin durch, bekam dann Krebs und starb ebenfalls. George und Laura Sampson sind immer noch zusammen und bis auf den heutigen Tag meine guten Freunde.

Im Gegensatz zum Alkohol- und Drogenentzug bereitete mir der innere Heilungsprozess in Sachen Co-Abhängigkeit bald Vergnügen. Ja, er war wirklich angenehm. Sobald ich damit begonnen hatte, gab es kein Zurück mehr. Ich wollte nicht aufhören und wieder co-abhängig werden.

Das ist die kleine Geschichte, die meinem Buch *Die Sucht, gebraucht zu werden (Codependent No More)* zugrunde liegt.

Vielleicht stimmt es, dass die Co-Abhängigkeit mit Adam und Eva im Garten Eden anfing. Aber die Möglichkeiten, sich von ihr zu befreien, gibt es schon genau so lange.

Rav Brandwein war ein Rabbi, der die Kabbala – jene auf alter Mystik beruhende jüdische Geheimlehre – studierte und darstellte. Er schrieb: »Sobald ein Mensch diesen Weg des Wissens beschreitet, schaut er nach innen und lernt, sich selbst zu heilen, anstatt dauernd andere Menschen heilen zu wollen.«

Hmm. Klingt für mich ganz so, als spräche er von der Überwindung der Co-Abhängigkeit.

Bis zum Äußersten

Abigail war eine kräftige junge Frau skandinavischer Abstammung. Sie war Anfang 20 und kam aus Minnesota, Wisconsin, Iowa oder möglicherweise Dakota – jedenfalls aus einem Staat im mittleren Westen. Wenn man sie ansah, wirkte sie zunächst eher unscheinbar. Doch bei genauerer Betrachtung verwandelte sie sich und wurde hübsch. Sie sprach ruhig – mit einer Stimme, die einen näher heranrücken und aufmerksamer zuhören ließ, damit man nichts verpasste von dem, was sie sagte.

Ich betete jeden Tag für Abigail. Ich bat Gott, sie zu segnen, ihre finanzielle Situation, ihre Arbeit, ihre Karriere, ihren Erfolg wohlwollend zu beeinflussen. Ich bat Ihn, Abigail angenehme Gefühle zu bescheren, für sie zu sorgen, und zwar mit aller Macht. Meine Gedanken und mein Herz waren fast immer erfüllt von ihr, und so betete und betete ich für sie. Sobald sie mir in den Sinn kam, übermittelte ich ihr und ihrem gesamten Umfeld ganz bewusst positive Energien.

Aber ich betete nicht für Abigail, weil ich sie mochte.

Ich betete für sie, weil ich sie beneidete, nicht ausstehen konnte und verachtete.

Dabei hatte sie mir nicht das Geringste angetan. Doch sie besaß das, was meiner Meinung nach mir zustand – eine Vollzeitbeschäftigung als Reporterin bei der Tageszeitung in der kleinen Stadt Stillwater, in der ich lebte. Abigail hatte alles, was ich wollte und offenbar nicht erlangen konnte – die Fähigkeit, mit dem Schreiben einen zumindest angemessenen Lebensunterhalt zu verdienen, einen Hochschulabschluss im Fach Journalistik und den Job bei der Zeitung, den ich als den meinen betrachtete. Vor allem aber war sie imstande, klar, selbstsicher, prägnant, ehrlich, interessant und *schnell* zu schreiben.

Ich hasste Abigail.

Wenn du Ressentiments hast, dann bete für die Person, auf die sie sich richten, sagten meine Freunde. *Ressentiments verzehren dich innerlich. Sie bringen dich um, lassen dich wieder zur Flasche greifen, zwingen dich in einen Zustand geistiger und gefühlsmäßiger Unzufriedenheit, Zersplitterung, Finsternis. Ressentiments sind schlecht. Sie schaden deiner geistigen, seelischen und körperlichen Gesundheit. Hege keine Ressentiments. Liebe die Menschen. Denke positiv an sie – besonders an diejenigen, die du hasst.*

Deshalb betete ich täglich für Abigail – manchmal sogar zehnmal. So stark war meine Abneigung gegen sie. Ich konnte nichts dagegen tun. Diese Gefühle verfolgten mich.

Inzwischen bewohnten David und ich ein kleines Siedlungshaus in Stillwater. Ich hatte mir geschworen, nie in ein solches Haus zu ziehen, aber meine Mutter verkaufte gerade eine Immobilie und machte mir ein günstiges Angebot. Obwohl ich das Haus an der Pleasant Avenue in Minneapolis sehr mochte, hatten David und ich gespürt, dass die Zeit dort vorbei war. Außerdem verfügte Stillwater über ein hervorragendes Schulsystem und war wohl ein passender Ort, um die Kinder großzuziehen. Dort würden wir uns sicher fühlen.

Das Gebäude, in dem sich die *Stillwater Gazette* befand, entdeckte ich sofort, als wir in dieses historische, viktorianische Bilderbuchstädtchen am Ufer des St. Croix River, an der Grenze zwischen Minnesota und Wisconsin, kamen. Die *Gazette*, damals die älteste amerikanische Tageszeitung in Familienbesitz, wurde im ganzen Umkreis gelesen. Schon beim ersten Blick aus dem Auto auf das Bürohaus wusste ich, dass ich dort einmal als Reporterin arbeiten sollte.

Als ich mich dann mit meinem Lebenslauf in der Hand persönlich vorstellte, erfuhr ich, dass sie gerade zu diesem Zeitpunkt einen Reporter suchten. Das Problem war nur, dass ich, anders als Abigail, keinen Hochschulabschluss in Journalistik vorweisen konnte. Der Eigentümer und Herausgeber der Zeitung, John Easton, gab deshalb Abigail den Vorzug.

Als David, die Kinder und ich nach Stillwater zogen – an jenem Tag, da wir die Kartons ins Haus trugen und sie in den kleinen Zimmern stapelten, in die das ganze Haus zerstückelt war –, ahnte ich, dass dies ein Ort der Verwandlung sein würde. Ich wusste, dass sich die Scheidung, vor der ich mich fürchtete – und damit der Verlust der ersten Familie, die ich je hatte – bereits anbahnte.

Seit Jahren schwankte ich nun ungefähr einmal im Monat, ob ich die Ehe fortführen oder beenden sollte. Schon einige Male hatte ich mit David Schluss gemacht. Wir stritten uns, und dann warf ich ihn hinaus, oder er ging freiwillig. Aber Tage oder Wochen später, wenn die alten Ängste vor dem Alleinsein wieder auftauchten, küssten und versöhnten wir uns wieder. Eine Zeit lang kamen wir bestens miteinander aus, bis diese unangenehme und zugleich vertraute Unterströmung aus Ressentiment, Misstrauen, Verrat und manchmal sogar blankem Hass erneut spürbar wurde.

Während des vergangenen Jahres hatten wir die unschöne Angewohnheit entwickelt, einander zu ignorieren. Wir waren wie Fremde, die unter einem Dach lebten. Es hatte eine Zeit gegeben, in der wir uns Liebe und Fürsorge entgegenbrachten, doch durch Davids Alkoholismus und meine Co-Abhängigkeit war die Beziehung nach und nach zerstört worden. Jetzt blieben wir nur noch aus anderen Gründen zusammen. Wir fühlten uns schuldig bei dem Gedanken, die Scheidung einzureichen. Wir hatten Angst, allein zu sein und nicht zu wissen, was als Nächstes geschehen sollte. Und es beunruhigte uns, dass das vorhandene Geld für zwei Haushalte nicht ausreichen würde.

Darüber hinaus liebten wir unsere Kinder.

David vergötterte Nichole und Shane, und sie vergötterten ihn. Er erzählte ihnen Geschichten und raufte mit ihnen, wie es nur ein Vater vermag – zumal ein so großer Mann wie David. Die Kinder wollten nicht, dass wir uns trennten. Und wir wollten ihnen nicht das Herz brechen; keinesfalls sollten sie die Leidtragenden einer gescheiterten Ehe sein.

Folglich taten wir so, als ob alles in Ordnung wäre. Die Überwindung der Co-Abhängigkeit, versicherte ich mir, führt nicht zwangsläufig dazu, dass man den Alkoholiker *verlässt*, sondern verlangt, wie mir ein Al-Anon-Mitglied erläuterte, *dass man das eigene Leben in den Griff bekommt*. Ich kannte viele genesende Co-Abhängige, die sich entschieden hatten, beim alkoholkranken Partner zu bleiben. Aber ich kannte auch viele, die zu der Überzeugung gelangt waren, es sei besser, ihn sitzen zu lassen. Ich wusste nicht genau, welchen der beiden Wege ich einschlagen sollte.

Manchmal wollte ich die Sache selbst in Angriff nehmen, das Problem forcieren und mich von der Angst vor den Unwägbarkeiten meiner Ehe befreien, aber irgendwie waren mir die Hände gebunden. Jedes Mal, wenn ich herauszufinden versuchte, was ich tun sollte oder was geschehen würde, bekam ich die gleiche Antwort: Lass los und kümmere dich um dein Wohlergehen. Deine Ehe – oder deine Scheidung – wird sich von allein klären.

Die Kinder gewöhnten sich rasch ein. Nichole liebte ihre neue Schule und Shane seinen Kindergarten. Er nahm sogleich an sportlichen Aktivitäten teil, die ihn schon begeistert hatten, seitdem er einen Ball fangen konnte. Nichole schloss neue Freundschaften. Und wir hatten einen großen Garten hinterm Haus.

Unsere finanzielle Lage war weiterhin sehr angespannt. Ich konnte immer noch keine Kleidung für die Kinder oder für mich kaufen. Unsere gesamte Garderobe stammte vom Flohmarkt oder aus Secondhandshops. Meine Mutter hatte mir wenigstens geholfen, einen erschwinglichen Gebrauchtwagen zu finden. So besaß ich zum ersten Mal seit Beginn der Abstinenz und meiner Ehe ein eigenes Fahrzeug. Da jetzt beide Kinder tagsüber außer Haus waren, hatte ich mehr Zeit, mich dem Schreiben zu widmen.

So startete ich zwei Projekte. Zum einen ging ich jede Woche zur *Stillwater Gazette* und bedrängte John Easton, den Herausgeber, mich als Reporterin anzustellen, obwohl er bereits Abigail in die Redaktion aufgenommen hatte und ich ihren Namen täglich in der Zeitung las.

Zum anderen setzte ich mich an den Schreibtisch und entwarf ein Exposé zu dem Buch, das ich im Herzen trug und das sich an Co-Abhängige richtete, an jene also, die – genau wie ich – dachten, alles richtig zu machen, indem sie andere Menschen, zumeist Alkohol- und Drogenabhängige, umsorgten und kontrollierten, anstatt sich um die eigenen Belange zu kümmern.

John Easton sagte mir immer wieder, dass er mich nicht beschäftigen wolle, da Abigail ihre Aufgaben mit Bravour erledige.

Und alle 20 Verleger, denen ich das Exposé zugeschickt hatte, lehnten es höflich ab: »Gute Grundkonzeption, die allerdings nicht in unser Programm passt.« Ein Lektor fügte hinzu: »Außerdem sind wir der Meinung, dass es da draußen gar nicht so viele Co-Abhängige gibt.«

Trotzdem ließ ich John Easton keine Ruhe und betete zugleich für Abigail.

Ich räumte die Schachteln weg, in denen sich das Forschungsmaterial zu dem Buch über Co-Abhängigkeit befand, das ich leidenschaftlich gerne schreiben wollte. Aber ich konnte es mir nicht leisten, ein Buch zu verfassen, das keinen Verlag interessierte.

Es war an der Zeit, zumindest so viel loszulassen.

∞

Ich stand auf dem Parkplatz vor dem Gerichtsgebäude in Stillwater, Minnesota. Gerade hatte der Richter David und mich geschieden. David war aus dem Haus ausgezogen.

Ich hatte bereits das Manuskript von *Codependent No More* abgegeben. Einer der Verlage, ein auf das Thema »Innere Heilung« spezialisiertes Unternehmen am Ort, das ganz oben auf meiner Wunschliste stand, hatte seine Meinung geändert. Eines Tages erhielt ich völlig unerwartet einen Anruf: »Wir wollen das Buch machen.«

Und der Lektor hatte noch hinzugefügt: »Sofort!«

Der Entschluss, mich scheiden zu lassen, war ebenso plötzlich gefallen, während ich an diesem Buch saß – in meinem Arbeitsraum im Keller, einem Gelass aus Zement, ohne Fenster und kleiner als die meisten Badezimmer. Ich schrieb gerade über das ABC der Co-Abhängigkeit – Alkoholiker, Grenzen (Boundaries) und Kontrolle (Control) –, als ich folgende Worte zu Papier brachte: *Beziehungen, die einen unglücklich machen, muss man nicht fortsetzen.* Da wurde mir bewusst, dass ich mich damit nicht nur an mögliche Leser wandte.

Ich sagte diesen Satz zu mir selbst.

Plötzlich hatte ich einen Anfall von Hellsicht. Eine Scheidung war weitaus besser und liebevoller für uns alle, als ständig meinen wütenden Gedanken in Bezug auf David nachzuhängen – zum Beispiel die Jahre zu zählen, bis er alt wäre und an Trunksucht sterben würde. Dann wäre ich endlich frei.

Ich ging nach oben und teilte David mit, dass wir uns jetzt endlich scheiden lassen sollten. Im Gegensatz zu früher lagen in meiner Stimme weder Zorn noch Bosheit. Es war eine klare, ruhige Entscheidung – das deutliche Gefühl, dass wir nicht länger warten durften.

David blickte über die Zeitung, die er gerade durchblätterte, zu mir, nickte und las dann weiter. Ich wiederholte, was ich gesagt hatte. Er reagierte nicht. Wir beide wussten, dass jeder weitere Aufschub keinen Sinn machte. Unsere Ehe war schon seit Jahren tot. Die Scheidung – das Begräbnis dieser toten Verbindung – war schon seit langem überfällig: der letzte Schritt im Trauerprozess, der vor Jahren begonnen hatte.

Bald danach brachte ich die Nachricht schonend den Kindern bei. Nichole, damals acht Jahre alt, litt sehr darunter, stellte sich aber sofort der Herausforderung. »Wir schaffen's schon«, sagte sie und umarmte mich fest, als wollte sie mich beruhigen. »Ich kenne viele Eltern, die sich scheiden lassen.«

Shane war zutiefst traurig. Wir versuchten, ihm die Nachricht so lange wie möglich zu verheimlichen. Ich erzählte ihm jeweils nur so viel, wie er meiner Meinung nach aufnehmen konnte, bis er schließlich verstand. Daraufhin schlossen wir drei – Nichole, Shane und ich – einen Pakt: Was auch geschähe, wir wollten eine richtige Familie sein. Wir schworen uns, dass wir uns nicht weiter voneinander entfernen, sondern im Gegenteil noch näher zusammenrücken wollten. Und wir versprachen uns, dass die Kinder auch in Zukunft Kinder sein sollten – Shane müsste also nicht den Mann im Haus spielen – und dass ich mein Bestes tun wollte, sowohl die Mutter- als auch die Vaterrolle zu übernehmen.

Wir trafen die Abmachung, dass wir immer zusammen bleiben und einander lieben würden, ungeachtet aller Umstände.

Inzwischen hatte auch John Easton von der *Stillwater Gazette* seine Einstellung geändert, zumindest teilweise. Abigail arbeitete weiterhin ganztags als Reporterin. Aber ich wurde als freie Mitarbeiterin engagiert und verdiente 25 Dollar pro Story. Während Abigail täglich zwei oder drei Storys produzierte, leise und zurückhaltend die Leute interviewte, sie so dazu brachte, laut zu reden und ihr aufgeregt die Tatsachen zu schildern, schrieb ich im Schneckentempo an zwei Tagen eine Geschichte und gab sie dann ab, um meine Belohnung zu erhalten – 25 Dollar und die Verfasserzeile unter einem Artikel, der irgendwo im hinteren Teil der Zeitung versteckt war.

O Gott, wie ich Abigail doch hasste!

Seit der Scheidung waren Monate vergangen. Während meiner Ehe hatte ich wenigstens nachts im Bett einen Körper neben mir gehabt. Und nun hatte ich gerade den Zustand überwunden, nachts mit dem Telefon in der Hand zu schlafen, auf dem die ersten beiden Ziffern (91) der Notrufnummer bereits eingetippt waren, sodass ich nur noch die letzte 1 tippen musste, falls jemand ins Haus einbrach. Das Alleinsein hatte mir viel mehr Angst gemacht, als ich mir vorgestellt hatte. Es handelte sich um eine der schlimmsten, verborgensten Ängste, mit denen ich in meinem Leben bisher konfrontiert war. Und nur ganz allmählich begriff ich, wie sehr sie mich von innen her steuerte und insgeheim darüber bestimmte, was ich tun beziehungsweise unterlassen sollte.

David war arbeitslos. Er hatte es nicht leicht ohne mich, ohne die Frau, die daheim Wache stand und wie eine selbst ernannte Nüchternheitspolizistin agierte. Seine Arbeitslosigkeit hieß aber auch, dass ich von ihm keine Unterhaltszahlungen mehr für die Kinder bekam.

Jedes Mal, wenn ich bei der *Gazette* einen Artikel ablieferte, beobachtete ich Abigail sehr genau. Sie konzentrierte sich erst auf ihr Interview, dann auf ihre Notizen und hämmerte anschließend ihre Texte herunter – manchmal drei Stück am Tag.

Nachdem ich jede ihrer Gesten verfolgt hatte, begann ich ein Spiel mit mir selbst. Ich würde mein Interview führen, hinterher in meinen kleinen Arbeitsraum gehen und auf den Tisch eine Sanduhr oder einen Wecker stellen. Ich gab mir ein Zeitlimit vor. *Schneller, schneller, schreib schneller,* trieb ich mich an. *Wenn Abigail das kann, kannst du es auch.* Obwohl ich weiterhin jeden Tag für Abigail betete, hatten wir beide ein Gespräch begonnen und uns angefreundet. Auch wenn ich Ressentiments gegen sie hegte, gab sie mir doch irgendwie Kraft.

Ich war nahe daran, meine Schriftstellerei aufzugeben. Gewiss, ich hatte mir manche handwerkliche Fertigkeit angeeignet und seit meiner zweiten Schwangerschaft versucht, diesen Beruf weiter auszuüben; aber nach der Scheidung schien es mir am ratsamsten, damit aufzuhören. Ich brauchte eine Ganztagsbeschäftigung mit einem festen Monatsgehalt, Lohnfortzahlung bei Krankheit und einer Krankenversicherung. Aber ich war innerlich zerrissen. Ich hatte so hart dafür gearbeitet, meinen Weg zu gehen, wohin er mich auch geführt haben mochte. Es widerstrebte mir zutiefst, meinen Traum jetzt zu vergessen. Außerdem wollte ich nicht 40 Stunden in der Woche von zu Hause weg sein. Es gefiel mir, morgens die Kinder nach draußen gehen zu sehen. Gerne war ich nachmittags da, wenn sie zurückkamen, selbst wenn ich gerade unten in meinem kleinen Büro saß und angestrengt an einem Artikel schrieb. Ich genoss ihre Nähe, wenn sie krank waren und nicht in die Schule durften. Ich war froh, dass ich sie in den Ferien beaufsichtigen konnte – und nicht einen Babysitter oder einen Kinderhort damit beauftragen musste.

Ich ging die Main Street in Stillwater entlang, voller Angst davor, was als Nächstes zu tun war. Ich dachte, dass ich mir tatsächlich einfach eine geregelte Ganztagsbeschäftigung suchen sollte. Dann kam mir ein anderer Gedanke: Nur weil du jetzt geschieden bist, brauchst du doch nicht deine Herzenswünsche aufzugeben. Warum meinst du, Gottes Willen nicht vertrauen zu können?

Bei der Scheidung war ich gezwungen, mehrere 1000 Dollar Schulden zu übernehmen. Um meine Kreditwürdigkeit wiederherzustellen, musste ich nicht nur meine monatlichen Rechnungen begleichen, sondern dazu noch die alten Schulden abtragen.

Diese finanziellen Probleme behandelte ich mit dem größten Verantwortungsbewusstsein, zu dem ich fähig war. Eine Zeit lang hatte ich die Belege in der Schublade versteckt und gehofft, dass sie gar nicht existierten, wenn ich sie nicht sähe. Die Schuldeneintreiber riefen immer wieder bei mir an. Und obwohl ich die Rechnungen nicht sehen konnte, schienen auch sie ständig meinen Namen zu rufen. Ich wich ihnen so lange wie möglich aus, aber dann musste ich kapitulieren. Der Schuldenberg erzürnte und überforderte mich in höchstem Maße. Aber ich selbst hatte mich ja in dieses Chaos hineinmanövriert, ich hatte David geheiratet und mich von ihm scheiden lassen, ich war verantwortlich für mich – und für all die Rechnungen.

Ich holte sie aus der Schublade und legte sie in netten kleinen Stapeln aufeinander. Dann telefonierte ich mit meinen Gläubigern und sagte ihnen, dass ich mein Bestes tun wolle, auch wenn ich monatlich jeweils nur fünf Dollar überweisen könne. Ich verfügte zwar nicht über die Mittel, alle Schulden auf einmal abzubezahlen, aber ich war zumindest imstande, ihnen mit einem gewissen Verantwortungsgefühl und Vertrauen zu begegnen. Ich erstellte eine Art Haushaltsplan, der mir genau zeigte, wann ich für jede Rechnung die entsprechenden Zahlungen leisten musste und welche Einkünfte ich brauchte, um über die Runden zu kommen.

Ich hielt meine finanziellen Ziele schriftlich fest. Anschließend ging ich noch einen Schritt weiter. Ich nahm ein zweites Blatt Papier zur Hand und notierte darauf meine Träume. Wenn alles möglich wäre, wenn ich alles haben könnte, was ich mir wünschte, ohne damit irgendeinen Schaden anzurichten – was sollte dann in meinem Leben geschehen? Schauen wir mal, dachte ich, am Bleistiftende knabbernd. Geld auf der Bank. Einige neue Kleidungsstücke für die Kinder. Und genug zu essen.

Der Aufwand lohnte sich. Meine Einstellung änderte sich um 180 Grad. Trotzdem deckten die monatlichen Einnahmen auch nicht annähernd die Ausgaben. Ich gab mir große Mühe, aber allmählich machte sich innere Erschöpfung bemerkbar.

Einmal war ich völlig pleite. An einigen Artikeln arbeitete ich länger als geplant. Ein Scheck traf nicht zum vorgesehenen Zeitpunkt ein. Ich konnte meine Mutter nicht um weiteres Geld bitten. Sie hatte David und mir schon viel zu oft ausgeholfen. Meine Armut belastete unsere Beziehung mehr und mehr.

Auf Gott zu bauen, ist gut und schön, dachte ich, ebenso wie der Versuch, meinen Traum vom Schriftstellerleben zu verwirklichen. Doch meine Verbindung zum Universum war ein wenig co-abhängig geworden. Mir schien, als würde ich dauernd nur geben, ohne dafür etwas zurückzubekommen.

Gottes Willen auszuführen, ist schön und gut, sagte ich mir. Aber Gott sollte auch wissen, dass man Geld braucht, um in dieser Welt bestehen zu können.

∾

Ich stieg ins Auto und fuhr zu dem kleinen Gebäude in Stillwater, das ich schon gut kannte, weil ich mich regelmäßig dort hinein- und herausschlich. Ich wollte nicht, dass jemand mich sah, mich dabei ertappte. Ich musste mich beeilen. Ich war spät dran und völlig verzweifelt. Ich hatte nichts mehr, keinen einzigen Dollar in meinem Geldbeutel. Die Kinder und ich waren bei der letzten Kartoffel und einer Dose grüne Bohnen angelangt. Mir blieb keine andere Wahl, als zum Nahrungsmittelregal der Fürsorge zu gehen.

Ich hielt auf dem leeren Parkplatz vor dem Gebäude. Es war Montagabend. Drinnen brannten keine Lichter. Ich ging zum Eingang. »Kommen Sie Mittwoch wieder«, stand auf dem Schild.

Ich ging zum Auto zurück, legte meinen Kopf aufs Steuer und weinte. Ich war so stark gewesen, wie ich nur konnte. Daheim saßen die hungrigen Kinder und warteten. Ich war ausgelaugt, müde und fertig.

Arm zu sein, kostete viel Kraft, und die hatte ich nicht mehr. Ich hatte genug davon, zu jonglieren, zu hoffen, zu entbehren, die Gläubiger abzuwimmeln und den Kindern zu erklären, warum sie in ihrer Klasse die Einzigen waren, die mit Secondhandkleidern und spärlichem Essen auskommen mussten.

Ich wollte nicht mehr stark sein. Und ich hatte keine Ahnung, was ich tun sollte.

»Bald brauchst du dir ums Geld keine Sorgen mehr zu machen – es sei denn, du willst das«, sagte eine Stimme leise. Ich bekam eine Gänsehaut an den Armen und im Nacken. Mir war klar, dass ich eigentlich keine Stimme hörte, sondern die Gedanken in meinem Kopf. Aber diese Gedanken waren nicht die meinen.

Diese Stimme hatte ich schon einmal vernommen, und zwar während meines Aufenthalts im Willmar State Hospital, wo man mich nicht entlassen wollte, ehe ich nicht eine Arbeit hatte. Ich war die Stellenanzeigen durchgegangen und in der ganzen Stadt unterwegs gewesen, ohne eine Beschäftigung zu finden. Ich hatte mich für alle möglichen Jobs beworben, unter anderem als Verkäuferin und als Bedienung. Nachdem ich zwei Monate lang immer wieder auf Ablehnung gestoßen war, hatte ich die Hoffnung verloren. Als ich dann eines Tages an einer Straßenecke in Willmar stand und auf den Bus zum Krankenhaus wartete, sprach dieselbe Stimme zu mir. Sie gab mir deutlich zu verstehen, hinter mich zu schauen und die Treppe hochzugehen – was ich dann auch tat. Sie führte zum angesehensten und bekanntesten Anwaltsbüro der Stadt. »Geh hinauf und sag dem Leiter der Kanzlei, dass du im State Hospital wohnst und auf Arbeitsuche bist.« Ich zögerte. Wenn ich das sagte, würde ich nie eine Anstellung bekommen. Trotzdem tat ich genau das, was die Stimme verlangte.

Ich betrat das Büro und bat darum, mit dem Chef zu sprechen. Er war da und erklärte sich bereit, mich zu empfangen. Ich erzählte ihm, dass ich alkohol- und drogenabhängig gewesen, jetzt aber trocken und clean sei, dass ich im State Hospital wohne und eine Arbeit bräuchte.

Er räusperte sich, sagte, das sei ein glücklicher Zufall, weil er gerade daran gedacht habe, eine weitere Sekretärin einzustellen. Er fügte hinzu, für die Probleme mit dem Alkoholismus durchaus Verständnis zu haben. Ein Mensch, der ihm nahe stehe, leide nämlich ebenfalls unter dieser Krankheit.

Zwei Wochen später rief er mich an und gab mir den Job.

Deshalb erkannte ich die Stimme wieder an jenem finsteren Abend vor der Fürsorge.

Es war mein Engel. Und er sprach erneut zu mir.

Ich startete den Motor und fuhr zurück nach Hause. Die Kinder und ich teilten das restliche Essen – die Kartoffel und die Dose Bohnen; wir erinnerten uns daran, dass wir für das, was wir hatten, dankbar sein wollten. Eine Million Dollar kam nicht so einfach durch die Tür geflogen. Auch befand sich kein Scheck in der Post. Aber an diesem Abend erlebte ich eine innere Veränderung.

Ich war erfüllt von Hoffnung und Ruhe.

Mir fiel etwas ein, das ich aufgrund meiner Angst und der Entbehrungen fast vergessen hatte: Wenn ich der Stimme des Herzens folgte und den Weg des Schicksals ging, der mich ins Verheißene Land führen sollte, würden alle meine Bedürfnisse gestillt werden. Der Haken ist nur der: An manchen Tagen habe ich vielleicht ein bisschen mehr als nötig; an anderen jedoch werden meine Bedürfnisse erst nach und nach befriedigt.

∞

Verlegen betrat ich John Eastons Büro in der *Stillwater Gazette*. Endlich, endlich war er – nachdem ich ihm monate- und jahrelang unerbittlich in den Ohren gelegen hatte – bereit gewesen, mich als Redakteurin fest anzustellen. Abigail und ich kamen gut miteinander aus. Ich betete nicht mehr für sie – oder sagen wir: kaum noch.

Und jetzt musste ich kündigen. Es musste etwas geschehen. Ich wollte unbedingt inneren Druck loswerden, möglicherweise wieder als Freiberuflerin arbeiten.

Ständig erhielt ich Einladungen, Vorträge zu halten, bei kleinen Versammlungen aufzutreten und über das zu sprechen, was ich als Co-Abhängige gelernt hatte. Ich verdiente keine nennenswerten Geldbeträge. Bis ich die Reisekosten beglichen, die bereits gekaufte Kleidung, die ich mir dann doch nicht leisten konnte, zurückgegeben und den Babysitter bezahlt hatte, blieb kaum noch etwas übrig. Am Ende besaß ich etwa genauso wenig wie vorher. Aber ich konnte nicht mehr ausschließlich für die Zeitung arbeiten. In meinem Leben passierte zu viel. Infolge meiner zahlreichen Beschäftigungen – Kinder großziehen, Vorträge halten und Telefongespräche mit Journalisten führen, die mich über *Codependent No More* interviewten – hatte ich mir vor kurzem eine Lungenentzündung zugezogen.

Meine Tätigkeit als Reporterin war mir sehr wichtig gewesen. Ich hatte eine Zeit lang wie eine Obdachlose gelebt und darüber eine Reportage geschrieben. Ich war nach Mittelamerika geflogen, um über die angespannte politische Lage in Honduras zu berichten. Ich hatte Artikel über Morde, Stadtratssitzungen, Alkohol- beziehungsweise Drogenabhängigkeit verfasst und mit großer Leidenschaft an meiner wöchentlichen Kolumne gearbeitet.

Ich konnte kaum die anfallenden Rechnungen bezahlen, aber irgendwie kamen wir über die Runden. Seitdem der Engel zu mir gesprochen hatte, war ich von Gelassenheit und innerem Frieden erfüllt – zumindest über längere Phasen und in Bezug auf meine finanziellen Angelegenheiten.

Ich hatte wieder angefangen, mich mit Männern zu treffen. Naiv war ich in die Welt hinausgegangen in der Überzeugung, dass jeder Mensch – genau wie ich – auf dem Weg der inneren Genesung sei. Die Männer sind bestimmt ehrlich, dachte ich. Endlich kann ich mit denen, die ein ausgeprägtes Verantwortungsbewusstsein haben, echte, sinnvolle Beziehungen aufbauen.

Erst Jahre später sollte ich einige einfache und offenkundige Wahrheiten erkennen. Ich hatte zwar über das ABC der Co-

Abhängigkeit geschrieben, befand mich aber noch am Anfang meines Lern- und Heilungsprozesses. Jetzt erhielt ich im Hinblick auf die Co-Abhängigkeit tiefere Einblicke in drei weitere Cs – *Compassion*, Mitgefühl, *Completion*, Vervollständigung, und *Commitment*, Engagement.

Ich begriff, dass die fürsorgliche Einstellung zur eigenen Person des Mitgefühls bedarf. Sich aus unangenehmen Situationen zurückzuziehen, kann nämlich ein schwieriger und verwickelter Prozess sein. Manchmal tut es sehr weh, loszulassen und seinen Weg allein fortzusetzen. Zu sagen: »Du bist kein Opfer. Kümmere dich einfach um dich«, ist eine Sache, aber diese Worte sanft und mitfühlend auszusprechen – ob zu einem Nachbarn, einem Fremden oder zu einem selbst –, ist eine ganz andere. Ich sah ein, dass das Leben zuweilen vielschichtiger und schwieriger ist als ein Kuchenrezept und dass wir in gewissen Situationen einige heikle Gespräche führen müssen. Dann haben wir nur eine oder zwei Möglichkeiten, von denen uns aber keine behagt; die eine ist völlig unannehmbar und auch die andere würden wir lieber nicht wählen.

Ich erfuhr auch einiges zum Thema »Vervollständigung«. Damit meine ich nicht, dass wir die unerledigten Angelegenheiten mit anderen Menschen zum Abschluss bringen sollen, obwohl auch diese Erklärung hier passen würde. Wann immer ich anderen Leuten von meinen Begegnungen mit einem Mann, einem Seelengefährten, einem Liebhaber erzählte, der mir für eine tiefe, dauerhafte Beziehung geeignet erschien, weil er wie ein bisher fehlender Mosaikstein mein Leben vervollständigen würde, hörte ich immer wieder die gleiche Antwort: »Du bist noch nicht reif für eine Beziehung, und du wirst solange keine haben, bis du weißt, dass du auf deine Art, so wie du bist, bereits vollständig bist.«

Ich fand die Vorstellung von Vollständigkeit irritierend, ärgerlich, frustrierend und manchmal auch gemein. Zum einen deshalb, weil die Frauen, die mir das sagten, ihr ganzes Leben ebenfalls in unbefriedigenden, mittelmäßigen, gestörten Beziehungen gewesen waren und ich keinerlei Hinweise entdecken konnte, ob oder wann sie selbst diese Lektion gelernt hatten. Zum anderen deshalb, weil ich nicht verstand, was sie eigentlich meinten.

Ein ganzer Mensch sein? Natürlich bin ich ganz, dachte ich. *Ich weiß, dass ich vollständig bin. Aber ist es nicht vernünftig, das zu ersehen, was die meisten anderen Menschen haben oder wenigstens zu haben glauben – einen verantwortungsvollen Partner, eine innige Beziehung, eine romantische Liebe?*

Ich brauchte Jahre, um mir über diesen wesentlichen Aspekt klar zu werden. Wenn die Leute darüber sprachen, wie wichtig es sei, sich als vollständigen Menschen zu sehen, so hatten sie völlig Recht. Aber im Grunde deuteten sie damit an, dass man loslassen und auf Abstand gehen soll.

Es ist bewundernswert und gesund, die eigenen Träume realisieren zu wollen und zu wissen, was man erreichen, schaffen, bekommen und gewinnen möchte. Doch ob es dabei um eine Person, einen Zustand, eine Eigenschaft oder einen Wert geht – nachdem wir das Erstrebte identifiziert haben, müssen wir loslassen und uns nicht nur im Geiste (auch wenn das ein günstiger Ausgangsort ist), sondern auch im Herzen und in der Seele bewusst machen, dass wir in Ordnung, vollständig und ausgeglichen sind – ganz gleich, ob unsere Wünsche nun erfüllt werden oder nicht.

Ein Freund kleidete diesen Sachverhalt in folgende Worte: »Weißt du, es geht einfach um die alte zen-buddhistische Weisheit. Sobald du eins bist mit dir selbst, erhält das Leben magischen Glanz. Dann kannst du alles haben, was du willst.«

Darüber hinaus war es für mich bedeutsam, mit der Vorstellung von »Engagement« vertraut zu werden. Als kleines Mädchen hatte ich das Gefühl, dass niemand sich ernsthaft für mich einsetzte. Die Leute ringsum schienen sich noch nicht einmal für die eigenen Belange einzusetzen. Als ich älter wurde und von Alkohol und Drogen loskam, setzte ich mich für meine Abstinenz ein. Dann ging ich eine eheliche Verpflichtung mit meinem Mann David ein, die ich später jedoch annullierte. Ich widmete mich hingebungsvoll meinen Kindern. Ich engagierte mich für mein Schreiben. Und nun wollte ich herausfinden, was es heißt, mir selbst gegenüber unbedingt loyal zu sein.

∽

»Sie haben mehrere Schutzengel«, sagte der Babalawo. »Diese beschützen und bewachen Sie die ganze Zeit. Jeder Mensch hat zumindest einen. Sie müssen einfach an Gott glauben.«
»Ich glaube ja an Ihn«, erwiderte ich. »Aber es geht auch darum, ob Gott will, dass wir eine bestimmte Person oder Sache bekommen.«
»In manchen Fällen ist diese Frage berechtigt«, erläuterte er. »Einige Personen oder Sachen gehören nicht Ihnen, sondern einem anderen. Doch am Glauben sind Sie aktiv beteiligt. Wenn Sie ihn haben, so wissen Sie schon vor dem jeweiligen Ereignis, dass es für Sie bestimmt ist.
Sie besitzen die Fähigkeit, extreme Höhen und Tiefen zu durchleben. Sie können in schlimmste Armut geraten, aber auch großen Reichtum anhäufen. Vergessen Sie jedenfalls nie, dass Ihr persönliches Gegenmittel darin besteht, dankbar zu sein: für das, was Sie haben, und für das, was Sie in all Ihren Facetten sind – in diesem Augenblick und in jedem weiteren.«

∽

Ich stellte mein Auto am Minneapolis-St. Paul International Airport auf dem Langzeit-Parkplatz ab, schaute mich vergeblich nach einem Gepäckwagen um, trug dann meinen übervollen Koffer selbst und lief los.
Aus irgendeinem Grund – wahrscheinlich weil wir immer das ersehnen, was wir nicht haben – war mir das Reisen wie ein schöner Traum vorgekommen. In all den Jahren, da ich

ohne Geld, Telefon, Auto – nur mit dem Nötigsten ausgestattet – in meinem Haus eingesperrt war, hatte ich die Leute beneidet, die zum Flughafen mussten, um an ferne Orte zu jetten. Seitdem ich nun aber selbst oft unterwegs war, wurde mir das Reisen zu einer ermüdenden, enttäuschenden, einsamen und obendrein sehr anstrengenden Beschäftigung.

Aber auf diese Reise hatte ich sehr lange gewartet. Ich war auf dem Weg zur Buchmesse, zur Tagung der American Booksellers Association (ABA). Sie findet einmal im Jahr statt, und viele Autoren wollen unbedingt daran teilnehmen. Außerdem sollte ich nicht allein reisen, sondern in Gesellschaft einiger Mitarbeiter meines Verlages.

Dieser Wochenendtrip würde ein Hochgenuss sein.

Ich ging zum Schalter, zeigte meinen Ausweis und bat um mein Ticket, das, im Voraus bezahlt, für mich bereitliegen sollte. Der Angestellte sah die Unterlagen durch. Da war kein Ticket; niemand hatte auf meinen Namen einen Platz reserviert oder die Kosten für den Flug übernommen.

Ich rannte zu dem Gate, wo sich die Leute vom Verlag treffen wollten. In der wogenden Menge, die auf den Abflug nach Los Angeles wartete, erkannte ich kein einziges Gesicht.

Also eilte ich, mein Gepäck durch die Halle schleppend, in den Schalterbereich zurück und fand ein Telefon. Ich rief im Verlag an und erfuhr, dass die Gruppe schon früher abgereist war. Man entschuldigte sich dafür, mein Ticket und mich vergessen zu haben. Ich sollte auf jeden Fall an der Messe teilnehmen, aber das Ticket selbst kaufen und allein fliegen.

Ich buchte einen Platz in der Maschine, die eine Stunde später starten sollte, und ging zum Gate. Nach 30 Minuten kam eine Ansage von der Fluggesellschaft: Aufgrund technischer Probleme müsse dieser Flug leider ausfallen. Wenn ich immer noch reisen wollte, lagen weitere vier Stunden Wartezeit vor mir. Einige Augenblicke dachte ich daran, nach Hause zu fahren und den Trip abzusagen. Ich war verletzt, wütend, frustriert und hatte das Gefühl, abserviert worden zu sein.

Schließlich ging ich an Bord der Maschine nach Los Angeles. Als ich sie wieder verließ, war ich müde, lustlos und griesgrämig. Ich hatte keine Zeit mehr, in mein Hotel zu gehen, und wusste nicht genau, wohin ich eigentlich musste. Die Leute vom Verlag hatten die Wegbeschreibung bei sich. Mir blieb keine andere Wahl, als mein angeschlagenes Ich direkt zur Versammlung zu befördern.

Vor einer riesigen Kongresshalle, wie ich sie in dieser Größe noch nie gesehen hatte, stieg ich aus dem Taxi. Ich trug meinen Koffer durch die Eingangshalle zur Anmeldung. Ich hatte keine Ahnung, dass die ABA genauso streng bewacht wurde wie Fort Knox.

»Ohne Ihr Namensschild kommen Sie hier nicht rein«, sagte einer der Aufseher.

Ich fing an, ihnen die Geschichte zu erzählen – dass ich am Flughafen versetzt worden sei, auf meine Maschine gewartet und diesen Koffer durchs halbe Land geschleppt hätte und jetzt zu müde sei, um ihn zu durchwühlen und das kleine Namensschild zu suchen. Dann merkte ich, dass ich mir meine Ausführungen sparen konnte. Das Aufsichtspersonal hatte daran nicht das geringste Interesse.

»Ihr Namensschild bitte«, sagte der eine. »Sonst können Sie nicht durch.«

Ich fing an zu weinen und biss mir dann auf die Lippe.

Ich legte meinen Koffer auf den Boden, öffnete ihn und durchwühlte all meine Kleidungsstücke. In der Eingangshalle zur größten Verleger- und Buchhändlerversammlung des Jahres hockte ich vor meinen verstreut herumliegenden Habseligkeiten, Kleidungsstücken inklusive Büstenhalter und Unterhosen, und suchte nach diesem verdammten Namensschild. Plötzlich hörte ich eine mir vertraute Stimme. Es war einer meiner Lektoren und Freunde vom Verlag.

»Beeile dich«, sagte er. »Zeig ihnen dein Schild und komm rein.«

Schließlich fand ich es, packte meine Siebensachen wieder zusammen und zog den Koffer hinter mir her, während ich meinem Freund zum Verlagsstand folgte. Er schien aufgeregt und glücklich. »Entschuldige, dass wir ohne dich abgereist sind«, sagte er.

»Schon okay«, erwiderte ich.

»Und verzeih, dass wir dein Ticket vergessen haben.«

»Ich hab' mich selbst drum gekümmert.«

Er warf mir einen seltsamen Blick zu. »Hast du die Neuigkeit noch nicht erfahren?«

»Nein«, erwiderte ich, weiterhin schmollend. »Welche Neuigkeit?«

»Dein Buch ist soeben auf der Bestsellerliste der *New York Times* gelandet.«

Offenbar hatte Abigail am Ende doch nicht *meinen* Job.

༄

Andere Menschen haben nicht das, was uns gehört. Manchmal legen Personen, die wir unsympathisch finden und als Feinde betrachten, jene Eigenschaften an den Tag, die wir bei uns selbst nicht mögen. Dann wieder machen sie uns mit Eigenschaften vertraut, die wir ebenfalls haben können. Im Grunde sind sie nicht unsere Feinde, sondern unsere Freunde.

Einige Monate, nachdem das Buch zu einem Bestseller geworden war und ich allmählich etwas Geld verdiente, fuhr ich zu einer Freundin zum Mittagessen. Ich hatte ein neues Auto. Es war zwar gebraucht, für mich aber neu. Sie betrachtete es, dann mein Lächeln und mich.

»Mädchen, du hast es geschafft«, sagte sie. »Jetzt bekommst du alles, was du dir wünschst.«

Ihre Äußerung machte mich nervös. Ich wusste, dass Erfolg und Geld nicht eine so große Macht ausüben.

In dieser Welt gibt es viele Mächte – Ruhm, Geld, Liebe, Sex, Tod und die Kraft zur Veränderung, um nur einige zu nennen. Diese Geschichte handelt von jener ungeheuren Macht, die uns allen zugänglich ist: von der Macht des Glaubens. Jede(r) von uns hat gewisse Grenzen; es gibt Dinge, über die wir nicht verfügen können, sosehr wir sie auch herbeisehnen. Aber wir lernen gerade auch dadurch *unsere* Macht näher kennen, dass wir einsehen, wo jeweils unsere Grenzen liegen, und im Rahmen dieser Vorgaben tätig werden. Einige unserer Grenzen existieren tatsächlich, andere hingegen sind unnötig und von uns selbst gesetzt. Die eigene Macht wird uns also nicht zuletzt dadurch bewusst, dass wir diese fiktiven Grenzen überschreiten und herausfinden, was wir wirklich schaffen können.

Obwohl wir – wenigstens nach Auffassung vieler Menschen – einen Schutzengel haben und Gottes Willen ausführen, müssen wir dennoch unseren Beitrag leisten. Nachdem wir uns der Ohnmacht überlassen haben, ist es an der Zeit, die eigene Macht zu erkunden, um gemeinsam mit Gott das Leben zu gestalten. Dazu müssen wir uns selbst, Gott und dem Universum genau erläutern, was wir im Einzelnen beabsichtigen.

Schrecken Sie nicht davor zurück, das Unmögliche zu verlangen. Entdecken Sie, was Sie lieben, was Sie hassen, was Sie mögen und was Sie verachten. Probieren Sie etwas Neues und Verwegenes aus. Wagen Sie sich in solche Randzonen vor. Streben Sie dorthin. Riskieren Sie den Bankrott, wenn es sein muss. Gehen Sie manchmal bis zum Äußersten.

Eines jedenfalls wusste ich nicht: dass die Tage der Armut, als ich Artikel für die Zeitung schrieb, mich als allein erziehende Mutter durchkämpfte und mir Sorgen um die nächste Mahlzeit machte, im Rückblick zu den besten meines Lebens gehören würden.

Atme!

»Sie haben drei Stunden, Mrs. Beattie. Die geben wir Ihnen. Nicht mehr. Falls Sie bis dahin nicht die Entscheidung getroffen haben, den Stecker herauszuziehen, werden wir es für Sie tun.«

Die beiden Neurochirurgen, ein großer, dünner Mann mit dunklem Haar und eine robuste Frau mit kurzem, gelocktem, aschgrauem Haar, drehten sich um und verließen das Krankenzimmer. Ich schaute zu Echo, meiner besten Freundin. Obwohl sie gewöhnlich lächelte und Worte der Hoffnung hervorsprudelte, wich sie jetzt meinem Blick aus und starrte still auf den Boden. Ich ging zum Bett, in dem mein Sohn Shane lag, am ganzen Körper festgebunden.

Das Atemgerät zischte, während es Sauerstoff in seine Lungen pumpte. Er war an Schläuche und Monitore angeschlossen. Ich hielt seine Hand mit den Nadeln unter Klebebändern und drückte sanft seine Finger. Dann schlug ich den unteren Teil der Bettdecke ein wenig zurück, um seine Füße freizulegen. Seit er ein Säugling war, liebte ich es, seine kleinen Füße zu berühren.

Anschließend deckte ich sie wieder zu, ging in die Ecke des Zimmers und sank in den blauen Kunststoffsessel. All das war nicht wahr, es durfte nicht wahr sein. Kurz zuvor hatten wir noch bei Perkin's gesessen, nach seinem Basketballspiel Erdbeerpfannkuchen verspeist und herumgealbert.

Vor einigen Wochen war er abends gegen neun Uhr zu mir gekommen. »Lass uns Schlitten fahren«, schlug er vor.

»Dafür bin ich zu alt«, antwortete ich.

»Nein, bist du nicht«, erwiderte er.

»Es ist zu kalt«, sagte ich.

»Zieh deine Schneehosen an«, insistierte er. »Lass uns gehen.«

Wir nahmen seinen Schlitten und gingen zu einem Hügel auf der gegenüberliegenden Straßenseite.

Nach zehn Fahrten war ich müde. »Du fährst jetzt ein paar Mal alleine, und ich schaue dir zu«, sagte ich.

Er kletterte auf den Hügel und fuhr hinunter. Aber anstatt unten anzuhalten, steuerte er nach rechts, prallte gegen einen Baum und fiel vom Schlitten. Dann lag er bewegungslos auf dem Rücken – so wie jetzt.

»Shane, ist alles in Ordnung?«, rief ich. Er antwortete nicht. Ich wusste, dass er nur Spaß machte, und rannte zu ihm. »Hör auf«, schimpfte ich. »Das ist nicht lustig.«

»Du hast mich ertappt«, sagte er und setzte sich lächelnd auf.

»Treib nicht solche Scherze mit mir«, sagte ich. »Wenn dir etwas zustieße, wüsste ich nicht, was ich tun würde. Ich glaube nicht, dass ich weitermachen könnte. Verstehst du das?«

»Ja«, bestätigte er, »das versteh ich.«

Nun wünschte ich, er würde sich aufsetzen, lächeln und »ertappt« sagen – aber er rührte sich nicht. Echo stand da, schaute auf den Boden. Ich vergrub mein Gesicht in den Händen. Im Zimmer war nur das Ticken der Uhr und das zischende Geräusch des Atemgeräts zu hören.

∞

In der Einleitung zu *Codependent No More* gab ich eine kleine Anekdote wieder, die davon handelt, wie man den Schmerz vermeidet. Ein Freund, der beruflich auf dem Gebiet der inneren Heilung und geistigen Gesundheit arbeitet, erzählte sie mir vor vielen Jahren. Er hatte sie von jemandem gehört, der sie wiederum von jemand anderem gehört hatte.

Sie zählt zu meinen Lieblingsgeschichten. Deshalb möchte ich sie an dieser Stelle wiederholen.

Es war einmal eine Frau, die in eine Berghöhle zog, um von einem Guru unterwiesen zu werden. Sie sagte, sie wolle alles lernen, was es zu lernen gebe. Der Guru reichte ihr stapelweise Bücher und ließ sie dann allein, damit sie sie in Ruhe studieren konnte. Jeden Morgen kehrte er zu der Höhle zurück, um zu sehen, welche Fortschritte die Frau gemacht hatte. In der einen Hand hatte er einen schweren Holzstock. Jeden Morgen stellte er ihr die gleiche Frage: »Hast du schon alles gelernt, was es zu lernen gibt?« Und jedes Mal gab sie ihm die gleiche Antwort: »Nein, noch nicht.« Woraufhin der Guru ihr mit dem Stock über den Kopf schlug.

Diese Szene wiederholte sich monatelang. Eines Tages kam der Guru in die Höhle, stellte die gleiche Frage, erhielt die gleiche Antwort und hob den Stock, um damit die Frau wie üblich zu schlagen. Doch diesmal ergriff die Frau den Stock, als er heruntersauste, und wehrte den Angriff ab.

Erleichtert darüber, die tägliche Züchtigung verhindert zu haben, aber mögliche Strafaktionen befürchtend, schaute sie zum Guru auf. Zu ihrer Überraschung lächelte der Guru. »Ich gratuliere«, sagte er, »du hast die Prüfung bestanden. Jetzt weißt du alles, was du wissen musst.«

»Wie das?«, fragte die Frau.

»Du hast gelernt, dass du niemals alles lernen wirst, was es zu lernen gibt«, erwiderte er. »Und du hast gelernt, den Schmerz zu vermeiden.«

Die meiste Zeit meines Lebens habe ich den Atem angehalten – manchmal voller Angst und Schrecken, manchmal in freudiger Erwartung, manchmal auch einfach nur, weil ich darauf wartete, was als Nächstes geschehen würde. »Atme«, sagten mir einige Leute, nachdem ich begonnen hatte, an meinen Problemen und an mir selbst zu arbeiten. »Entspanne dich einfach und atme«, empfahl mir mein *sensei* im Aikido immer wieder, als ich diese Kampfsportart einübte.

Ich lernte, dass das Atmen, das tiefe Atmen ein Schlüssel zum Leben ist.

In den späten Achtziger- und frühen Neunzigerjahren fing ich an, mich mit meinem Körper auseinander zu setzen. Sobald die Chiropraktiker und Masseusen einen wunden Punkt entdeckten, der wirklich schmerzte, war mein erster Impuls zusammenzuzucken. »Berühren Sie diese Stelle bitte nicht«, bat ich, »sie tut weh.« Aber sie erklärten mir, dass gerade diese Stellen am intensivsten behandelt werden müssten. Besonders ein Arzt drückte sehr fest auf die empfindlichste Stelle meines Körpers. Als ich hochfuhr, tat er es noch einmal. »Entspannen Sie sich einfach und atmen Sie«, sagte er. »Atmen Sie in den Schmerz. Auf diese Weise lösen Sie ihn auf, sodass er schließlich ganz verschwindet.«

Die folgende Geschichte handelt davon, wie man in den Schmerz atmet. Sie zeigt, was wir tun können, wenn er nicht nachlässt.

∾

Plötzlich machte ich als Schriftstellerin eine steile Karriere. *Codependent No More* war immer noch auf der Bestsellerliste. *Beyond Codependency* (*Unabhängig sein*) landete ebenfalls dort. Eine Zeit lang gehörten beide Bücher gleichzeitig zu den meistverkauften Sachbüchern.

Ich musste nicht mehr vor Lektoren und Verlegern kriechen, an ihren Hosenbeinen zupfen, sie darum bitten, meine Manuskripte zu lesen. Sie und all die Literaturagenten, Fernseh- und Radioredakteure verfolgten mich geradezu. Ich konnte meine Vergangenheit und die daraus gezogenen Lehren benutzen, um anderen Menschen – und mir selbst – zu helfen. Außerdem verdiente ich endlich meinen Lebensunterhalt mit einer Arbeit, die ich liebte – mit dem Schreiben von Büchern, Artikeln und Geschichten.

Das war mein Augenblick auf der Sonnenseite des Lebens.

Nun, nicht wirklich meiner, sondern der Höhepunkt des Themas Co-Abhängigkeit. Weithin bekannt zu sein, war eine Weile lang sehr angenehm. Aber manchmal überforderte es mich auch, die Wortführerin der allzu Fürsorglichen, der Kontrollbesessenen, der Märtyrer und Opfer dieser Welt zu sein.

Anfang 1990 saß ich, den Kopf auf die Hände gestützt, am Küchentisch. Ich hatte mich vertraglich verpflichtet, ein Meditationsbuch zu schreiben: *The Language of Letting Go* (*Kraft zum Loslassen*). Das Manuskript war schon überfällig, aber ich wusste nicht, wie ich anfangen sollte. Ich konnte mir nicht erklären, wie ich in diese Lebenssituation gekommen war.

Shane war damals elf Jahre alt. Mit einem amüsierten Ausdruck von Sorge und Zuversicht beobachtete er mich.

»Warum habe ich mich darauf überhaupt eingelassen?«, fragte ich.

Er erhob sich von seinem Stuhl. »Weil es das ist, was du am besten kannst«, sagte er, sanft meinen Kopf tätschelnd.

Shane vermochte es immer, die positivsten Eigenschaften in mir zum Vorschein zu bringen. Schon als ich mit ihm schwanger gewesen war, veränderte seine Gegenwart mein Leben. In jenem alten Haus, in dem wir wohnten, hörte ich plötzlich auf, mich selbst zu bemitleiden. Mit einem Mal war ich dankbar für das, was ich besaß. Einen Monat vor seiner Geburt schrieb ich meine ersten Zeitungsartikel. Und ich war immer noch schwanger, als ich meine erste Story ablieferte und dann freudig erregt meinen gedruckten Namen betrachtete.

Etwas an Shane ermutigte mich, den Weg fortzusetzen, nicht aufzugeben und eine tiefere Verbindung zu meinem Leben herzustellen.

Ich fühlte mich stark, war voller Optimismus und Schwung.

Vorher hatte ich mir große Sorgen darüber gemacht, ob ich ihn genauso innig lieben würde wie Nichole. Doch diese Sorgen verschwanden im Augenblick seiner Geburt. Es war eine Steißgeburt, was für mich ein erster Fingerzeig hätte sein müssen. Ich beabsichtigte nicht, Shane zu stillen, aber noch bevor die Nabelschnur durchtrennt wurde, schmiegte er sich an mich und begann, an meiner Brust zu saugen.

Gewisse Menschen, die in unser Leben treten, sind für uns manchmal mehr als eine Mutter, ein Bruder, ein Freund oder ein Kind. Sie erwecken unseren Geist, und wir haben das Gefühl, einer verwandten Seele zu begegnen.

Ich schrieb *The Language of Letting Go* und gleich darauf ein weiteres Buch. Neben dem Computer in meinem Arbeitszimmer im nördlichen Stillwater lag ein Stapel Buchverträge. Was ich in meinem Beruf und in meinem Leben erreicht hatte, war der Traum eines jeden Schriftstellers. Zum ersten Mal hatte ich keine finanziellen Probleme mehr. Die Rechnungen wurden ebenso beglichen wie die alten Schulden. Ich hatte die Sozialhilfe zurückgezahlt und besaß Geld auf der Bank. Außerdem wohnten wir in einem schöneren Haus.

Aber erneut sprach eine leise Stimme zu mir. Es war dringend nötig, innezuhalten, eine Pause einzulegen und mehr Zeit mit den Kindern zu verbringen.

Eines Tages kam Shane zu mir. Er hatte ein Magazin bei sich, das auf einer bestimmten Doppelseite aufgeschlagen war. In der Werbeanzeige sah man die herrlich aquamarinblauen Wasser der Karibik. »Können wir dorthin fahren, Mami?«, fragte er. »Bitte... bitte...«

Wenn Kinder um etwas bitten, weiß man manchmal, dass dies keine gewöhnliche Forderung, kein alltäglicher Wunsch ist, sondern eine Botschaft, die sie einem übermitteln. Ihr Vorschlag macht durchaus Sinn. Genau das dachte ich an jenem Tag.

»Natürlich können wir das, Liebling.«

»Wann?«, fragte er.

Ich schaute auf die Anzeige. »Ich sehe zu, dass wir's noch diesen Monat schaffen. Wir fahren bald«, versprach ich.

Den ganzen Sommer über spielten und lachten die Kinder und ich in der Sonne. Wir flogen für zwei Wochen in die Karibik und mieteten ein Haus am Strand. Wir gingen ins Kino und zum Angeln. Wir schauten fern, kandierten Äpfel und aßen in Restaurants.

Im September begann für die Kinder wieder die Schule. Wir waren eine glückliche Familie, allerdings mit einem vollen Terminkalender. Shane mochte seinen Lehrer sehr. Nichole beendete gerade die Junior Highschool. Ich war derart mit den Kindern beschäftigt, dass mir nicht viel Zeit blieb, um abends auszugehen. Ich wusste nicht, wie ich mit meinen weiblichen Bedürfnissen und Sehnsüchten umgehen sollte. Ich sagte mir einfach, dass ich irgendwann später schon den richtigen Mann treffen würde. *Vielleicht kannst du im Leben alles haben,* dachte ich, *aber wohl nicht alles auf einmal.*

Einmal besuchte mich ein Reporter von der *St. Paul Pioneer Press* für ein Interview. Wir saßen die meiste Zeit des Nachmittags am Küchentisch, redeten über meine Vergangenheit, meine Co-Abhängigkeit und mein jetziges Leben. Gegen 15 Uhr flog die Eingangstür auf, und Shane kam in die Küche gerannt. Er machte kurz Halt, um mich auf die Wange zu küssen, und ging schnell die Treppe hinunter. »Wie war's heute in der Schule?«, rief ich ihm hinterher.

»Ich wurde vom Unterricht ausgeschlossen«, rief er zurück.

Der Reporter machte große Augen. Ich entschuldigte mich und folgte Shane mit raschen Schritten.

»War doch nur ein Spaß!«, rief er.

Ein anderes Mal kam ich früh am Abend heim. Ich hatte einige Besorgungen erledigt. Der Jeep stand vor dem Haus; ich war mit unserem Zweitwagen unterwegs gewesen.

Ich traf Shane im Eingang. Er sagte, Nichole habe sich im Bett versteckt. Sie habe den Jeep gefahren und einen Unfall gehabt. Den Jeep gefahren? Nichole war erst 14.

Ich ging nach draußen. Die Vorderseite des Jeeps war schwer beschädigt. Ich eilte hinunter in Nicholes Zimmer. Sie verkroch sich unter der Decke. Tatsächlich hatte sie den Jeep genommen, um eine Spritztour zu machen, und dabei den Briefkasten eines Nachbarn gerammt. Sie gab zu, dass sie und Shane gelegentlich warteten, bis ich abends eingeschlafen war, um sich dann nach oben zu schleichen, die Autoschlüssel zu nehmen und auf der unbefestigten Straße hinterm Haus eine kleine Fahrt zu unternehmen.

»Ich verstehe nicht, warum du so etwas tust«, sagte ich zu Nichole. Dann wandte ich mich Shane zu. »Und du – warum fährst du mit? Was versprichst du dir davon, einfach irgendwo herumzukurven?«

Er schaute mich an und grinste. »Aber ich habe mich sofort angeschnallt«, sagte er.

Durch meine Kinder habe ich viel gelernt.

Einmal bin ich mit Shane auf einem Waverunner, einer Kombination aus Motorboot und Motorrad, über den St. Croix River gefahren. Wir zogen Schwimmwesten an und düsten los. Ich war nervös, Shane aufgeregt. Auf halbem Weg wurden meine schlimmsten Befürchtungen wahr. Wir stürzten um und zappelten in fast zehn Meter tiefem Wasser herum. Das Fahrzeug bewegte sich vor mir auf den Wellen wie eine motorisierte Schildkröte, die auf dem Rücken liegt.

»Nur keine Panik«, sagte Shane.

»Und wenn wir untergehen?«, fragte ich.

»Wir können nicht untergehen«, versicherte er. »Wir haben Schwimmwesten an. Schau! Wir treiben.«

»Die Maschine liegt verkehrt herum im Wasser«, gab ich zu bedenken. »Wie drehen wir sie jetzt nur um?«

»Genau so, wie es uns der Vermieter erklärt hat«, sagte er. Mit einer einfachen Bewegung brachten wir die Maschine in die richtige Position.

»Und was ist, wenn wir nicht wieder aufsteigen können?«, fragte ich.

»Das schaffen wir schon«, antwortete Shane. »Sie wurde ja dafür gemacht, dass man im Wasser aufsteigen kann.«

Ein anderes Mal gingen die Kinder und ich über den Kai am St. Croix River. Ich sagte zu Shane: »Zeig mir, wie es ist, ein Kind zu sein.«

Ohne mit der Wimper zu zucken, schubste er mich ins Wasser. »So ist es, ein Kind zu sein«, sagte er.

Nach dem Auszug seines Vaters hatte ich ihm mitgeteilt, dass er jetzt nicht den Mann im Haus spielen müsse. Seine einzige Aufgabe bestehe darin, das Kindsein zu genießen.

Er machte seine Sache sehr gut.

Einmal kam Nichole von der Schule heim und setzte ihre Bücher ab.

»Weißt du, was wir heute gelernt haben?«, fragte sie. »Es gibt eine Statistik.« Sie interessierte sich besonders für Geschichte, Triviales und für Statistik.

»Noch bevor das Jahr um ist, wird ein Kind, das wir kennen, sterben.«

༄

In jenem Jahr entdeckte ich auch den magischen Weihnachtsbaum. Zusammen mit Echo sah ich ihn in einem Geschäft. Irisierende Nadeln und farbige Perlen wurden von winzigen, pinkfarbenen Lämpchen beleuchtet. Außerdem war er mit Kristallen, Herzen und lebensgroßen Vögeln geschmückt, deren Schwanz aus prächtigen Federn bestand. Der Zug einer Modelleisenbahn fuhr tuckernd und pfeifend um ihn herum. Das Ganze war so schön, dass ich nur dastand und schaute.

Zunächst zögerte ich, weil ich kein Geld ausgeben wollte, aber dann kaufte ich ihn doch. Ich wusste, dass ich diesen Baum haben musste. Also transportierte ich ihn nach Hause und stellte ihn auf. Wie schon im Geschäft raubte er mir den Atem.

»Nicht schlecht, wenn man bedenkt, dass er nicht echt ist«, meinte Shane.

»Er ist wunderbar, wirklich wunderbar, Mami«, sagte Nichole.

An diesem Weihnachtsfest lag ein Zauber in der Luft. Wir alle fühlten ihn. Ich hatte keine Ahnung, woher er kam oder was er bedeutete, aber er war da. Dadurch entstand eine weihnachtliche Stimmung, wie man sie sich als Kind wünscht.

Die Kinder und ich wurden eingeladen, zu Neujahr eine private Veranstaltung auf Hilton Head Island zu besuchen. Menschen aus allen sozialen Schichten trafen zusammen und diskutierten darüber, welche neuen Ideen dazu beitragen könnten, die Menschen und unsere Welt zu verbessern.

Diese Einladung überraschte mich. Ich war eingeschüchtert, als ich erfuhr, dass wir in festlicher Abendkleidung kommen sollten. »Abendkleidung« hatte ich bisher mit der Winterjacke gleichgesetzt, die ich mir überwarf, um zu McDonald's zu fahren.

Wir erschienen dort in eleganter Aufmachung. Ich nahm an Podiumsdiskussionen teil. Die Kinder spielten mit den Delfinen. Wir begegneten sogar dem Mann, der damals gerade über seine Präsidentschaftskandidatur nachdachte – Bill Clinton.

Eines Abends war ich wie vom Blitz getroffen. Shane und ich saßen im Kino. Wir sahen uns oft Filme an. Während ich das Geschehen auf der Leinwand verfolgte, fühlte ich in jeder Faser die Gegenwart meines Sohnes. Er legte seine Füße auf die Lehne des Sitzes in der Reihe vor ihm. Erst wollte ich ihn ermahnen, beschloss dann aber, mich nicht darüber aufzuregen. Der Sitz war leer. Um einige Dinge brauchte man keinen Wirbel zu machen.

Ich versuchte mich auf den Film zu konzentrieren, aber ein Gedanke ließ mir keine Ruhe: *All dies wird nicht ewig dauern. Die Zeit vergeht wie im Fluge. Meine Kinder waren schon lange ein zentraler Bestandteil meines Daseins, doch eines Tages würden sie von zu Hause ausziehen und ihr eigenes Leben führen. Dieser Abend im Kino wird dann nur noch eine Erinnerung sein. Sorge dafür, dass jeder Augenblick zählt.*

Ende Januar feierten wir Shanes Geburtstag mit einigen anderen Kindern im Restaurant.

Wir tranken auf ihn, hielten unser Soda- oder Wasserglas hoch. Die Ober sangen »Happy Birthday«. Shane wirkte verlegen, aber wir spürten, dass er es wirklich mochte. Wir redeten über seine Träume und Ziele für das neue Lebensjahr. Dann versprachen wir einander, dass wir unsere Geburtstage immer gemeinsam feiern würden, ungeachtet unseres Alters und unseres Wohnorts.

Als ich Shane fragte, wohin er dieses Jahr gerne fahren würde, ob er irgendwelche Vorschläge in Bezug auf Reisen habe, dachte er eine Weile nach und zuckte dann mit den Schultern.

»Ich glaube, Mami, du hast mich überallhin mitgenommen, wo ich gerne sein wollte«, sagte er.

In diesem Moment fiel Nichole ein, was sie ihrem Bruder zum Geburtstag schenken konnte. Sie entschuldigte sich dafür, dass sie kein Präsent für ihn hatte. »Aber was hältst du davon?«, fragte sie. »Du kannst nächsten Samstag mit Joey und mir zum Skifahren gehen.«

Shanes Augen begannen zu leuchten. Das würde er sehr gerne tun.

Später am Abend, als ich zu Hause vor dem Toilettentisch saß und mein Haar bürstete, schlich Shane sich an mich heran. Er zog die Schmuckschublade hervor und entnahm ihr ein kleines goldenes Kreuz, das David mir in der Zeit unserer Scheidung gegeben hatte. »Kann ich es haben?«, fragte er.

»Red keinen Unsinn«, antwortete ich – in der Meinung, er würde Spaß machen. Aber er wiederholte seine Frage, und da merkte ich, dass er es ernst meinte. Wieder hatte seine Stimme diesen eigenartigen Ton. »Sicher, mein Schatz«, sagte ich. »Du kannst es haben.«

Am nächsten Tag hielt Shane mich in der Küche an, bevor er zur Schule ging. Er zog den Kragen seines Pullovers nach unten und zeigte auf das Kreuz. Es hing an einer Goldkette um seinen Hals.

»Gott ist jetzt bei mir«, sagte er.

An jenem Freitagabend gab es einiges zu tun. Mein Sohn John, den ich während meiner Drogenphase zur Welt gebracht hatte, war nun ein erwachsener, verheirateter Mann. Seine Frau Jeanette hatte kurz zuvor ihr erstes Kind, einen Jungen, bekommen. Nichole, Shane und ich hüteten den kleinen Brandon. Es war lustig, wieder ein Baby in unserer Familie zu haben, und John und Jeanette konnten zusammen ausgehen.

Brandon war die ganze Nacht unruhig. Ich ließ ihn eine Zeit lang neben mir ruhen und legte ihn dann in sein Kinderbettchen. Gegen drei Uhr morgens schlief er endlich ein. Um halb sieben stieß Shane mich an. Er drängelte so lange, bis ich endlich aufwachte.

»Ich habe heute Morgen ein Basketballspiel«, sagte er. »Bitte komm mit. Du hast mich schon länger nicht mehr spielen gesehen.«

Ich war müde, kämpfte mich aber aus dem Bett, fütterte und wickelte das Baby. Anschließend fuhren wir drei – Shane, Brandon und ich – zum Basketball. Ich saß an der Seitenlinie, hielt den kleinen Jungen im Arm und schaute Shane beim Spielen zu. Einige Leute sagen, man würde erst dann merken, wie viel einem jemand bedeutet, wenn es schon zu spät ist. Nun, als ich Shane dort auf dem Basketballfeld beobachtete, dachte ich nur an eines – wie sehr ich ihn liebte und welch großes Glück er mir bescherte.

Nach dem Spiel schlug er vor, dass wir essen gehen sollten. Das taten wir auch. Danach kehrten wir nach Hause zurück, und er machte sich fertig. Heute stand das Skifahren auf dem Programm. Chrissy, die auf die Kinder aufpasste, wenn ich verreisen musste, würde die Kinder nach Afton Alps, einen nahe gelegenen Skiort fahren. Eine andere Mutter sollte sie am frühen Abend wieder nach Hause bringen. Shane und Nichole packten ihre Sachen zusammen. Sie baten mich um etwas Geld. Als sie schon fast aus der Tür getreten waren, drehte sich Shane noch einmal zu mir um.

240

»Ich liebe dich, Mami«, sagte er.

»Ich liebe dich auch«, erwiderte ich. »Seid um sechs Uhr daheim.«

Es wurde sechs Uhr, es wurde sieben Uhr. Die Kinder waren immer noch nicht zurück.

Um acht Uhr läutete das Telefon.

Es war die Bergwacht von Afton Alps. Eine männliche Stimme informierte mich, dass mein Sohn bei einem Skiunfall verletzt worden war. Ich erschrak, aber nicht allzu sehr. Shane hatte sich beim Sport schon mehrmals wehgetan. Er war jung, kräftig, gesund – und immer wohlauf.

»Er ist bewusstlos«, sagte der Mann. »Aber machen Sie sich keine Sorgen. Das kommt bei Skifahrern öfter vor. Wir rufen Sie in zehn Minuten wieder an.« Brandon fing an zu schreien. Ich nahm ihn auf den Arm und setzte mich neben das Telefon.

Einige Minuten später läutete erneut das Telefon. »Ihr Sohn ist noch immer bewusstlos«, teilte mir ein Mann mit. »Wir bringen ihn mit dem Krankenwagen ins St. Paul Ramsey Hospital. Kommen Sie dorthin.« Er hielt inne. »Aber machen Sie sich keine Sorgen«, fügte er hinzu. »Alles wird gut.«

Als ich durch die Tür der Notaufnahme eilte, stand da eine Schwester, die auf mich gewartet hatte. Ich dachte, sie würde mich zu meinem Sohn führen. Stattdessen legte sie mir den Arm um die Schulter und begleitete mich in ein kleines Zimmer, wo ein Kreuz an der Wand hing. »Haben Sie jemanden, den Sie anrufen können?«, fragte sie.

Sie sagte, Shane sei auf der Piste ausgerutscht und in einer Kurve mit dem Kopf auf eine vereiste Stelle geschlagen. Sie sprach von Gehirntests, bei denen keinerlei Gehirnströme gemessen werden konnten. Sie erklärte mir, durch die Wucht des Aufpralls sei der Gehirnstamm abgetrennt worden. Aber am deutlichsten hörte ich die folgenden beiden Wörter: »keine Hoffnung«.

Er war überall an Schläuche, Monitore und an jenes Atemgerät angeschlossen, das zischende Geräusche von sich gab und Sauerstoff in seine Lungen pumpte. Ich hatte jeden Arzt, jeden Spezialisten, jeden Neurochirurgen herbeigerufen, den ich finden konnte. Ich hatte Pfarrer und Heiler kommen lassen. Ich war umgeben von Familienmitgliedern und Freunden. Ich tat alles, was in meiner Macht stand, um das Leben meines Sohnes zu retten. Doch er rührte sich nicht.

Dann erhielt ich die Information, dass Leber und Nieren nicht mehr arbeiteten. Es war zu spät. In dieser Nacht um ein Uhr würde man die Geräte ausschalten.

Ich bekam einen Wutanfall, schrie die Ärztin an: »Verdammt noch mal, das ist mein kleiner Junge, über den Sie da reden!« So fest ich nur konnte, trat ich gegen eine Metalltür. Echo beruhigte mich ein wenig.

Von dem blauen Kunststoffsessel in der Ecke des Zimmers schaute ich zur Uhr.

Die Zeit war fast um.

Jetzt wusste ich, was in diesem Jahr geschehen sollte. Mein Sohn und ich mussten uns voneinander verabschieden.

Ich verließ das Zimmer, und Shanes Freunde und Verwandte kamen herein, um ihm Lebewohl zu sagen. Dann schnitt ich ihm eine Locke ab. Ein letztes Mal berührte ich seinen Fuß. Dann hielt ich ihn im Arm, während sie das Atemgerät abschalteten. »Ich liebe dich«, sagte ich. »Ich habe dich immer geliebt, und ich werde dich immer lieben.«

In der Woche von Shanes Begräbnis riefen viele Leute an, um mir Trost zu spenden und die Details der Zeremonie zu erfahren. Freunde und Familienmitglieder meldeten sich. Sogar Bill und Hillary Clinton sprachen mir ihr Beileid aus.

Auch ein Freund, der nach seinem Entzug wieder Drogen nahm, rief mich an.

Ich wollte einfach nur drei oder vier Stunden Ruhe haben. Gott würde das sicherlich begreifen.

Dieser Freund holte mich ab. Wir fuhren eine Weile mit dem Auto herum. Er fragte, ob ich wirklich high werden wolle, und ich sagte Ja. Er fragte mich, welchen Stoff ich mir wünschte, er könne jeden besorgen. Ich antwortete, dass ich mir gerne einen Schuss setzen würde, weil ich ihn dringend bräuchte. Einen Augenblick dachte ich an all die Menschen, denen ich mit meinen Büchern zu helfen versucht hatte. Mir war, als ließe ich sie im Stich. Aber zugleich dachte ich, dass sie mir in Anbetracht meiner Situation Verständnis und Nachsicht entgegenbringen würden.

Mein Freund wollte wissen, auf welche Droge ich Lust hätte; er könne sie erst beschaffen, wenn ich mir darüber im Klaren sei. Ich sagte, dass wir zunächst auf die Spritzen achten müssten, denn inzwischen grassierte das Aids-Virus. Eine sterile Nadel sei das Mindeste. Ich beabsichtigte nicht, mich umzubringen – zumal ich auch Nichole schon auf diese tödliche Krankheit aufmerksam gemacht hatte. Also fuhren wir durch Minneapolis-St. Paul auf der Suche nach einer nachts geöffneten Apotheke. Etwa eine Stunde später fanden wir eine. Ich bekam meine Spritze. Jetzt brauchte ich noch den Stoff, mit dem ich sie füllen konnte.

»Was willst du nehmen?«, fragte er wieder.

Ich erwog Kokain. Der euphorische Zustand und die schmerzlindernde Wirkung würden mir gut tun. Andererseits verspürte ich kein Bedürfnis, mich zu stimulieren. Schließlich gab es in meinem Leben nichts, wofür ich mich hätte wach halten wollen. Außerdem wusste ich, dass Kokain eine extrem gefährliche Droge ist. Ein und dieselbe Dosis kann mal einen angenehmen Rausch, ein anderes Mal einen Herzanfall hervorrufen. Man spielt russisches Roulette mit den Atmungsorganen und dem Herz. Das konnte ich Nichole und mir selbst nicht zumuten. Nein, Kokain war kein sicherer Tipp.

Heroin würde mich vom Schmerz weitgehend befreien. Doch auch bei diesem Stoff kannte ich mich aus. Die Dealer streckten ihn mit allen möglichen Substanzen, um dadurch höhere Gewinne zu erzielen. Was man sich in die Venen spritzte, unterlag keiner Qualitätskontrolle. Ich aber hatte so hart daran gearbeitet, meinen Körper zu reinigen. 15 Jahre vorher waren von meinen zerstochenen Armen Aufnahmen gemacht worden, die man an sämtlichen Schulen des Bundesstaats zur Drogenbekämpfung benutzt hatte. Die Spuren auf meinen Armen existierten schon gar nicht mehr. Nein, ich wollte mir nichts Schmutziges und Giftiges in meine Venen injizieren.

»Ich warte«, sagte mein Freund. »Wenn du mir nicht mitteilst, was du willst, kann ich dir auch nichts bringen. Es ist schon spät. Kannst du dich nicht ein bisschen beeilen?«

Nun, es gab noch Dilaudid und Morphium. Doch hierbei handelte es sich um rezeptpflichtige Schmerzmittel. Falls ich ihrer tatsächlich bedurfte, so oblag es einem Arzt, sie mir zu verschreiben.

Ich wandte mich meinem Freund zu. »Tut mir Leid«, erwiderte ich. »Ich hab's mir anders überlegt. Ich denke, wenn ich wirklich Medikamente brauche, sollte ich morgen meinen Arzt anrufen und hören, was er sagt. Fahr mich bitte nach Hause. Mir ist schlecht...«

In jener Nacht vernahm ich keine Engelsstimmen. Ich erlebte keine plötzliche geistige Erleuchtung. Ich fühlte gar nichts, nur diesen fürchterlichen Schmerz. Dennoch bezeichne ich auch heute noch das, was im Auto geschah, als *Beweis für Gottes Gnade*.

Die Kapelle in Lakewood County, wo die Totenfeier für Shane stattfand, war voll besetzt mit seinen Schulkameraden und Freunden, zahlreichen Verwandten und Menschen, die wir kaum kannten. Mein Freund Louie hatte einen Heißluftballon gemietet. Er stand draußen, zum Abflug bereit. Nach der Zeremonie erhielten wir alle einen Luftballon, den wir dann gleichzeitig losließen.

Schweren Herzens trennte ich mich von meinem Ballon – als Letzte. Er schwebte langsam nach oben, derweil die anderen schon kaum mehr zu sehen waren.

Als die Kinder klein waren, hatte ich ihnen auch Luftballons gekauft, die manchmal allzu schnell in die Höhe schossen. Sie heulten und regten sich auf über den Verlust ihres kostbaren Gegenstandes. Dann erzählte ich ihnen eine Geschichte, die davon handelte, dass Gott all unsere Ballons einsammelt und aufbewahrt – und dass sie, sobald wir in den Himmel kommen, dort auf uns warten.

Jetzt musste ich mir selbst diese Geschichte erzählen.

»Weinen Sie oft?«, fragte mich der Babalawo offen und nachdenklich. »Nicht mehr so oft wie früher«, antwortete ich. »Aber einige Jahre lang konnte ich überhaupt nicht aufhören.«

»Gehen Sie in die Sonne. Genießen Sie das Leben. Lachen, tanzen, spielen Sie«, sagte er. »Gelegentlich muss man weinen, und das ist auch gut so. Doch wenn Sie zu lange traurig und deprimiert sind, öffnen Sie weiteren negativen Gefühlen Tür und Tor.«

Der Babalawo lehnte sich über den Holztisch. »Mit dem Schicksal verhält es sich meines Erachtens so«, fuhr er fort. »Es sendet uns die Menschen, mit denen wir zusammen sein sollen. Und zu einem bestimmten Zeitpunkt entfernt es sie wieder aus unserem Leben.«

Zum ersten Mal in unserem Gespräch wollte ich widersprechen, unterließ es aber. Mir schien, dass diese Macht namens Schicksal bisweilen einige Menschen viel zu lange hier gewähren ließ und andere zu schnell fortriss.

Einige Leute begreifen nicht, dass es nicht nur darum geht, die schmerzhafte Tragödie selbst durchzustehen, sondern auch darum, die Willenskraft und Leidenschaft wiederzufinden, dank derer man sich allmählich aufrichtet und mit den Nachwirkungen fertig wird.

Jahre später, als ich in Minnesota Bücher signierte, stand auch ein junges Mädchen in der Schlange. Sie hatte ein sehr liebes Gesicht und eine große dicke Brille, die ihr dauernd über die Nase rutschte. Als sie an der Reihe war, räusperte sie sich, schaute mich an und sagte mit der sanftesten Stimme: »Mrs. Beattie, ich wollte Sie bei der Beerdigung nicht stören, aber ich dachte, vielleicht könnte ich hier mit Ihnen sprechen. Shane war in meiner Klasse. In meiner Familie ging zwei Jahre lang alles schief. Mein Vater zog in den Golfkrieg. Kurz davor war mein Großvater gestorben. Meine Mutter war zutiefst betrübt und ich ebenfalls. Ich fühlte mich einsam. Shane hatte an jedem Schultag Zeit für mich übrig. Ganz gleich, was bei mir alles passierte – er heiterte mich immer auf und brachte mich zum Lachen. Ich wollte heute nur hierher kommen und Ihnen das mitteilen«, sagte sie. »Ich vermisse Shane, vermisse ihn wirklich.«

»Ich weiß«, sagte ich. »Ich vermisse ihn auch.«

Lange Zeit konnte ich nicht arbeiten. Meine Aufgabe war das Schreiben, aber ich hatte nicht das Geringste zu sagen.

Meine Freunde ermüdete es, immer wieder anzurufen und zu fragen, wie es mir gehe. Das erste Jahr war sehr hart, doch nicht das schlimmste. Der Schmerz quälte mich Tag und Nacht, fast ohne Unterbrechung. Das zweite Jahr war noch schrecklicher. Ich kann mich an keinen Moment erinnern, in dem mein Herz nicht wehtat. Wenn man jemanden verliert, den man innig liebt, dann heilt die Zeit allein diese Wunde nicht. Im Gegenteil, mit jedem Tag wird der Schmerz größer, weil man den Menschen umso mehr vermisst.

Auch Nichole machte viel durch, trauerte ebenso wie ich. Wir gingen in die Therapie, erhielten seelischen Beistand, aber das beseitigte nicht den Schmerz.

»Jeder denkt, dass es dir gut geht, Mami«, sagte sie einmal. »Ich bin die Einzige, die weiß, dass es dir im Grunde nicht besonders gut geht.«

Das stimmte. Ich hatte aufgegeben.

Zu jener Zeit trat Scotty wieder mitten in mein Leben. Er war nach Minnesota gekommen, um seine gesundheitlichen Probleme behandeln zu lassen. Meine Freundin Echo führte ihn zu mir zurück. Das Schicksal wollte es, dass sich unsere Wege abermals kreuzten.

Bei unserer ersten Begegnung waren all die Jahre, in denen wir uns nicht gesehen hatten, wie weggeweht. Er nahm mein Gesicht zwischen seine Hände. »Ich weiß nicht, wie es sich anfühlt, ein Kind zu verlieren«, sagte er und schaute mir direkt in die Augen. »Aber ich weiß, wie es sich anfühlt, mit der Erkenntnis zu leben, dass man niemals bekommen kann, was man ersehnt. Ich weiß, wie es sich anfühlt, etwas zu verlieren, das einem wirklich wichtig ist. Und ich weiß, wie es sich anfühlt, die Hoffnung zu verlieren.«

Er zeigte mir seine Beine. Seit seinem 18. Lebensjahr waren sie gelähmt.

»Ich habe tiefes Mitgefühl für den Zustand, in dem du dich befindest«, fuhr er fort. »Doch es ist Zeit, dass du dich davon befreist.«

Scotty nahm mich mit ans Meer, in den Park, zu den Seen und in die Berge. Er brachte mich dazu, dem Gespräch alter Menschen, die auf der Straße an uns vorbeigingen, aufmerksam zuzuhören. »Ist das nicht großartig?«, fragte er mich dann. Es spielte keine Rolle, was sie genau sagten. Er war der Meinung, dass es Spaß mache, einfach nur ihren Plaudereien zu lauschen und sich ihr Leben vorzustellen. Manchmal ging er mit mir in ein Lebensmittelgeschäft und tat nichts weiter, als die einzelnen Waren zu betrachten.

»Ist sie nicht schön?«, sagte er, eine Mango oder Orange in die Höhe haltend. »Koste sie. Schmeckt gut, nicht wahr? Gott schafft wirklich wunderbare Werke.«

Bisweilen las er mir auch Geschichten vor, etwa *Winnie the Pooh*, Texte von Khalil Gibran, einzelne Passagen aus der Bibel oder aus einem anderen heiligen Buch. Er sprach mit mir über Merlin und die Ritter der Tafelrunde. Er erzählte mir von Avalon und fragte sich, wann König Artus wohl zurückkehren würde. Er wollte, dass ich *Star Wars* (*Krieg der Sterne*) sehe, und hielt mir Vorträge über die Kraft.

»Weihe mich noch tiefer in magische Geheimnisse ein«, bat ich ihn eines Tages.

»Das ist gar nicht nötig«, antwortete er. »Erinnere dich einfach an das, was du schon weißt.«

Dann wurde unsere Beziehung kompliziert. Scotty hatte Probleme und musste abreisen. Ich war wieder auf den Beinen, fest entschlossen, meinen Verpflichtungen gegenüber Nichole nachzukommen. Mit Gottes Hilfe, ihrer eigenen Ausdauer und meinen lautstarken Ermahnungen, Bestechungsgeschenken, Drohungen und inständigen Bitten beendete sie ihr letztes Jahr auf der Highschool. Am Tag ihrer Abschlussparty kamen die Möbelpacker; noch am selben Abend verließen wir Minnesota, um nach Kalifornien zu ziehen.

Allmählich lernte ich, wieder zu atmen, in meinen Schmerz zu atmen.

Obsession

Was die Niederschrift von *Codependent No More* betrifft, so erinnere ich mich vor allem an mein Bedürfnis, ein Buch zu verfassen, das Menschen helfen sollte, die Co-Abhängigkeit besser zu verstehen. Ich wollte sie dazu anleiten, dieses Problem deutlich zu erkennen.

Ich wollte verhindern, dass sie jahrelang in der Dunkelheit umherirrten und eine Antwort auf die Frage suchten, warum sie selbst sich vor Schmerz krümmten, während sie doch nur jemand anders helfen wollten, der auf dem Holzweg, krank und offensichtlich außer Kontrolle geraten war. Ich wollte, dass Therapeuten nicht die ersten 20 oder 100 Sitzungen abwarten mussten, bis ihre Patienten die zwanghaften Vorstellungen vom Partner aufgaben und endlich anfingen, über sich selbst zu sprechen.

Ich wollte, dass meinen Lesern plötzlich dieses Licht aufgehen würde.

»Mein Mann machte gerade eine Entziehungskur, als er eines Tages anrief und mir sagte, dass ich ihn in der Klinik besuchen solle, um allmählich zu begreifen, was mir infolge seiner Trunksucht alles widerfahren war, und um ebenfalls zu gesunden«, erzählte mir Anna, eine dunkelhaarige Frau mit lebhaften, rabenschwarzen Augen. »Ich war sofort einverstanden, packte meine feinsten Kleider, einige köstliche Schokoladen, meine bevorzugten Liebesgeschichten und ein Fläschchen Valium ein. Wie sehr er mir mit seinem Alkoholismus zugesetzt hatte, war offensichtlich. Ich saß in einem dunklen Haus, starrte Nacht für Nacht aus dem Fenster und wartete, dass er heimkäme, nachdem er stockbetrunken seine Schau abgezogen und seine Ränke geschmiedet hatte, für die ich ihn hätte umbringen können. Wenn er endlich auftauchte, schrie ich ihn an und wetterte gegen ihn, strafte ihn dann mit meinem Schweigen, nahm seine Kreditkarte und ging einkaufen. Ich schlief allein auf der Couch, wünschte, er wäre tot, während die Trauer mich übermannte, weil der Mann, den ich geheiratet oder zu heiraten geglaubt hatte, nicht mehr da war. Trotzdem dachte ich, dass mir die Genesung von seiner Abhängigkeit leicht fiele: Ich würde mich ausruhen und fernsehen, und er würde sich durch die Entziehung ändern.

Als ich die Klinik betrat, empfing mich eine Krankenschwester. Sie nahm mir die Schokoladen und das Valium weg und gab mir ein Exemplar von *Codependent No More*. Ich saß in der Eingangshalle und las das Buch in einem Zug durch. Dann fing ich an zu weinen und konnte nicht mehr aufhören.

Das ist jetzt schon einige Jahre her. Mein Mann wurde wieder rückfällig, aber ich befreite mich allmählich von meinen Problemen mit der Co-Abhängigkeit. Wir sind weiterhin zusammen. Heute lebt er abstinent. Wenn er sich jetzt betrinken und halb wahnsinnig werden will, weiß ich, dass ich das nicht mehr mitmachen muss. Ich blicke ihn einfach an und sage: ›Liebling, das kannst du gerne tun, aber dann allein, ohne mich.‹

So ist das mit der Co-Abhängigkeit«, schloss Anna. »Entweder man durchschaut sie, oder man durchschaut sie nicht.«

∞

Eines Abends besuchte ich eine Party in Los Angeles und ging auf eine attraktive Frau Mitte 30 zu. »Möchten Sie mir erzählen, welche Probleme Sie mit der Co-Abhängigkeit haben und wie Sie damit umgehen?«, fragte ich sie nach einem kurzen Smalltalk.

Die Frau richtete sich auf, erstarrte. Ich sah, wie ihre Augen größer wurden und sich ihr die Nackenhaare sträubten. »Verzeihen Sie«, sagte sie. »Aber Sie müssen mich mit jemandem verwechseln. Ich bin nicht co-abhängig. Mir geht es bestens.«

Ich gab mich ein wenig verwirrt und entschuldigte mich. Was ich ihr nicht sagte – obwohl ich es vorhatte, mir aber auf die Zunge biss –, war, dass alle ihre Freunde sie für co-abhängig hielten, ihr dies auch mitgeteilt und mich gebeten hatten, mit ihr darüber zu sprechen. Doch sie war fest überzeugt, nicht co-abhängig zu sein.

»Ich weiß zwar, was Co-Abhängigkeit ist«, sagte meine Tochter Nichole einmal zu mir. »Aber ich habe keine Beziehung mit einem Alkohol- oder Drogenabhängigen und versuche auch nicht, ihn von seiner Sucht und seiner Opferrolle abzubringen, weil er sich sowieso nicht davon abbringen lässt. Daher verstehe ich nicht, was die Co-Abhängigkeit mit mir zu tun hat.«

Wir redeten eine Weile, und ich erklärte ihr den einen oder anderen Aspekt dieses Phänomens.

»Ist etwa jeder Mensch co-abhängig?«, fragte sie dann.

»Nein«, antwortete ich. »Nicht jeder.« *Aber wohl fast jeder*, dachte ich eigentlich. Es geht gar nicht so sehr darum, ob jeder Mensch co-abhängig ist, sondern darum, dass co-abhängige Verhaltensweisen viele feine Grenzen überschreiten. Waschechte Co-Abhängige tun viele Dinge, die die meisten anderen Leute auch tun – aber sie gehen dabei zu weit.

Empfänglich zu sein für die Gefühle des Partners und seine Ansichten zu respektieren, ist durchaus in Ordnung. Aber wenn man sich ständig um diese Gefühle kümmert, wenn man allzu besorgt ist um diese Ansichten und zugleich die eigenen Gefühle und Ansichten ignoriert – wenn man also die eigenen Gefühle und Instinkte abwertet, Schuld und Scham empfindet und sich gar nicht bewusst macht, was man denkt –, dann zeugt das von Co-Abhängigkeit.

Anderen zu helfen, damit sie ihre Aufgaben meistern, kann eine freundliche Geste sein: Der nette Nachbar vollbringt eine gute Tat. Es ist ebenso erfreulich wie wichtig, geliebten Menschen, Fremden und Leuten in der Gemeinde einen Gefallen zu tun. Doch wenn man sich in eine oder mehrere Beziehungen verstrickt, in denen man aus Schuld- oder übertriebenen Pflichtgefühlen – oder weil man dazu gezwungen wurde – die Aufgaben des anderen übernimmt, so ist dieses Handeln co-abhängig.

Die Co-Abhängigkeit kann dazu beitragen, dass Leute in ihrer Krankheit – etwa Alkohol-, Drogen-, Spielsucht – oder in ihren Ängsten gefangen bleiben. Sie kann uns selbst völlig auslaugen und verrückt machen. Die meisten Menschen lassen sich deshalb auf so genannte »Problemfälle« ein, weil diese Personen häufig in Schwierigkeiten stecken, denen sie entfliehen oder die sie lösen wollen. Wenn wir im Treibsand versinken, da jeder, dem wir Beistand zu leisten versuchen, uns noch tiefer hinabzieht, und wenn wir dann darauf warten, dass jemand kommt und uns rettet, leiden wir unter nicht behandelter Co-Abhängigkeit.

Charmant sein, sich diplomatisch geben, freundliche Worte finden – all das mag uns notwendig und nützlich erscheinen, damit wir in der Welt unseren Weg machen können. Aber wenn wir die Grenze zur Co-Abhängigkeit passieren, merken wir, dass wir so sind, wie die anderen uns gerne sehen, dass wir uns selbst vergessen.

Wenn wir an geliebten Menschen Anteil nehmen, ihnen helfen, schmerzliche Phasen heil zu überstehen, für sie da sind in der Not – ohne die Erwartung, dass sie uns dafür etwas zurückgeben, so verhalten wir uns vorbildlich. Doch wenn wir uns dauernd verausgaben, wenn wir manipuliert, angelogen, getäuscht und verletzt werden, dann deutet das auf einen Mangel an Selbstliebe hin. Wir haben etwas Besseres verdient. Wenn wir uns übermäßig verwöhnen, so liegt darin wohl auch etwas Abstoßendes. Aber wenn wir unsere ganze Liebe und Fürsorge auf andere verteilen, ohne uns selbst etwas zu gönnen, dann hat auch das etwas mit Co-Abhängigkeit zu tun.

Jemand anderem zu verzeihen, ist wichtig, wenn wir uns selbst verzeihen wollen. Doch zu viel Nachsicht für die unschönen Dinge, die ein und derselbe Mensch uns immer wieder antut, lässt darauf schließen, dass wir die Grenze zur Verdrängung überquert haben. Diese Art der Vergebung kann ein Trick sein, durch den beide Menschen in der Falle sitzen. Das heißt nicht, dass wir nicht vergeben sollen, sondern dass wir zuerst die Wahrheit erkennen und akzeptieren müssen.

Es gibt zahlreiche feine Grenzen, die aus dem Normalbereich in die gefährliche Zone wahnsinniger Co-Abhängigkeit führen.

Die Leidenschaft ist für viele von uns von zentraler Bedeutung. Wenn wir alles nur pro forma tun, wie Roboter agieren und sämtliche Entscheidungen hinsichtlich unserer Arbeit oder unseres Wohnorts ausschließlich vom Kopf her treffen, wird das Leben farblos und steril. Wenn dagegen unsere Entscheidungen und Einstellungen rein emotional bedingt sind, kann es geschehen, dass wir eine weitere Grenze überschreiten. Dann verwandelt sich die Passion in eine Obsession.

Eben diese Grenzüberschreitung behandelt die folgende Geschichte. Ich habe sie nicht geschrieben, aber sie könnte ohne weiteres von mir sein. Meine Tochter gab sie mir, und zwar kurz bevor sie mir sagte, dass sie eine Entscheidung getroffen habe, durch die mein Schicksal erneut eine andere Richtung nehmen sollte.

℘

Drei Stunden lang hatte ich am Telefon gesessen. Ich versuchte mir klarzumachen, dass ich an diesem Freitagabend deshalb nicht ausging, weil ich müde war. Das stimmte auch, aber vor allem erwartete ich einen Anruf. Genauer gesagt: Ich erhoffte ihn – inständig. Seit unserer ersten und letzten Verabredung war eine Woche vergangen, in der er sich nicht gemeldet hatte. Ich überprüfte die Klingel. Sie war eingeschaltet, aber man kann ja nie wissen. Gerade als ich die Störungsstelle anrufen wollte, um mich zu beschweren, läutete das Telefon.

»Hallo«, sagte ich – nach dem ersten Läuten – mit einer Stimme, die äußerst sexy war.

»Hi! Hier ist Arnold. Hab' den Eindruck, als würde ich dich bei etwas stören.«

Es war mein homosexueller Freund Arnold.

»Ich ruf' dich zurück«, erwiderte ich schnell, weil ich befürchtete, ER würde in diesem Moment anrufen und ich würde die Ansage überhören, dass ein zweiter Anrufer wartete, und er würde aufs Band geschaltet, aber keine Nachricht hinterlassen...

»Also bist du nicht allein? Wer ist bei dir? O mein Gott, es ist...«

Klick. Ich musste auflegen. Dann warf ich mich aufs Bett. Sollte ich ihn anrufen? Nein, das konnte ich nicht. Diese Woche hatte ich das schon dreimal getan und sofort wieder aufgelegt, als er abnahm. Er wusste nicht, dass ich es war. Vielleicht rufe ich ihn doch an. Einmal mehr kann nicht schaden.

Ich wählte die Nummer. Nach dem dritten Klingelzeichen meldete er sich.

»Hallo.«

Klick. Ich musste auflegen. Jetzt hatte ich mindestens eine Stunde zu warten, bis ich ihn erneut anrufen konnte. Was tat ich da eigentlich? Unser Rendezvous war nicht viel versprechend genug gewesen, um ein weiteres auch nur in Betracht zu ziehen und einen ungebetenen Anruf zu vergessen. Dieser Typ lebte quer über den Kontinent, an der anderen Küste. Was sollte ich sagen? »Oh, ich wollte wissen, was du heute Abend so machst.« Oder: »Ich bin bei dir in der Nähe und dachte, ich komme mal kurz vorbei.«

Ich rief ihn erneut an.

»Hallo.«

Ich saß nur da und schwieg.

»Wer immer am Apparat ist: Du tust mir Leid«, sagte er. Klick. Ich musste auflegen.

Sylvia Plath, die amerikanische Lyrikerin, schrieb einmal: »Sterben ist eine Kunst wie alles andere auch. Ich beherrsche sie außergewöhnlich gut.« Ich verstand diese Äußerung. Nicht Wort für Wort, aber den Impuls, der sie dazu trieb, den Selbstmord als eine Kunstform aufzufassen. Das konnte ich gut nachvollziehen.

Die Obsession ist eine Kunst. Ich beherrsche sie außergewöhnlich gut. Und mit jedem Augenblick, jedem Jahr noch besser. Sie ist vielleicht das Einzige, worin ich eine Expertin bin. Zwanghafte Vorstellungen sind tief in meiner DNA verankert. Manchmal erscheinen sie mir wie eine Gabe, mit der ich geboren wurde, dann wieder wie ein Fluch. Jedenfalls habe ich sie, also bin ich.

Momentan bin ich von Charles Bukowski besessen. Es gibt keinen anderen Schriftsteller außer ihm. Letzte Nacht habe ich versucht, Hemingway zu lesen, der ja als großartiger Autor gilt, aber es nicht geschafft. Ich muss mehr Bukowski lesen, bis ich mir seine sämtlichen Werke einverleibt habe; erst dann kann ich mich mit anderen Büchern beschäftigen. Die Kehrseite einer solchen Obsession besteht für mich darin, dass ich die Arbeit eines anderen Autors weder lesen noch genießen kann, solange ich mit meinem gegenwärtigen Objekt der Obsession nicht fertig bin. Wenn ich doch jemand anderen lese, stelle ich dauernd Vergleiche an und natürlich ist Bukowski einzigartig. Aber die Obsession hat auch einen Vorteil, nämlich dass sie irgendwann endet. Es gibt nur eine bestimmte Zahl von Bukowski-Büchern, und ich bin verdammt nah am letzten dran. Danach werde ich mir ein weiteres Objekt für meine Obsession suchen müssen. Das weiß ich, weil ich sie nicht zum ersten Mal erlebe. Man mag mir die Frage stellen: Warum liest du nicht ein bisschen hier, ein bisschen dort? Darauf antworte ich: Es gibt keine Halbheiten. Ich hasse oder ich liebe. Das eine oder das andere.

Seit neuestem richtet sich meine Besessenheit auch auf Aveda. Ich besitze alles, was dieses Geschäft anbietet, sogar das Shampoo für rötliches Haar, obwohl ich dunkelblond bin. Daneben habe ich peinlichere Obsessionen wie zum Beispiel die *Jerry Springer Show*, die ich mir nicht mit jedem anschaue. Falls mir die jeweilige Person nicht sonderlich nah ist, zappe ich nur kurz in die Show und gebe ein paar kritische Kommentare über all die bemitleidenswerten Leute ab, die sich diesen Mist reinziehen. Erst wenn ich mit dem Menschen eng verbunden bin, können wir zusammen die Show verfolgen; sobald er mein Vertrauen gewonnen hat, schreie ich mit den geladenen Gästen, fühle mich ihnen insgeheim aber überlegen, weil ich noch nie an einer Talkshow teilgenommen habe. Aber das kann ja noch kommen.

Folgende Leerstellen bitte ausfüllen: Ich bin momentan besessen von _____ (einzutragen ist der Name eines Schriftstellers, eines Geschäfts oder eines darin erhältlichen Artikels, eines Entertainers, einer Stadt, einer Fernsehshow, eines Nahrungsmittels usw.) Ich war schon von vielen Schriftstellern, Geschäften, Entertainern, Städten, Fernsehshows, Astrologieprogrammen und Nahrungsmitteln besessen. Aber nie hat etwas mich mehr umgetrieben als die Besessenheit in Bezug auf einen Mann. Das ist meine starke Seite. Die dunkelsten, besessensten Augenblicke erlebte ich in jener schrecklichen Zeit, als der Mann, den ich mehr ersehnte als irgendjemanden sonst – der mich ganz machen und an Orte führen sollte, wo ich noch nie gewesen war, der mich auf Ideen bringen sollte, die noch kein Mensch gehabt hatte –, als dieser Ritter in glänzender Rüstung überhaupt nichts von mir wusste. Das heißt, er kannte mich zwar, aber ich war ihm offenbar ziemlich egal.

Durch diese Obsession kam ich in einen so verzweifelten und erbärmlichen Zustand, wie ich ihn bisher kaum empfunden hatte. Manchmal war ich meinem normalen Leben so fern, dass ich die nachstehende Notiz an mich schreiben und sie an den Spiegel im Badezimmer heften musste, um wieder auf den Boden der Tatsachen zu gelangen:

Liebes Selbst,
ruf um Hilfe, wenn ich Folgendes bereits getan habe oder gerade tun will:
 ihn anrufen und sagen, dass ich schwanger bin, obwohl wir noch gar nicht miteinander geschlafen haben;
 unangemeldet und mit Taschen in den Händen vor seiner Wohnungstür aufkreuzen;
 die Störungsstelle anrufen und mich darüber beschweren, dass mein Apparat um nichts in der Welt ein Klingelzeichen von sich gibt;
 ihn überraschen, indem ich in einer Talkshow auftrete und über meine Beziehung zu ihm spreche;
 seinen Namen auf meinen ganzen Körper tätowieren lassen;
 mehrmals täglich ihn anrufen und gleich wieder auflegen;
 mehrmals täglich zu seiner Wohnung fahren;
 die Dinge so planen, dass ich *zufällig* zur gleichen Zeit am gleichen Ort bin wie er.

Ich gestehe: Fast alle diese Zwangshandlungen kenne ich aus eigener Erfahrung. Die wichtigste Lehre, die ich daraus gezogen habe, lautet: Wende solche Tricks auf keinen Fall unter dem Einfluss bewusstseinsverändernder Substanzen an. Es interessiert mich nicht, wie dringend du es dir wünschst. Wirf das Telefon aus dem Fenster, mach es kaputt oder mach irgendetwas anderes – aber ruf ihn nicht an, wenn du betrunken bist oder unter Drogen stehst. Unterzieh dich einer Behandlung. Lass dir in deiner Alkohol- oder Drogenabhängigkeit helfen. Werde nüchtern.
Dann kannst du anrufen.

Ich habe einen Freund, dessen Brust und Rücken von Narben gezeichnet sind, die er der Obsession einer Frau zu verdanken hat. Als er zu mir floh, um sich in Sicherheit zu bringen, erzählte er mir, dass diese Frau um vier Uhr morgens (die bevorzugte Zeit der Besessenen) in seine Wohnung eingedrungen war, ihm schreiend verkündete, wie sehr sie ihn liebe, indem sie ihn biss und kratzte, bis die Polizei gerufen wurde. Ich versuchte ihn zu trösten. Aber im Grunde wollte ich *sie* trösten und in den Arm nehmen, ihr sagen, dass ich sie verstehen und in jeder Weise unterstützen würde, damit sie zu ihm zurückkehren könne. Ich wusste, welche Qualen sie durchlitt. Stattdessen aber sagte ich zu dem Mann: »Wow. Dieses Mädchen scheint verrückt zu sein. Ich würde so etwas nie tun.« Woraufhin er mir mitteilte, dass er mich gerade deshalb sehr möge.

Einmal war ich mit einem Mann zusammen (und besessen von ihm), gegen den seine Ex-Freundin ein gerichtliches Verfahren anstrengte, weil er sie verfolgte. Ich muss gestehen, dass 40 Telefonanrufe pro Tag und das ständige Klopfen an ihr Fenster mir eher als Ausdruck von Liebe erschienen. Sie dachte anders, und der Richter gab ihr Recht. Erinnern wir uns der guten alten Zeit, in der solche penetranten Annäherungsversuche nicht verboten waren und man keine Möglichkeit hatte, die Telefonnummer eines anonymen Anrufers ausfindig zu machen. Da war alles noch einfach. Jetzt gibt es Gesetze, die wir einhalten oder clever umgehen müssen.

Wie ich schon erwähnte, war ich von bestimmten Städten besessen. Momentan – und wahrscheinlich für den Rest meines Lebens – bin ich vernarrt in New York. Ich liebe alles, was mit dieser Stadt zu tun hat, und hasse folglich alles an jeder anderen Stadt. Zunächst – im Alter von 17 Jahren – besuchte ich New York an Wochenenden und verliebte mich sofort. Vor einem Jahr habe ich angefangen, wieder dorthin zu reisen und mein ganzes Geld in Flugtickets für jedes Wochenende zu investieren. Ich hatte in New York viele Freunde gefunden und mit ihnen unter der Woche ausgefallene Pläne für das kommende Wochenende geschmiedet, weshalb dann niemand verstand, warum ich trotz dieser sorgfältigen Planungen während meines gesamten Aufenthalts wie vom Erdboden verschluckt war. Ich weiß, warum. Ich war besessen von diesem einen Mann, den es nicht sonderlich kümmerte, ob ich existierte und in die Stadt käme, wo ich doch beabsichtigte, ihn zu erobern, seine Liebe zu gewinnen und ihn als Geisel zu nehmen. Als ich schließlich definitiv nach New York zog, erzählte ich jedem in aller Ausführlichkeit, dass dieser Schritt berufliche Gründe habe, dass ich nur in New York wirklich erfolgreich sein könne... Blablabla. Das war eine Lüge. Ich zog dorthin, weil ich total besessen war von dem Mann, der mich nicht wollte, und weil ich sicher war, dass er mich hofieren und lieben würde und wir für alle Zeit glücklich wären, wenn er nur sähe, wie wunderbar ich im Alltag bin.

Nun, wir kamen doch noch zusammen, und das war schön – doch in dem Moment, da er sich für mich interessierte, machte ich einen Rückzieher. Das sind die Regeln des Spiels. Natürlich werde ich ihm nie verraten, wie intensiv ich mich um ihn bemüht habe – das darf man ihnen nicht sagen. Ich kann mir nicht vorstellen, wie er reagieren würde, wenn ich ihm von meinen unzähligen Aktionen berichtete – dass ich ihn anrief und sofort wieder auflegte, dass ich an seiner Wohnung vorbeiging oder *zufällig* eine weitere Geschäftsreise nach New York unternahm – und dass ich allein seinetwegen in diese Stadt gezogen bin. Zweifellos würde er mich dann an sich binden.

Dieser Mann ist jetzt ein guter Freund, und selbstverständlich stelle ich mir oft die Frage, was mich an ihm derart fesselte, aber ich kann sie immer noch nicht beantworten.

Kürzlich war er auf Geschäftsreise, und ich sollte während seiner Abwesenheit die Wohnung hüten. Einmal läutete um drei Uhr nachts das Telefon.

»Ist Troy da?«, fragte mich eine Frau am anderen Ende mit dieser gekünstelten, erotisch dunklen Stimme, die ich nur allzu gut kannte.

»Nein. Er ist nicht da. Kann ich ihm etwas ausrichten?«
»Ja. Sagen Sie ihm einfach nur, dass Sarah angerufen hat.«
Ich legte mich wieder hin und dachte darüber nach, wer Sarah wohl sein mochte.
Das Telefon läutete erneut.
»Hi! Hier ist nochmal Sarah. Können Sie Troy folgende Nummer geben?« Sie nannte mir eine New Yorker Nummer.
»Sie wissen schon, dass es drei Uhr nachts ist?«, fragte ich gereizt.
»Klar, aber ich habe Troy heute gesehen, und er sagte mir, ich solle ihn um drei Uhr nachts anrufen.«
»Sie haben Troy heute gesehen?«, fragte ich.
»Nein. Ich habe mit ihm telefoniert, und er sagte mir, ich solle ihn um drei Uhr nachts anrufen.«
»Er sagte Ihnen, Sie sollten ihn hier in New York anrufen?«
»Ja, das hat er gesagt und jetzt hab' ich's getan. Warum fragen Sie mich eigentlich aus?«, wollte sie in jenem anderen Ton wissen, der mir ebenfalls nur allzu vertraut war.
»Ist doch ganz egal. Ich kenne ihn viel besser als Sie.« Klick.
Ich lag einige Minuten im Bett und wiederholte die Konversation in meinem Kopf. Dann nahm ich den Hörer ab.
»Troy, ich bin's. Ein Mädchen namens Sarah hat gerade für dich angerufen.« Ich erzählte ihm das ganze Gespräch, derweil er herauszufinden versuchte, wer dieses Mädchen war.
»Wer immer sie ist, sie ist verrückt«, sagte er.
»Genau«, pflichtete ich ihm bei. »Ich würde so etwas nie tun.«
»Ich weiß«, sagte er. »Eben deshalb mag ich dich so sehr.«
Wir legten auf. Bevor ich einschlief, konnte ich nicht widerstehen, Sarah wenigstens einmal anzurufen und sofort aufzulegen.

»Es ist alles frei erfunden«, sagte Nichole, als ich ihre Geschichte zu Ende gelesen hatte.
»Natürlich«, versicherte ich.
»Du weißt, jahrelang hast du mir gesagt, dass ich wahrscheinlich Schriftstellerin werden würde, und ich habe erwidert: ›Nein, ich werde nicht Schriftstellerin, ich will nicht so sein wie du.‹«
»Das stimmt.«
»Du hast Recht gehabt. Ich bin eine Schriftstellerin. Nun, zumindest will ich eine werden, aber nicht so eine wie du. Ich will keine Selbsthilfebücher schreiben. Weißt du, was ich mir in Bezug auf meine berufliche Laufbahn überlegt habe, was ich tun muss, um da weiter voranzukommen?«
»Was denn?«, fragte ich eingedenk der heiligen Pflicht eines jeden Autors, nämlich auf den Punkt zu kommen.
»Der Punkt ist der«, sagte sie schließlich. »Ich verlasse Kalifornien und ziehe nach New York.«
Nachdem nun die durcheinander gewirbelten Bestandteile unseres Lebens endlich wieder geordnet und zusammengefügt waren, stand Nichole als Erwachsene vor mir. Und sie zog nicht nur zu Hause aus, sondern auch an die andere Küste.
Ich begann eine Diskussion. Sie aber schaute mich nur an.
»Du hast mir immer nahe gelegt, der Stimme meines Herzens zu folgen. Du kannst mir jetzt nicht erzählen, dass ich es nicht tun soll«, sagte sie.
Ich hatte viel für meine Kinder geopfert, ohne zu zögern und – meistens – mit großer Freude. Nach Shanes Tod war es meine Verpflichtung gegenüber Nichole gewesen, die mich am Leben gehalten hatte. Jetzt stand mein Kind kurz davor, ihre Zelte abzubrechen.
Es war an der Zeit, eine neue Verpflichtung einzugehen. Es war dringend notwendig, mich wieder meinem eigenen Leben zu widmen.

»Lieben und achten Sie sich selbst«, sagte der Babalawo. Diese Worte wiederholte er für mich. »Wenn Sie sich nicht lieben und achten, wird niemand sonst es tun.«

Dann fragte er mich: »Lebt Ihre Mutter noch?«

Ich sagte Ja.

ʚ

Meine Mutter ist auch Schriftstellerin. Sie begann zu schreiben, als sie schon über 70 war, und verfasste ihre Memoiren.

Ich rief sie kurz vor meinem Geburtstag im Mai 1998 an, nachdem ich ihr im Selbstverlag erschienenes Buch gelesen hatte. Darin erzählte sie ihr Leben von der Geburt bis zum 21. Lebensjahr.

»Ich habe dein Buch gelesen«, sagte ich. »Ich mochte es sogar.«

»Welcher Teil hat dir am besten gefallen?«, fragte sie.

Ich überlegte. Mir gefielen besonders die Stellen, die von ihrem Fleiß und ihrer Phantasie handelten, davon, wie sie sich als Kind den schönsten Stand für das Schulfest ausgedacht hatte. Sie veranstaltete ein Ratespiel für die Besucher. Derjenige, der erriet, was die Initialen I.P.T.A. bedeuten, hatte gewonnen. Niemand konnte die Aufgabe lösen. Die richtige Antwort lautete: »It pays to advertise« (Werbung lohnt sich).

Es war für mich erhellend, beeindruckend und schrecklich zu erfahren, welche Misshandlungen sie erleiden musste. Ihr Vater hatte vor ihren Augen die Katze der Familie auf brutale Weise getötet. Er und ihre Mutter schlichen mitten in der Nacht in ihr Zimmer, hoben die Bettdecken hoch und richteten den Strahl der Taschenlampe auf ihren Körper, um ihre Brüste und Genitalien zu untersuchen und ihre Schamhaare zu zählen. Aber am meisten berührte mich die Passage, wo sie das Messer ergriff, mit dem sie als Kind schlief, und ihrem Vater in den Penis schnitt, als er – die Mutter war nicht zu

Hause – zu ihr ins Bett stieg, um sie zum Inzest zu zwingen. Danach rannte er in die Stadt und erzählte seiner Frau, meiner Großmutter, dass er deshalb »da unten« verletzt sei, weil er plötzlich beschlossen habe, sich beschneiden zu lassen.

Ja, diesen Teil fand ich am gelungensten; dort war meine Mutter vehement für sich selbst eingetreten.

An meinen Großvater kann ich mich kaum erinnern. Als er alt und krank war, ließ Mutter ihn kommen, sodass er eine Zeit lang bei uns lebte, ehe er starb. Ich weiß nur noch, dass sie ihn freundlich behandelte. Nach der Lektüre ihres Buches überraschte es mich, dass sie ihn nicht auf einem Stuhl festgebunden und jedes Mal beim Vorübergehen mit einem Stock geschlagen hat.

Außerdem war es für mich interessant, dass sie den gleichen Schwur wie ich geleistet hatte: Ihre Kinder sollten niemals misshandelt werden. Wenn ich jedoch ehrlich bin, muss ich zugeben, dass ich viele Dinge genauso getan habe wie meine Eltern, obwohl ich mir schwor, sie niemals zu tun.

Ich sehe ein, dass mir die Jahre der Alkohol- und Drogenabhängigkeit geschadet haben und dass auch meine Mutter sehr darunter litt. Ich war ihr kleines Mädchen, ihr letztes Kind. Als sie mit mir schwanger wurde, musste sie vieles entbehren und in Kauf nehmen. Ich habe ihr das Leben noch erschwert. Sie gab mir deutlich zu verstehen, dass sie damals mit mir in der Klemme saß.

»Du weißt, dass du kein Wunschkind warst«, sagte sie mir am Telefon, als ob sie meine Gedanken lesen könnte.

»Ja«, bestätigte ich.

»Nun, ich will, dass du eines weißt. Ich muss es dir jetzt mitteilen. Du hast dich zu einem guten Menschen entwickelt und vielen anderen Menschen geholfen. Ich bin stolz, deine Mutter zu sein. Ich bin wirklich, wirklich froh, dass du auf die Welt gekommen bist.«

Wie Mutter immer sagte: Wenn es sich lohnt, etwas zu machen, dann lohnt es sich, es gut zu machen. Außerdem sagte sie, dass man manchmal hart arbeiten und geduldig warten müsse, um das zu bekommen, was man sich wünscht.

Diese Worte lohnten all die harte Arbeit und das geduldige Warten, die nötig waren, um sie gesagt zu bekommen.

Schließlich konnte ich mir selbst »Happy Birthday« singen.

∽

»Kürzlich habe ich mit einem Freund gesprochen«, sagte meine Tochter Nichole einen Monat später, als sie mich von New York aus anrief. »Ich habe ihm erklärt, dass sein unverantwortliches Verhalten und meine unverantwortlichen Reaktionen nur durch eine feine Grenze voneinander getrennt seien. Weißt du, als was er mich daraufhin bezeichnet hat?«, fragte sie. »Er sagte, ich sei eine Tochter, die ganz nach dem Geschmack ihrer Mutter geraten sei.«

Frieden und Krieg

Während meiner Reise durch den Nahen Osten im Jahre 1997 recherchierte ich eine interessante Geschichte, aber nichts klappte so, wie ich es gehofft oder geplant hatte. Es herrschte eine feindliche, verwirrende Energie, die ständig ihre Richtung wechselte. Ich hatte starke Zweifel, ob ich in meinem Leben oder auf diesem Trip überhaupt geführt wurde, bis ich plötzlich vor dem Grab von König David in Jerusalem stand.

Viele Menschen kennen die Geschichte von David und Goliath; zumindest mit dieser Episode aus Davids legendärer Biografie sind sie vertraut. Aber in Davids Leben spielten noch andere Aspekte eine wichtige Rolle: Leidenschaft, Obsession, Rache, Hass, Macht und Liebe. Davids Geschichte zeigt, wie man sein Leben von innen her lebt.

Sie findet sich in Bibel, Thora und Koran und handelt vom größten König, den Israel je besaß.

David war ein hübscher Junge, der Jüngste in seiner Familie. Er hatte unter anderem die Aufgabe, Schafe zu hüten. Außerdem spielte er gerne Harfe. Seine Arbeit als Schafhirt nahm er sehr ernst. Oft musste er die Herde vor Bären und Löwen schützen.

In dieser Zeit lernte er, mit der Schleuder umzugehen. Um wilde Tiere von den Schafen fern zu halten, legte er einen Stein ins Gummiband, zielte genau und ließ los. So konnten die Schafe und er selbst überleben.

Wahrscheinlich hatte er jeweils nur eine Chance, einen Schuss.

Als Schafhirt benutzte er diesen einen Schuss, diesen einen Stein, um einen Bären oder zumindest einen Löwen zu erlegen. Im Laufe der Zeit perfektionierte er seine Fertigkeit.

Damals hatte König Samuel den Thron einem Mann namens Saul überlassen. Doch Saul beging einige Fehler. Samuel warnte ihn, dass Gott jemand anders für diese Aufgabe ausersehen habe und dass er, Saul, vom Thron gestoßen werde. Der neue König stehe bereits fest, sagte Samuel. Es handle sich um *einen Mann ganz nach dem Wunsch Gottes*.

Diese Nachricht machte Saul nervös. Er wusste, dass er manchmal über die Stränge geschlagen und seine Macht missbraucht hatte.

Dem biblischen Bericht zufolge war der Geist Gottes von Saul gewichen, der dadurch immer mehr in Trübsinn verfiel. Um sich ein wenig das Herz zu erleichtern, ließ er verkünden, dass er einen Harfenisten suche, dessen Musik ihm Trost spende. Auf diese Weise begegnete er David, dem jungen Schafhirten, der auch ein begnadeter Musiker war. Als David seine Schleuder niederlegte und zur Harfe griff, heiterte er mit seinem Spiel den traurigen König auf.

In jener Zeit war Israel in lang anhaltende Kämpfe mit einem benachbarten Volk, den Philistern, verstrickt. Deren Führer war ein Riese namens Goliath. Er trug einen ehernen Helm und einen Schuppenpanzer und war sechs Ellen und eine Handbreit groß.

Eines Tages schritt Goliath in die Mitte des Schlachtfelds und zog eine Linie. Er sagte, anstatt wie üblich im Krieg viele Menschen zu opfern, sollten nur zwei Krieger gegeneinander kämpfen. Dann forderte er die Israeliten heraus: »Schickt den besten Mann, den ihr habt. Wenn ich ihn töte, müsst ihr euch den Philistern ergeben. Wenn euer Mann mich tötet, werden die Philister euch dienen.«

Goliath machte ihnen zwar dieses Angebot, aber er war fest davon überzeugt, den Sieg davonzutragen. »Ich werde euren Mann erschlagen und ihn den Vögeln geben und den Tieren auf dem Feld«, sagte er.

Die Herausforderung erging an alle Israeliten. 40 Tage lang wollte keiner sie annehmen.

Eines Tages ging David hinunter zum Schlachtfeld, wo sich zahlreiche Söldner und Bürger Israels versammelt hatten und aufgeregt umherliefen. David war von seinem Vater dorthin geschickt worden, um Nahrungsmittel und eine liebevolle Botschaft an seine Brüder zu überbringen, die dem Militär angehörten. David fragte sie nach dem Stand der Dinge und wollte herausfinden, was mit dem Mann geschähe, der Goliath besiegte.

Einer der Brüder sagte zu David in verächtlichem und vorwurfsvollem Ton: »Was tust du hier? Du bist bloß gekommen, um der Schlacht beizuwohnen und das Schauspiel zu genießen. Warum hütest du nicht deine Schafe?«

David hörte sich weiter um und fragte andere Leute, was der Mann, der Goliath töten würde, zu erwarten habe. Schließlich trat er vor und sagte, er sei der Mann, der die Aufgabe bewältigen könne.

König Saul ließ ihn holen. Als er in David den hübschen Jungen erkannte, der ihm auf der Harfe vorgespielt hatte, schüttelte er den Kopf. »Das schaffst du nicht. Du bist kein Krieger. Israel wird verlieren, und du wirst sterben.«

Doch David beharrte auf seinem Standpunkt. »Ich habe einen Löwen und einen Bären erlegt. Ich weiß, dass ich auch Goliath töten kann. Und ich weiß, was Gott mir aufgetragen hat.«

Es gelang ihm, Saul zu überzeugen, der ihm daraufhin eine prächtige Rüstung anlegte und ein besonderes Schwert gab. Aber David fühlte sich in diesem Panzer unwohl. Er konnte sich damit nicht frei genug bewegen. Also streifte er das alles ab und sagte zum König, er wolle seine normale Kleidung tragen. Als Waffe benötige er nur seine Schleuder sowie ein paar Steine.

Der nächste Teil der Geschichte ist allgemein bekannt. David ergriff die Schleuder und schritt zur Linie auf dem Schlachtfeld, die Goliath gezogen hatte. Als der den hübschen

Jungen in der Kleidung eines Schäfers und mit einer Schleuder erblickte, lachte er ihn aus. Goliath zog sein Schwert. David nahm einen Stein und spannte die Schleuder. Er traf Goliath mitten auf die Stirn und streckte ihn zu Boden.

David ging hinüber zu dem Riesen, um zu sehen ob er noch lebte. Doch er war tot. David trennte ihm den Kopf ab und warf ihn den Tieren und Vögeln des Feldes zum Fraß vor.

Von da an war David dem Sohn des Königs, Jonathan, wie ein Bruder zugetan. Darüber hinaus entspann sich zwischen David und Saul eine der berühmtesten Hasslieben der Geschichte. Saul merkte, dass David seine Stelle einnehmen und der nächste König sein würde.

»Der Mensch betrachtet die Leute und sieht ihr Äußeres«, hatte Samuel Saul gewarnt. »Gott aber betrachtet das Herz.«

Durch seinen Sieg über Goliath erwarb sich David hohes Ansehen. Er galt als der größte Krieger des Landes, der sogar König Saul in der Kampfeskunst überbot, weshalb dieser eifersüchtig und rachsüchtig wurde. Manchmal nahm er David zu sich und seiner Familie, dann wieder versuchte er, ihn umbringen zu lassen.

Da Jonathan, sein Sohn, eng mit David befreundet war, warnte er David, sobald Saul ihm etwas antun wollte. Dann floh David in die Berge, versteckte sich und lebte in Höhlen.

Bei Sauls Suchaktionen bot sich David zweimal die Möglichkeit, ihn zu töten, aber er lehnte das ab und verschonte den König. David sagte, er habe nicht das Recht zu einer solchen Tat, obwohl Saul ihm nach dem Leben trachtete, denn der sei von Gott berufen worden.

Ein Seher im Land prophezeite dem König, dass seine Herrschaft zu Ende gehe. Kurz darauf starben Saul und sein Sohn Jonathan im Kampf gegen die Philister.

Im Alter von 30 Jahren wurde David zum König gesalbt. Von diesem Tag an löste er ein Versprechen ein, das er Jonathan gegeben hatte. Er sorgte für dessen Nachkommen und behandelte sie wie Mitglieder des Königshauses.

Die Kriege Israels gegen die äußeren Feinde dauerten lange an. Da David ein geschickter Feldherr war, konnte er seine Männer meistens zum Sieg führen. Außerdem nahm er sich viele Ehefrauen und Geliebte, was damals gang und gäbe war. Er holte die Bundeslade zurück nach Jerusalem, die die Philister entwendet hatten. Er fungierte als Richter, entschied über das Leben der Menschen und ihre Streitereien untereinander. Wann immer er im Zweifel war, fragte er zunächst Gott um Rat und wartete auf eine Antwort: ein deutliches Zeichen von Gott und von seiner eigenen inneren Stimme.

Eines Abends stieg David auf das Dach des Königshauses und sah eine schöne Frau, die sich in Öl badete.

Es war Bathseba, die Frau des Uria, eines von Davids loyalen Kriegern. Aber das hielt David nicht ab.

Er hatte sich verliebt.

Er wollte diese Frau um jeden Preis haben und ließ sie holen. Sie schliefen miteinander, woraufhin Bathseba sofort schwanger wurde.

David gab seinen Offizieren den Befehl, Uria, den treuen Diener des Königs, bei der Belagerung einer Stadt in die vorderste Linie zu stellen, wo der Kampf am heftigsten tobte, und sich hinter ihm zurückzuziehen, damit er allein und ungeschützt sei. David wusste, dass Uria dann erschlagen würde und er die Witwe Bathseba zur Frau nehmen konnte.

Alles verlief nach Plan. Uria fiel, und Bathseba wurde zur ersten Frau Davids. Jetzt aber hatte er eine Blutschuld auf sich geladen – nicht nur Ehebruch begangen, sondern auch einen Mord. Dieses Mal hatte David vergessen, Gott um Rat zu fragen.

Der missbilligte die Tat und sandte Nathan, einen von Davids vertrauenswürdigen Beratern, zum König. Nathan erzählte dem König eine Parabel, um ihm damit eine Botschaft Gottes zu übermitteln und eine Lektion beizubringen. Die Geschichte handelte von einem reichen Mann in einer Stadt, der alles besaß, was das Herz begehrt, und einem armen

Mann, der nur ein kleines Schaflamm hatte. Als der Reiche Besuch bekam, nahm er dem Armen das einzige kleine Lamm weg, um den Gast zu bewirten. Wie reagierte David darauf? Was sollte seiner Meinung nach geschehen? Da er auch Richter war, dachte er, der Berater spiele auf einen Fall an, in dem er, David, einen Spruch fällen müsse. Er merkte nicht, dass es eigentlich um ihn und sein Verbrechen an Uria ging.

David sagte, der Reiche, der das getan habe, solle sterben und dazu das Schaf vierfach bezahlen.

Da erklärte ihm Nathan, dass der Reiche, der des Armen einziges Schaf gestohlen hatte, der König selbst sei, und dass die Parabel eine Botschaft Gottes beinhalte.

David bereute seine Verfehlung auf der Stelle, bemühte sich um Buße und Vergebung. Doch von diesem Augenblick an nahm sein Leben einen anderen Verlauf. Das Kind, das Bathseba zur Welt gebracht hatte, starb, und ihm brach das Herz. Später beging einer seiner Söhne aus der Verbindung mit einer Nebenfrau einen Mord und musste vom Hof verbannt werden. Dieser Sohn namens Absalom wandte sich gegen den Vater und beanspruchte, der größte Herrscher und Richter des Landes zu sein. Vor aller Augen nahm er sich sogar die Geliebten seines Vaters, wie es vorhergesagt worden war. Schließlich kam auch dieser Sohn um.

»Es sei dir vergeben«, hatte Gott zu David gesagt, »aber fortan wird deine Familie durch das Schwert leben.«

An Davids Hof wurde schließlich die Ordnung wieder hergestellt. Ein weiterer Sohn, den er mit Bathseba hatte, trug den Namen Salomon; er folgte David auf den Thron und erwarb sich den Ruf, der weiseste Mensch aller Zeiten zu sein.

Mit seinen Fehlern und Erfolgen lebt David noch immer im Gedächtnis der Menschheit als Israels größter König – und als *ein Mann ganz nach dem Wunsch Gottes.*

Macht. Man weiß, wann man sie hat, und man weiß, wann man sie nicht hat. Man weiß, wann man sie in Beziehungen hat – mit geliebten Wesen, Familienmitgliedern oder am Arbeitsplatz. Ob man ein kleiner Angestellter mit zwölf Mark Stundenlohn ist oder ein Hightech-Unterhändler, der 60-Millionen-Mark-Geschäfte abschließt – man weiß, wann der Ball der Macht im eigenen Hof liegt. Instinktiv weiß man, wen man am meisten liebt und braucht. Die andere Person weiß es ebenfalls. Und man weiß, wann man in einer Position ist, die Machtspiele erlaubt – widerliche Manöver, die das Gegenüber an die Wand drücken.

Außerdem weiß man, wann der Zeitpunkt unpassend ist.

Als ich anfing, Aikido zu erlernen, jene Kampfsportart, die sowohl eine geistige als auch eine körperliche Übung ist, ging mein *sensei* auf mich zu und versetzte mir ohne jeden ersichtlichen Grund einen Schlag in den Magen oder gegen den Arm.

Die ersten Male, da er dies tat, war ich verwirrt.

Als er mich dann weiterhin in regelmäßigen Abständen und ohne Vorankündigung schlug, fragte ich ihn: »Warum hast du das getan?«

Er gab mir keine Antwort.

Nachdem ich meine ersten beiden Prüfungen bestanden hatte, fragte ich ihn erneut. Ich dachte, dass ich es verdient hätte, den Grund für diese Aggression zu erfahren.

»Die Antwort ist einfach«, sagte er. »Ich schlage dich, weil ich's kann.«

Soziologen vertreten die Ansicht, dass die Menschen ihr Leben lang versuchen, eine Hierarchie von Bedürfnissen zu befriedigen – zuerst das Bedürfnis nach Nahrung und Unterkunft, dann das nach Liebe, sinnvoller Arbeit usw. Nach Maslow beginnen wir am unteren Ende der Bedürfnisskala und arbeiten uns mit der Zeit weiter nach oben. Wahrscheinlich stimmt das. Aber ich glaube, dass sich – gleichzeitig – eine weitere, unterschwellige Kraft bemerkbar macht.

Einige Leute sagen, das Leben beruhe im Wesentlichen auf Kommunikation. Andere behaupten, es drehe sich alles um Geld. Und wieder andere meinen, Sex sei der entscheidende Faktor überhaupt.

Mir scheint, der springende Punkt ist die Macht.

Während meines inneren Heilungsprozesses war ich der festen Überzeugung, wir müssten hart werden, uns aufbäumen, uns auf die Brust schlagen und schreien. Ich hielt es für notwendig, dass wir uns unabhängig, mit eigenen Mitteln und ganz allein unsere Macht aneignen.

Heute denke ich anders. Im Grunde eignen wir uns diese Macht nicht an, sondern bringen uns in Übereinstimmung mit ihr. Die Macht ist schon da.

Eben davon handelt die folgende Geschichte.

∾

Ich saß in meinem kleinen Buchladen, den ich seit etwa einem Jahr führte. An diesem Herbsttag war das Geschäft flau. Der Laden befand sich im zweiten Stock des Gebäudes. Die Luft zirkulierte kaum. Mir war unerträglich heiß.

Ein großer, muskulöser, dunkelhaariger Mann kam herein.

Er zögerte keine Sekunde, ging sicheren Schrittes auf mich zu, fragte, ob ich Melody Beattie sei, und drückte mir, als ich Ja sagte, sofort einige Blätter in die Hand.

»Hier«, sagte er, »das ist eine amtliche Vorladung.«

Ich kramte meine Brille hervor und las die Papiere in meinem Schoß. Zuerst sprangen mir die Worte *Superior Court for the County of Los Angeles* (Oberstes Gericht des Kreises Los Angeles) ins Auge.

Entsetzt starrte ich auf die Schriftstücke.

Ein früherer Geschäftspartner hatte eine Klage gegen mich eingereicht.

Soeben war mir der Krieg erklärt worden.

Der Mann, der die Klage gegen mich erhob, war an einem wunden Punkt in mein Leben getreten, nämlich kurz nach dem Tod meines Sohnes. Zu jener Zeit quälte ich mich durch den Alltag, unfähig zu schreiben und genügend Klarheit zu gewinnen, dank deren ich meine beruflichen Angelegenheiten hätte regeln und die entsprechenden Verträge hätte aushandeln können. Deshalb war ich gerne bereit gewesen, ihm große Macht über mein Leben einzuräumen. Mein Lieblingssatz lautete: »Ist mir egal. Entscheide du.« Er hielt die Zügel fest in der Hand.

Im Laufe der Zeit gewann ich wieder an Kraft, wenn auch in kaum sichtbaren kleinen Etappen. Und es kam, wie es unweigerlich kommen musste: Ich wurde wütend auf jene, denen ich freiwillig meine Macht abgetreten hatte. Zu ihnen gehörte auch der Mann, der jetzt Klage gegen mich eingereicht hatte.

Er hatte eine fragwürdige Transaktion veranlasst, die ich nicht verstand.

Ich war explodiert und hatte ihn auf der Stelle gefeuert.

In der Folgezeit versuchte er einige Male, mit mir zu sprechen und die Dinge ins Lot zu bringen. Doch ich war erfüllt von Angst. Ich fürchtete mich nicht vor ihm, sondern davor, in jenen Zustand der Hilflosigkeit zurückzufallen, in dem ich nicht mehr wusste, was ich dachte, was in mir vorging. Ich fürchtete mich vor mir selbst. Bis ich meine Macht wieder erlangt hatte, war ich derart durcheinander, dass ich nicht nachdenken konnte. Ich konnte nur fühlen, und mein einziges Gefühl war Wut. Wir vertraten unterschiedliche Auffassungen in Bezug auf unsere ursprüngliche Abmachung.

»Wenn er gegen seine Kündigung etwas einzuwenden hat«, sagte ich zu meinem Rechtsanwalt, »dann sagen Sie ihm, dass er gegen mich klagen soll.«

Das war jetzt, Jahre später, geschehen. Er strengte einen Prozess gegen mich an. Die Schriftstücke in meinem Schoß waren eine offizielle Kriegserklärung. Aber ich hatte den ersten Schuss abgegeben.

Ich rief meinen Anwalt an und faxte ihm die Papiere zu.

»Was wollen Sie tun?«, fragte er.

»Ich besitze keine großen Reichtümer«, antwortete ich. »Aber ich werde jeden Penny nutzen, um vor Gericht Recht zu bekommen. Stehen wir die Sache bis zum Ende durch.«

Monate vergingen. Zunächst musste ich nur Dokumente von früher zusammensuchen, aber das war eine lästige Pflicht. Meine geschäftlichen Unterlagen befanden sich größtenteils in Schachteln, die in der Garage standen. Viele von ihnen waren falsch eingeordnet. Seit dem Beginn der Auseinandersetzungen mit diesem Mann war ich mehrmals umgezogen, einmal sogar in einen anderen Bundesstaat. Trotzdem war ich fest entschlossen, diesen Kampf auszufechten – ganz gleich, ob ich ihn gewinnen oder verlieren würde.

»Sind Sie sicher, dass Sie all diese Scherereien auf sich nehmen wollen?«, fragte mein Anwalt mehrfach.

»Es geht ums Prinzip«, erwiderte ich. »Deshalb will ich kämpfen.«

»Gut«, sagte er. »Ich denke, Sie können gewinnen.« Eines hatte ich jedoch nicht in Betracht gezogen – nämlich dass der gegnerische Anwalt seinem Mandanten das Gleiche gesagt hatte. Auch er glaubte, schließlich als Sieger dazustehen.

In der Vergangenheit hatte mich schon der bloße Gedanke, vor Gericht zu ziehen, in Schrecken versetzt. Ungute Erinnerungen an die Gerichtstermine während meiner Drogenabhängigkeit wurden wieder wach. Aber inzwischen hatte ich meine persönliche Macht zurückerobert. Bei Gott, ich würde kämpfen.

In Kalifornien werden unzählige Klagen eingereicht. Bei einigen Leuten sind sie ein fester Bestandteil des Lebens. Daher bestellen die Richter oft beide Parteien vor dem eigentlichen Verfahren ein, um sie zu einer gütlichen Einigung zu bewegen.

Zu diesem Zweck erhielt ich eine Vorladung. Meine Anwälte und ich saßen auf der einen Seite des Gerichtssaals, mein Gegner und seine Anwälte auf der anderen.

Sie boten mir einen Vergleich an. Ich sagte meinem Anwalt, er solle seinen Anwälten sagen, dass ich das Angebot ablehnte. Die Beteiligten beider Parteien gingen erhobenen Hauptes, gelassen, aber auch starrsinnig aus dem Saal.

Der Kampf ging weiter und weiter.

Als Nächstes waren die eidlichen Aussagen vorzubereiten – und vor allem die regelmäßig anfallenden Anwaltsrechnungen zu bezahlen.

Ein Krieg kann sehr kostspielig sein.

Ich suchte meinen Anwalt auf, um mich für die Aussage unter Eid zu wappnen. Er stellte mir sämtliche Fragen, die die gegnerischen Anwälte seiner Meinung nach an mich richten würden. Das Problem war nur, dass die meisten Fragen die Zeit um den Tod meines Sohnes und die ersten Jahre danach betrafen.

Einmal hatte ich einen eigenartigen Traum, den ich damals nicht verstand. Ich ging in ein kleines weißes französisches Café, das von einer merkwürdigen Atmosphäre umgeben war. Auf dem Schild über der Eingangstür stand: »Hier, Aujourd'hui et Demain« – also Gestern, Heute und Morgen.

Allmählich wurde mir die Bedeutung dieses Traums klarer. Das Café war ein Ort, wo zwischen Vergangenheit, Gegenwart und Zukunft kein wesentlicher Unterschied bestand. Das heißt: Wenn man großen Schmerz, einen Verlust, etwas Schreckliches erleiden musste, spielt es keine Rolle, wie viel Zeit inzwischen vergangen ist. Sobald man sich an dieses Leid erinnert, hat man das Gefühl, es sei einem erst heute widerfahren.

Als ich mich auf die eidliche Aussage konzentrierte, durchlebte ich noch einmal die Phase nach Shanes Unfall.

Der Preis, den der Krieg forderte, schnellte in die Höhe – nicht bloß in finanzieller, sondern auch in emotionaler Hinsicht. Drei Tage lang weinte ich ununterbrochen. Meine Kraft reichte gerade noch aus, um zum Lebensmittelgeschäft zu gehen; dennoch war ich weiterhin entschlossen, die Sache bis zum Ende durchzustehen. Schließlich ist ein Kampf ein Kampf, ein Prinzip ein Prinzip. Ich ließ mich durch nichts beirren, wollte weder klein beigeben noch schwach werden.

Auf dem Weg aus dem Gerichtsgebäude wandte sich der Anwalt an mich. »Ich stelle Ihnen diese Frage nur sehr ungern«, sagte er schüchtern, »aber es hilft nichts. Hatten Sie beide eine intime Beziehung?«

Ich lachte laut los – gerade auch deshalb, weil mir bewusst wurde, welche Wut mein früherer Geschäftspartner und ich aufeinander hatten. Unsere Auseinandersetzung war ebenso widerlich und hitzig wie eine Scheidung. Auf beiden Seiten waren viele Emotionen mit im Spiel. »Ihre Frage ist durchaus berechtigt«, sagte ich. »Aber die Antwort ist einfach. Nein, wir hatten keine intime Beziehung. Wir haben zusammen gearbeitet und waren wirklich enge Freunde.«

Die erste Runde der eidlichen Aussagen dauerte fast einen Tag. Mein Anwalt und ich waren anwesend, ebenso zwei Anwälte der Gegenseite sowie die Gerichtsstenografin. Mein früherer Geschäftspartner blieb der Sitzung fern.

Die gegnerischen Anwälte stellten mir Fragen. Ich versuchte, sie zu beantworten. Mein Anwalt erhob immer wieder Einspruch, die andere Seite ebenso. Wir waren noch nicht vor Gericht, aber der Kampf tobte schon. Er wurde erbittert und mit *harten Bandagen* geführt.

Mein früherer Geschäftspartner hatte seine Version der Geschichte und ich die meine. Es gab keine Möglichkeit, einen gemeinsamen Standpunkt zu finden. Jeder fühlte sich auf seine Weise angegriffen, verletzt und betrogen.

Seit ich mich von ihm getrennt und bevor ich erstmals einen Anwalt konsultiert hatte, war noch etwas anderes geschehen. Mein Anwalt hatte ebenfalls eine Tragödie erlebt. Ein naher Verwandter war umgebracht worden, was die ganze Familie in Verwirrung und tiefes Leid stürzte. Jetzt kannte er dieses Gefühl von Trauer, das einen völlig übermannt. Das Unheil hatte ihn und die Seinen heimgesucht.

Am Ende jenes Tages, an dem die eidlichen Aussagen festgehalten wurden, war die Hölle los. Ich fing an zu weinen und konnte nicht mehr aufhören. Mein Anwalt nahm mich in Schutz und sagte, die Befragung sei für heute abgeschlossen. Die gegnerischen Anwälte erhoben Einspruch; sie wollten mich weiter unter Druck setzen.

Ich saß da, unfähig, meine Tränen zurückzuhalten.

Mein Anwalt rastete aus und brüllte. Er erhob sich, schlug mit der Faust auf den Tisch. Je heftiger er protestierte, desto mehr musste ich weinen.

Schließlich hielt die Gerichtsstenografin es nicht mehr aus. Sie schaute mich an. »Gehen Sie«, sagte sie. »Los. Raus.«

Der erste Teil der Befragung war vorbei. Sie war schrecklich gewesen. Ich hatte nicht das Gefühl, gewonnen zu haben. Aber ich war immer noch fest entschlossen, den Kampf fortzusetzen.

Die nächste Befragung wurde mehrmals verschoben. Irgendwann war es dann so weit. Ich musste mich erneut der Schlacht stellen.

Ich stieg ins Auto, fuhr nach Los Angeles, bereit, den Disput wieder aufzunehmen. Da reger Verkehr herrschte, dauerte die Fahrt länger als geplant. Mitten in Beverly Hills parkte ich in einer Tiefgarage und eilte zum Aufzug. Ich war nervös, wollte nicht zu spät kommen. Ich hoffte, dass die heutige Befragung nicht ganz so stürmisch verlaufen würde.

Der Aufzug schien langsamer zu sein als sonst. Er hielt in einem Stockwerk, dann in einem anderen. Jetzt aber los, ohne weitere Unterbrechung, dachte ich. Dann stoppte er wieder, und die Tür öffnete sich. Und wer kam herein? Mein früherer Geschäftspartner und Freund! Aber jetzt waren wir Gegner, Feinde. Wir standen einander Auge in Auge gegenüber.

Mein Herz schlug wie wild, als sich die Tür leise schloss.

»Hi!«, sagte ich, um das Eis zu brechen.

»Hi!«, erwiderte der Feind.

»Wie geht's deiner Familie?«, fragte ich.

»Gut«, antwortete er. »Und wie geht's Nichole?«

Wir redeten über belanglose Dinge, bis sich die Tür öffnete und wir zusammen ins Vernehmungszimmer gingen, um unseren Streit weiter auszufechten. Zum ersten Mal wurde mir bewusst, dass ich nicht gegen einen Feind kämpfte, sondern gegen jemanden, der mir einmal am Herzen lag, den ich früher als Freund betrachtete.

Die Befragung begann. Ich wurde vereidigt, beantwortete jede Frage so klar, überzeugend und aufrichtig wie möglich. Im Grunde konnte ich es kaum erwarten, meine Aussage zu Protokoll zu geben. Schon seit langem hatte ich das Bedürfnis, die Stimme zu erheben und gehört zu werden.

Zur Mittagszeit schlenderten mein Anwalt und ich zu einem Café im Hof. Meine Augen tränten, ohne dass ich etwas dagegen tun konnte. Die Sonne brannte, stach mir in die Augen. Ich fühlte mich nicht nur unwohl, sondern völlig überfordert. Ich konnte nicht mehr gehen, nichts mehr sehen – war buchstäblich erblindet durch das Licht. Dieser Zustand währte etwa eine Stunde.

Ich war derart verärgert und wütend. Alle meine Empfindungen schienen sich in den Augen zu konzentrieren. Ja, ich hatte meine Version der Geschichte; ich hielt mein Verhalten gegenüber dem früheren Geschäftspartner für angemessen und korrekt. Er aber sah die Sache aus seiner Perspektive und glaubte sich ebenfalls im Recht. Er hatte getan, was seiner Meinung nach in einer äußerst schwierigen Phase meines Lebens das Beste für mich war. Er fühlte sich durch mein Vorgchen ins Unrecht gesetzt. Und ich hatte das gleiche Gefühl in Bezug auf seine Reaktion.

Aber jenseits unserer Differenzen musste auch der größere Rahmen in Betracht gezogen werden, die Art und Weise, wie sich darin die Dinge entwickelt hatten. In meiner Unnachgiebigkeit war mir die Macht der Dankbarkeit abhanden gekommen.

Trotz unserer Zwistigkeiten hatte doch die Arbeit, die er für mich leistete, mich dazu gebracht, nach dem Tod meines Sohnes wieder mit dem Schreiben zu beginnen. Obwohl ich einige seiner Geschäftsabschlüsse rundweg ablehnte, hatte er mich durch seine Tätigkeit ins Leben zurückgeführt. Meine Wut schien insofern berechtigt, als ich meine Macht aufgegeben hatte. Ich war am Boden zerstört, übermannt vom Kummer, verwirrt. Zwar schränkten Schmerz und Not mich ein, aber ich hatte jemand anders damit betraut, an meiner statt zu überlegen, zu entscheiden und zu handeln.

Die Wut war eine ebenso natürliche wie vorhersehbare Reaktion, als ich daran ging, meine Macht wieder zu erlangen. Aber als ich, immer noch benommen, den Hof überquerte, um in das hohe, glänzende Gerichtsgebäude zurückzukehren, fragte ich mich, ob dies die Wut eines Menschen war, der erneut und mit großer Triebkraft dem Leben anheim gegeben wurde? War ich deshalb so zornig, weil ich nach all dem, was ich durchgemacht hatte, weiterhin existierte? Vielleicht bringt mich genau das in Rage, dachte ich, als der Aufzug langsam von Stockwerk zu Stockwerk fuhr.

Der letzte Geschäftsabschluss, den er für mich ausgehandelt hatte, hatte das Fass zum Überlaufen gebracht. Andererseits hatte ich gerade dadurch meine Betäubung überwunden und in den Alltag zurückgefunden. Ich hatte wieder begonnen zu denken, zu fühlen und an mich selbst zu glauben. Möglicherweise war das Leben doch der Mühe wert – trotz seiner Verluste, Schmerzen und Enttäuschungen.

Ich folgte meinem Anwalt vom Aufzug ins Konferenzzimmer, unser Schlachtfeld, setzte mich hin und beantwortete sämtliche Fragen, die mir an diesem Tag gestellt wurden, so entschieden und ehrlich, wie es mir zu Gebote stand. Nach wie vor führte ich einen Prozess, den ich gewinnen zu können glaubte. Mein früherer Geschäftspartner wiederum sah sich als künftigen Sieger. Als es 16 Uhr schlug und die Befragung abgeschlossen war, erhob ich mich und ging hinüber zu ihm, der auf seinem Stuhl saß. Ich legte ihm die Hand auf die Schulter. »Sagst du mir nicht auf Wiedersehen?«, fragte ich, den

Blick auf ihn gerichtet. Keine Antwort. Ich wandte mich ab, um den Raum zu verlassen.

»Nach all dem, was du soeben von dir gegeben hast?«, fragte er.

Ich reagierte keineswegs boshaft. Das war auch gar nicht nötig. Die von mir gemachten Aussagen hatten meine Wut vertrieben.

Als mein früherer Kompagnon nicht auf mich einging und den Abschiedsgruß verweigerte, hielt ich einen Moment inne und bewegte mich dann Richtung Ausgang. Ich hatte einem Gegner die Wahrheit ins Gesicht gesagt, anschließend einem Freund mein Herz zu öffnen versucht. Als er keine Regung zeigte, blieb mir nichts anderes übrig, als mich zu entfernen.

Als ich die Tür erreicht hatte, kam er plötzlich auf mich zu. »Warte«, sagte er. »Ich begleite dich nach draußen.«

Wir fuhren im Aufzug nach unten, ohne viele Worte zu wechseln. »Willst du einen Kaffee mit mir trinken?«, fragte er, als sich die Tür öffnete.

»Das wäre nett«, fügte er hinzu.

∞

Kennen Sie den Witz von dem buddhistischen Mönch, der an einen Hotdog-Stand ging? Der Verkäufer fragte ihn, was er essen wolle. »Can you make me one with everything?«, fragte der Mönch zurück. Mit diesem Wortspiel meinte er zweierlei: »Können Sie mir einen (Hotdog) mit allem (allen Zutaten) machen?« Und: »Können Sie mich mit allem eins machen?«

Die Idee, mit allem eins zu sein, zeugt von einer geistig-mystischen Weltanschauung. Einige Mystiker, Mönche und Weise glauben, dass diese Einheit die Urquelle der Spiritualität sei, die Grundlage für sämtliche Vorgänge im Universum und die höchste Lehre von der Erleuchtung.

Das Problem der Co-Abhängigen besteht darin, dass sie nicht nur nicht eins mit allem sind, sondern dass sie sich noch nicht einmal eins – oder im Einklang – mit sich selbst fühlen.

Ich saß im Sessel eines Hotelzimmers in Redondo Beach, Kalifornien. Es schien, als wäre ich völlig untätig, aber eigentlich betete ich, und zwar inständig. Scotty und ich hatten uns den ganzen Tag gestritten. Mehrmals schon war ich weggelaufen, dann aber durch irgendetwas zurückgehalten worden. Jetzt hatte ich den festen Vorsatz, still dazusitzen und herauszufinden, welche Lektion mich immer wieder zu ihm hinzog. Ich bat Gott, sie verstehen zu können. Er möge mir begreiflich machen, warum ich diese Beziehung unterhielt und was ich aus ihr lernen sollte.

Wir beendeten unseren Streit. Die Atmosphäre zwischen uns veränderte sich. Anstatt das Gegenüber als Objekt unerfüllter romantischer Vorstellungen und nicht erwiderter Liebe zu betrachten, fingen wir an, wie zwei erwachsene Menschen miteinander zu sprechen. Ich war gerade von meiner Reise in den Nahen Osten zurückgekehrt. Ich erzählte ihm, was ich gesehen und gelernt hatte, wie sich die einzelnen Impressionen allmählich zu einem Gesamtbild formten, als ohne jede Vorankündigung etwas Seltsames geschah.

An jenem Tag hatte ich ein ausgewogenes Frühstück und Mittagessen zu mir genommen. Von mangelhafter Ernährung konnte also keine Rede sein. Außerdem hatte ich zwei Tassen Kaffee getrunken – für mich eine geringe Koffeindosis –, aber mir weder Alkohol noch Drogen oder irgendwelche sonstigen Mittel einverleibt. Doch unversehens geriet ich in einen eigenartigen Bewusstseinszustand. Das ging so schnell, dass mir keine Zeit blieb, mich davor zu fürchten, ihn zu unterbinden oder zu reagieren. Es handelte sich um ein Phänomen, über das ich gelesen und gehört hatte und das ich nun am eigenen Leib erfuhr.

Was zuvor als solide Materie von Stühlen, Tisch, Bettgestell und Vorhang erschienen war, verwandelte sich nun in ein vibrierendes Energiefeld. Von jedem sichtbaren Gegenstand im Zimmer strahlte eine Energie aus, die sich mit der des jeweils nächsten Gegenstands verband. Alles war aus der gleichen, vibrierenden, nicht greifbaren Energie – sogar die Dinge, die man eindeutig als massiv bezeichnet hätte. In den folgenden zwei Stunden sah ich ohne eine einzige Unterbrechung die Impulse, die sämtlichen Teilen zugrunde liegen und sie zu einem quasi elektrischen Netz zusammenfügen. Die Energie durchdrang den Stuhl, die Kopfseite des Bettgestells, ja auch den Raum dazwischen, der aus feiner Luft zu bestehen schien, und selbst das ausgestopfte Tier am Boden. Ein und dieselbe Lebenskraft erfüllte alles, was vor meinen Augen lag. Die Gegenstände unterschieden sich lediglich durch ihre Farbe und Gestalt. Sie wirkten wie Traumformen, wie immaterielle Anordnungen farbiger Energie.

Und diese Energie durchströmte auch Scotty und mich.

Auch wir waren ihre vibrierenden Manifestationen. Mit allem eins zu sein, war nicht nur ein Witz oder eine Idee, der manche Leute anhängen. Es handelte sich nicht nur um eine Redensart des New Age oder um eine Lehre, die allein Mönche verstehen konnten. Nein, es ging um etwas völlig Reales, ob ich daran glaubte oder nicht.

Als David sich dem Kampf gegen Goliath stellte, agierte er nicht aus Zorn, Angst oder aufgestauten Gefühlen, sondern aus dem Zustand inneren Friedens – er war eins mit sich selbst, mit den Menschen ringsum, mit Gott.

Es gibt eine Zeit und einen Ort, um den Krieg zu erklären, in die Schlacht zu ziehen und für die eigenen Überzeugungen einzutreten. Doch wenn wir aufgrund von verletztem Stolz, Gekränktsein, Unnachgiebigkeit, Schmerz oder Zorn aktiv werden, sinnen wir eigentlich auf Rache. Dann tun wir vielleicht dem anderen weh – vor allem aber uns selbst. Wann immer wir uns von Wut, Hass oder Böswilligkeit leiten lassen, richtet sich unser Verhalten früher oder später gegen *uns*.

Manchmal liegen diese negativen Emotionen so tief in uns verborgen, dass wir die Motive unseres Tuns gar nicht erkennen. Wir glauben, den Schmerz lindern zu können, indem wir um uns schlagen und mit dem Gegenüber abrechnen, doch da irren wir.

Anstatt Rache zu üben, sollten wir bewusst empfinden, was uns derart verletzt hat und uns dann von diesen Gefühlen befreien. Wir lassen sie einfach los.

Ich hatte meinem früheren Geschäftspartner bewiesen, dass ich fähig war, in eigener Sache das Wort zu ergreifen, meine Macht geltend zu machen, zur Tat zu schreiten, die Herausforderung anzunehmen, an die vorderste Front zu rücken und zu kämpfen. Aber ich hatte einen hohen Preis dafür gezahlt. Um in die günstigste Position auf dem Schlachtfeld zu gelangen, musste ich nicht nur finanzielle und seelische Belastungen ertragen. Dadurch, dass ich in der geschilderten Weise auf meine Macht pochte, war mir mein geistiger Friede abhanden gekommen.

Ich bekriegte nicht bloß einen bestimmten Menschen, sondern auch mich selbst.

Mein früherer Kompagnon saß mir gegenüber am Tisch und ließ klirrend einen Eiswürfel in seinen Tee fallen. Ich goss Sahne in meinen Kaffee, rührte ihn um und schaute den Mann an, der einmal auch mein Freund war. »Was meinst du«, sagte ich. »Sollten wir nicht versuchen, die Angelegenheit unter uns zu klären?«

Er war einverstanden.

»Glaub aber ja nicht, dass du alles bekommst, was du forderst«, warf ich ein.

Im Laufe der nächsten Wochen trafen wir uns täglich. Ich offenbarte ihm alle meine Gefühle. Er hörte schweigsam zu. Dann war er an der Reihe und erzählte, was in seinem Innern vorging. Jetzt lauschte ich ihm und respektierte seinen Standpunkt.

Anschließend sagte jeder, was er vom anderen wollte. Natürlich klaffte zwischen Wunsch und Wirklichkeit eine Lücke – mit einer Ausnahme, die den wichtigsten Punkt betraf. Wir beide sehnten uns nach Frieden. Er gab ein wenig nach. Dann war es an mir, einen Schritt auf ihn zuzugehen. Sobald die Atmosphäre sich allzu sehr aufheizte, machten wir ein oder zwei Tage Pause und setzten danach die Gespräche fort. Wir beide wussten, dass wir jederzeit wieder vor Gericht ziehen konnten. Der Krieg war immer eine Alternative. Doch wir waren ernsthaft am Frieden interessiert.

Nach vielen Tagen trafen wir uns irgendwo in der Mitte. Nachdem wir die eigenen Gefühle herausgelassen und jede Bedingung genau fixiert hatten, setzten wir eine Vereinbarung auf.

Ich hatte bewiesen, dass ich die Stärke besaß, Widerstand zu leisten, hartnäckig zu sein, zu kämpfen und durchzuhalten – ja sogar eine heftige Auseinandersetzung zu beginnen, indem ich den ersten Schuss abfeuerte. Doch ich hatte auch gelernt, eine wertvollere und produktivere Methode anzuwenden, um meine Kräfte zu bündeln. Ich hatte die Macht erworben, mit dem Gegner zu verhandeln.

∽

Statistiken belegen, dass die meisten Klagen einvernehmlich aus der Welt geschafft werden, bevor es zu einem Prozess kommt – und dass die meisten Leute nicht einmal so weit gehen, ihre eidlichen Aussagen zu Protokoll zu geben. Ich kann verstehen, warum. Die Vorbereitung des Krieges fordert einen hohen finanziellen wie emotionalen Tribut.

Viele Menschen kämpfen nicht nur um Geld. Gewöhnlich findet noch ein anderes Gefecht statt – nämlich das um die Macht. Hierbei mag ein begangenes Unrecht, der Widerwille, weiterhin die Opferrolle zu spielen, oder der Einsatz für die eigenen Ansprüche im Zentrum stehen. Darüber hinaus kann die Kriegserklärung ein Mittel sein, die Macht wiederzugewinnen, die man aus verschiedenen Gründen vor langer Zeit preisgegeben hat.

Wir wollen mehr als nur Geld. Wir wollen auch unsere persönliche Macht zurückhaben.

Der Problem besteht darin, dass jede Partei sich im Recht glaubt. Jeder Beteiligte fühlt sich verletzt, ausgenutzt, als ob er sich seiner Macht versichern und ums Prinzip kämpfen müsste.

Jeder verfolgt bestimmte Interessen, obwohl mancher rein emotional reagiert auf denjenigen, der den ersten Schuss abfeuerte. Wir blasen zum Angriff, weil wir gekränkt, betrogen oder misshandelt wurden und dadurch wütend sind. Wenn wir unsere Macht eingebüßt und unsere Gefühle, Wünsche und Bedürfnisse nicht zum Ausdruck gebracht haben, wenn wir nicht mehr die Fähigkeit besitzen, klar zu denken, wenn wir schließlich entrüstet und abgeneigt sind, dieses oder jenes weiterhin zu ertragen, dann beginnt der Kampf.

Bisweilen findet er auf geschäftlichem Gebiet statt, dann wieder in der Liebe oder in der Freundschaft. Wir können zu jeder Zeit und an jedem Ort einen Streit anzetteln, wo wir etwas als ungerecht empfinden oder auf unsere Macht verzichtet haben. Aber der innere Zustand, der uns motiviert und ebenso legitim wie zwingend erscheinen mag, ist nicht immer klar. Möglicherweise fischen wir so lange im Trüben, bis all die aufgestauten Gefühle ein Ventil gefunden haben. Die Situation ist emotional zu sehr aufgeladen. Der Kampf endet nicht eher, als der Druck sich extrem verringert hat.

Nachdem wir uns lange Zeit ohnmächtig fühlten, verstehen wir manchmal nicht, welche Macht unsere Gedanken, Gefühle, Überzeugungen, Wörter und Handlungen eigentlich haben.

Wir betrachten die anderen vielleicht aus der Perspektive von Co-Abhängigen, halten sie für quasi allmächtig. Sie wiederum begegnen uns unter Umständen mit der gleichen Einstellung. Die Wörter, die wir aussprechen, die Gefühle, die wir zeigen, und die Dinge, die wir tun, haben oft einen wesentlich größeren Einfluss auf andere Menschen, als wir es uns vorstellen. Wir haben die Macht, aufzuwiegeln, zu verletzen, Rache zu nehmen, ja sogar Feinden den Krieg zu erklären, die eigentlich unsere Freunde sind – oder es einmal waren.

Wenn wir unsere geistige und emotionale Macht nicht anerkennen und geltend machen, werden uns all die verdrängten Gedanken und Gefühle irgendwann einholen. Das Universum stellt letztlich immer ein Gleichgewicht her. Was wir unterdrücken, steigt eines Tages auf ins Licht des Bewusstseins. Es macht sich bemerkbar, dann aber häufig auf unkontrollierbare und unpassende Weise – und zum falschen Zeitpunkt.

Schließlich beanspruchen wir unsere Macht. Wir sagen uns, dass wir im Recht sind. Wir haben uns so lange zurückgehalten, dass wir ausrasten. Schon eine Lappalie kann diese Reaktion hervorrufen. Diese ist dann keineswegs sanft, sondern eine gewaltige Explosion, ausgelöst auch durch weit zurückliegende Ereignisse.

Die andere Person schaut uns fassungslos an, als wären wir verrückt. Sie sieht nur, dass wir übertrieben reagieren, eben weil wir bei allem, was vorher geschah, so ruhig, nett, schüchtern und passiv waren. Der andere begreift nicht – oder will zumindest nicht zugeben –, dass unsere heftigen Gefühle durchaus berechtigt sind und warum diese Lappalie plötzlich eine derart große Bedeutung haben soll.

Wie wir etwas tun, ist zumindest genauso wichtig wie das, *was* wir tun. Absicht und Ausführung fallen sehr wohl ins Gewicht. Wir können wütend herumtoben, wodurch wir dann als streitsüchtig und machthungrig gelten. Wir können uns aber auch beruhigen, eine friedliche Gesinnung an den Tag legen und die gleiche Botschaft übermitteln, ohne unser Gegenüber mit protzigen Machtdemonstrationen herauszufordern.

Wir haben die Wahl, ob wir unsere Kraft zum Denken, Fühlen, Sprechen und Handeln zu kriegerischen oder zu friedlichen Zwecken einsetzen. Manchmal macht uns ein Kampf nichts aus. Es gibt Zeiten, in denen eine ganze Reihe von Leuten das Drama eines guten Kampfes förmlich genießt. Sie entscheiden sich dafür, um ihre Macht unter Beweis zu stellen. Aber es gibt auch einen Augenblick und einen Ort, um die Atmosphäre zu bereinigen.

Wir sind weder von den anderen so weit entfernt, wie wir denken, noch so fest angekettet, so tief verstrickt in ungesunde Beziehungen, wie viele von uns in ihrer Co-Abhängigkeit glaubten. Wir sind wirklich eins mit allem, aber auf eine gesunde Weise, etwa im Sinne der Quantenmechanik. Außerdem dürfen wir nicht vergessen, dass wir jenem mystischen Karma unterworfen sind. Das heißt: Wenn wir jemanden attackieren, ihm den Krieg erklären, auf Abstand gehen, die Waffe heben und den ersten Schuss abfeuern, dann verüben wir einen Anschlag auch auf uns selbst.

Anfangs mussten wir vielleicht schreien, um Grenzen zu setzen, Nein zu sagen, unseren Standpunkt deutlich zu machen und den anderen mitzuteilen, was wir wirklich meinen. Gelegentlich mussten wir brüllen, um uns selbst zu überzeugen und darauf zu vertrauen, dass wir Ernst machen.

Gewiss, bisweilen brauchen wir nicht laut zu werden, aber in dem Maße, wie wir in Einklang kommen mit unserer Macht, lassen wir das Bedürfnis, weiterhin großtuerisch Kontrolle auszuüben, ohnehin los. Wir lernen, mit den anderen ruhig und friedlich umzugehen – zumal wenn wir unangenehme Dinge zur Sprache bringen müssen, die ihren Wünschen zuwider laufen. Je ausgeglichener wir uns in allen Angelegenheiten verhalten, desto eindringlicher zeigen wir damit, wie stark wir sind und wie fest wir an uns glauben.

Wir agieren nicht mehr aus einem Gefühl von Angst – Angst davor, klein beizugeben oder irgendwie nicht auf uns aufzupassen –, sondern aus einem Zustand unantastbarer Gelassenheit. Je ausfallender wir werden, desto mehr neigen die anderen dazu, sich angegriffen zu fühlen, sich zu fürchten, sich zu widersetzen, sich taub zu stellen. Und je sanfter wir sprechen, desto weiter beugen sie sich vor, um unsere Botschaft zu hören und aufzunehmen.

Machen Sie sich klar, ob Sie tatsächlich in den Krieg ziehen wollen, selbst wenn Sie sicher sind, als Sieger daraus hervorzugehen. Gerade dann sollten Sie sich auf Ihr inneres Gleichgewicht besinnen und dementsprechend handeln. Wir können diplomatisch und taktvoll sein und unsere zahlreichen Fähigkeiten, andere Leute zu erfreuen, bewusst einsetzen, um unnötige Auseinandersetzungen zu vermeiden.

»Menschen tun anderen Menschen vieles an«, sagte der Babalawo. »Sie offenbaren ein hohes Maß an negativer Energie und schlechtem Verhalten. Es ist zwar wichtig zu lernen, wie man sich selbst verteidigt, aber die meisten kämpfen zu viel. Die Bewährungsprobe, das Kennzeichen einer Person, die auf dem wahren geistigen Weg ist, besteht darin, ob sie in Harmonie zu leben vermag.«

ৎ

»Die wichtigste Methode, die eigene Macht zu vergrößern, ist die Meditation«, erinnerte mich die 69-jährige Virginia, eine meiner Kampfsportlehrerinnen. »Man braucht nur fünf oder zehn Minuten am Tag, um mehr im Gleichgewicht und in Harmonie zu sein, um in dieser Welt sowohl geistig wie körperlich leistungsfähig und stark zu werden. Es spielt keine Rolle, wie alt man ist oder in welchen Verhältnissen man lebt. Um ein Bewusstsein zu erlangen von sich und der Welt, um mit anderen besser umgehen zu können und die eigene Intuition zu aktivieren, damit man immer weiß, was als Nächstes zu tun ist, sollte man täglich mindestens fünf Minuten meditieren.

Welche Technik man hierbei anwendet, ist völlig gleichgültig: in einem Meditationsbuch lesen, ein langes heißes Bad nehmen oder mit gekreuzten Beinen auf dem Boden sitzen und den Duft von Räucherstäbchen einatmen. Jeder von uns kann in einen Zustand gelangen, in dem er entdeckt, welche Form der Meditation für ihn am günstigsten ist.

Und wenn du deine Meditation beendet hast«, fügte sie hinzu, »dann vergiss nicht zu beten.«

☙

Eines Tages, als ich merkte, dass mir alles zu viel wurde, brach ich auf in die Berge. Geschäftliche Schwierigkeiten machten mir zu schaffen. Ich wollte in aller Ruhe herausfinden, ob ich den Kampf fortsetzen und die Buchhandlung weiterführen sollte. In meiner Beziehung herrschte Krieg. Ich wusste nicht, was zu tun war. Ich packte mein Tagebuch, die Bibel und einige Kleidungsstücke in einen Koffer. Ich wollte in die Hütte gehen, mich einschließen, fieberhaft meditieren und beten. Und ich wollte nicht eher herauskommen, als bis mir die nächsten Schritte klar waren.

Nachdem ich 48 Stunden über meine Probleme geschrieben, gebetet und meditiert hatte, erinnerte ich mich daran, was Scotty mir vor einer Weile gesagt hatte. »Was machst du?«, fragte er.

»Ich versuche, mich Gottes Willen zu fügen«, antwortete ich.

»Das stimmt nicht. Du versuchst, ihn zu begreifen.«

In den folgenden sechs Monaten ergab sich die Lösung zu jedem Problem, mit dem ich zu kämpfen hatte, erst dann, wenn die Zeit reif dafür war.

Falls Sie mit dem Ausdruck *sich fügen* nichts anfangen können, dann probieren Sie es doch einmal mit *sich aussöhnen*.

Peng!

»Bist du süchtig nach Dramatik?«, fragte ich meine Tochter mit ernster Stimme, als würde ich sie interviewen.
»Natürlich«, antwortete sie. »Ich bin die typische Dramenkönigin.«
»Kann ich dir einige Fragen dazu stellen? Erzählst du mir, was Dramatik für dich bedeutet?«
In der Leitung entstand eine lange, teure Pause. Wir führten ein Ferngespräch. Ich war in Kalifornien, sie in New York.
»Ich habe einen besseren Vorschlag«, sagte sie schließlich. »Warum stellst du diese Fragen nicht dir selbst?«
Ich war in meinem Leben schon nach so vielem süchtig – nach Alkohol, Heroin, Morphium, Dilaudid, Kokain, Barbituraten, Valium oder anderen Substanzen, die in psychischer oder physischer Hinsicht das Versprechen enthielten, meinen Gefühlszustand zu verändern. Ich war süchtig nach Koffein, Nikotin, Tabak – Zigaretten und kubanische Zigarren – sowie nach Opium und Haschisch.
Ich war süchtig nach den Süchten anderer Menschen, die ebenfalls von Rauschmitteln abhingen. Ich war gefangen in all den intensiven seelischen Achterbahnfahrten, in den Höhen und Tiefen, die sie in ihrer Abhängigkeit durchleben, in ihren Bewegungen gemäß dem so genannten Jellinek-Diagramm – jener altbekannten, immer noch gültigen Kurve, die den zu prognostizierenden Verlust spiritueller, mentaler, emotionaler und körperlicher Freiheit anzeigt, sobald das Leben von der Suchtkrankheit dominiert wird, die aber auch den möglichen Gewinn verdeutlicht, der aus Entziehung und Abstinenz resultiert. Ich war verstrickt in den Kampf dieser Menschen,

die zu beherrschen versuchten, was nicht in ihrer Macht stand, die das Unkontrollierbare kontrollieren wollten – nämlich die Auswirkungen des Suchtverhaltens auf ihr Leben.

Einige Leute sagen vielleicht, meine Persönlichkeit weise eine ausgeprägte Disposition zur Abhängigkeit auf. Wahrscheinlich würde ich ihnen sogar zustimmen – je nachdem, in welcher Stimmung ich gerade bin, ob ich Lust habe, über Semantik zu diskutieren, und um welche Tageszeit wir uns unterhalten. Sehr früh am Morgen oder sehr spät am Abend wäre ich wahrscheinlich, aber auch nicht unbedingt, zu müde dafür.

Ich weiß nicht, ob ich der Auffassung zustimmen kann, dass wir auch nach Menschen süchtig sein können, aber wenn das stimmt, war ich wohl auch nach einigen Personen süchtig.

Einige Leute sind in viele Dinge dieser Welt verwickelt, zu denen sie sich zwanghaft hingezogen fühlen und nach denen sie bisweilen süchtig werden. Sie können – genauso wie ich früher – nach chemischen Substanzen (Alkohol oder bewusstseinserweiternden Drogen) süchtig werden, aber auch, wie Experten meinen, nach Nahrung, Spiel, Arbeit, Geld oder Sex. Obwohl ich Menschen kenne, die mit diesen Problemen zu kämpfen hatten, und obwohl mich ein perfekt gegrilltes Lachssteak oder die körperliche Intimität mit einem geliebten Wesen gelegentlich fast in einen Rauschzustand versetzt, blieb ich doch von derlei Abhängigkeiten – wenigstens bislang – Gott sei Dank verschont.

Von allen Süchten auf diesem Planeten ist meines Erachtens die nach dramatischen Situationen und Auftritten am allerschwersten zu erkennen, zu akzeptieren, zu bewältigen und zu überwinden. Der Andrang emotionaler Energie, den ich bei einem Drama im Theater, im Fernsehen, in einem Buch und vorzugsweise im richtigen Leben (in meinem eigenen) empfinde, scheint die letzte legale und legitime Droge zu sein, die die Gesellschaft erlaubt.

Auch diese Sucht treibt uns über jene ebenso heiklen wie feinen Grenzen hinaus, von denen im vorletzten Kapitel die Rede war.

Action, Abenteuer, Schnulzen, Thriller, Liebesgeschichten, Sciencefictionromane, Komödien, Tragödien, Horrorgeschichten – unser Leben handelt davon, dass wir zum Narren gehalten oder zum Helden gemacht werden. Gewiss, wenn wir das Unerwartete erwarten, die Umschwünge und Wendungen, die uns in Erregung versetzen, ohne dass wir unmittelbar beteiligt sind, und wenn wir eine emotionale Achterbahnfahrt unternehmen, können wir Lektionen lernen, äußerst wertvolle Weisheiten und zeitlose Wahrheiten erfahren, sodass wir schließlich ein lohnendes, interessantes Leben führen – und das tun wir ja gerade. Hurra! Wir leben Geschichten aus. Wir sind wirklich lebendig. Deshalb sind wir da, das ist unsere Aufgabe. Wir sind geistige Wesen, die herumstolpern und die Existenz fehlbarer Menschen mit Inhalt erfüllen.

Doch wenn wir zu weit gehen, wenn wir die feine Grenze zwischen Lebendigkeit und der Sucht nach Dramatik überschreiten, kann es passieren, dass wir von unserem geistigen Weg abkommen.

Es war ein Alptraum wurde zu einer der beliebtesten Redewendungen, die einige meiner Bekannten und auch ich – wider besseres, im Heilungsprozess erworbenes Wissen – benutzen. Man benutzt diesen Ausdruck, um Verkehrsstaus, eine Streitigkeit mit dem Geliebten oder Chef und in seltenen Fällen auch einen wirklich schlimmen Traum zu umschreiben. Soziologisch aufschlussreich ist jedoch, was diese von so vielen Leuten gebrauchte Floskel über den Zustand der Welt aussagt.

Es ist politisch nicht korrekt, zu rauchen, sexuelle Orgien zu feiern, maßlos zu trinken oder Drogen zu nehmen. Die Sucht nach Drama dagegen ist – trotz der geistigen Entwicklungen, die wir inzwischen durchlaufen haben und dank derer wir jetzt relativ wach und aufgeklärt sind – nicht nur politisch korrekt.

Die Sucht nach Drama ist *in*.

Im Moment scheint sie für viele Menschen das Einzige zu sein, das ihrem Leben Sinn verleiht.

Talkshow-Gäste stehen in Reih und Glied und tragen vor der Kamera freiwillig ihre intimen Kämpfe aus; was einmal streng gehütetes Geheimnis war, wird über Kabelfernsehen und Satellit in die ganze Welt ausgestrahlt. Wir sitzen zu Hause und schauen zu. Andere Leute melden sich nicht freiwillig, aber die Gesellschaft hat sich trotzdem dafür entschieden, in deren Privatleben einzudringen und darin herumzuschnüffeln. Die Dramen aus dem realen Leben garantieren hohe Einschaltquoten.

Und wenn wir sie nicht im Fernsehen anschauen, inszenieren wir sie in unserem eigenen Leben.

Schon ein kleiner Zwischenfall kann eine Anwandlung von Wut, Aufregung oder Furcht auslösen. Und eine größere Katastrophe, derentwegen wir die ganze Nacht aufbleiben, kann uns die Haare zu Berge stehen lassen. Das Ziel der Sucht nach Dramatik besteht darin, einen atemberaubenden, von der Routine befreienden, die Langeweile vertreibenden, hoffentlich auf den Magen schlagenden, herzergreifenden, hormongesteuerten Adrenalinstoß auszulösen und zu fühlen.

Alles dreht sich um einen kurzfristigen, aber intensiven Energie- und Affektrausch.

Und man braucht keine Spritze, um ein solches Mittel ins Blut zu injizieren.

»Ich war jung, etwa neun oder zehn, als ich zum ersten Mal diese Droge auskostete«, berichtete mir ein enger Freund. »Mein Bruder und ich hatten miteinander gerauft. Er schlug mir voll ins Gesicht, gewann den Kampf und rannte davon. Ich wollte mich rächen, mit ihm abrechnen, ihn quälen. Also ging ich in die Küche, schüttete mir Ketchup über den Kopf, verband ihn mit einem weißen Tuch, das nun wie eine blutbefleckte Bandage aussah. Dann stolperte ich in den Vorgarten, wohin mein Bruder gelaufen war. Ich weinte und stöhnte und sagte ihm, ich hätte gerade Mami bei der Arbeit angerufen und ein Krankenwagen sei schon unterwegs. Mein Bruder flippte aus. Er war entsetzt, verzweifelt, völlig durcheinander. Welch ein Hochgefühl! Ich besaß die Macht. Bald kam unsere Mutter nach Hause, sah, was ich getan hatte, versohlte mir kräftig den Hintern, schrie mich an und schickte mich ins Bett. Seither bin ich süchtig nach Dramen«, sagte er leise und etwas beschämt, als hätte er gerade eine Beichte abgelegt.

Zugleich aber nahm ich einen Anflug von Stolz bei ihm wahr.

»Süchtig nach Dramen? Das bin ich«, bekannte mir ein anderer Freund. »Ich will dir erzählen, was ich vor einiger Zeit erlebt habe. Ich war lange mit einer Frau zusammen gewesen. Wir stritten zwar ab und zu, führten aber weiterhin eine enge, monogame Beziehung. Irgendwann bestrafte sie mich, indem sie nicht mehr mit mir schlief. Ja, sie wurde völlig gefühlskalt. Ich durfte sie lange Zeit überhaupt nicht berühren. Sie wollte weder darüber sprechen noch mit mir nach einer Lösung suchen. Ich liebte sie. Zugleich aber war ich verletzt und wütend und fühlte mich zurückgestoßen. Deshalb bin ich dann fremdgegangen. Die Sache war die: Ich wusste, dass sie es mitkriegen würde, zumal ich mich in weitere Affären stürzte. Die Stadt, in der wir wohnen, ist nicht sehr groß. Ich hatte wirklich ein Chaos angerichtet. Um da wieder herauszufinden, sprach ich mit einem meiner Freunde. Er meinte, ich solle das einzig Richtige tun, nämlich Julie die Wahrheit sagen, bevor sie es von jemand anderem erfähre. Noch während unserer Unterredung, die bei ihm zu Hause stattfand, traf ich die Entscheidung, Julie gegenüber ehrlich zu sein. Ich wusste, dass das noch an diesem Abend geschehen müsste. Ich fühlte mich miserabel, wollte ihr nicht wehtun. Mir widerstrebt es, Menschen zu verletzen oder schlecht zu behandeln. Das ist nicht meine Art. Es entspricht mir nicht, obwohl ich zugebe, dass ich einige Dinge gern auf die Spitze treibe. Jedenfalls machte sich auf der Heimfahrt bei mir ein Gefühl bemerkbar, das ich noch nie empfunden hatte. Selbst all die Drogen, die ich früher genommen hatte, waren in ihrer Rauschwirkung schwächer gewesen. Ich fühlte ein Gemisch aus Angst, Schrecken und Vorahnung – einen totalen Adrenalinstoß. Heute verhalte ich mich anders, um die Dinge besser in den Griff zu bekommen und nicht mehr so ein Chaos zu verursachen, das Menschen wehtut und letztlich auch mir selbst schadet. Doch es bereitet mir nach wie vor Vergnügen, im Leben der anderen Unruhe zu stiften, sie aufzustacheln oder wenigstens ein paar Gerüchte in Umlauf zu bringen. Mich von der Sucht nach Dramen zu befreien, ist die schwierigste Aufgabe, die ich je in Angriff genommen habe.«

Wir alle besitzen die Kraft, Gefühle bewusst wahrzunehmen und ihre Energie angemessen zu nutzen. Sobald sie auftauchen, können wir sie zunächst registrieren und dann loslassen, um innerlich klar zu bleiben und herauszufinden, was als Nächstes zu tun ist. Wir können von dieser Kraft Gebrauch machen, um mit unseren anderen Kräften – denen des Willens, des Denkens, der Sehnsucht und der gezielten Tat – in Einklang zu sein oder, im Gegenteil, ein unnötiges und zeitraubendes Theater aufzuführen.

Bisweilen verspüren wir eine teuflische Lust, Emotionen zu schüren und Zwietracht zu säen. Wir genießen es, die anderen in Wallung zu bringen und dabei auch uns selbst in einen erhöhten Spannungszustand zu versetzen. Hierzu sind wir durchaus imstande. Wir alle haben die Fähigkeit, Probleme zu konstruieren, die jeder Grundlage entbehren, und Dinge zu sagen in der Hoffnung, dass jemand anders sich darüber aufregt. Dann sitzen wir da und schauen zu, wie die Leute reagieren, wie sie aus der Haut fahren oder großes Trara machen.

Manchmal sind unsere Gefühle berechtigt. Aufgestaute Ressentiments, Schmerzen, Ängste werden durch einen bestimmten Auslöser erneut wachgerufen, stammen aber aus einer Zeit, als wir weder über die Sicherheit noch über die Unterstützung von außen verfügten, sie zu empfinden und auszudrücken. Dann wieder ist diese Gefühlsäußerung ein Zeichen dafür, dass wir unsere Macht missbrauchen oder in die falsche Richtung lenken. Sie hält uns davon ab, geistige Verantwortung für uns selbst zu übernehmen, und beraubt uns der Kraft zur Klarheit.

Eben davon handelt die folgende kurze Geschichte über einen Zwischenfall, den ich am Flughafen Charles de Gaulle bei Paris erlebt habe.

∞

»Passez! Passez!«

Ein großer, unfreundlicher Mann in Uniform und Baskenmütze gab mir Handzeichen, während er mit monotoner Stimme diese Worte wiederholte. Ich stand in einer Schlange vor der Gepäckabfertigung im Pariser Flughafen Charles de Gaulle. Ich begriff nicht, was er meinte oder warum er gerade mich ansprach. Außerdem ging mir seine brüske Art auf die Nerven.

Nicht, dass alle Franzosen arrogant wären, aber dieser Mann war es. Hochmütig wedelte er mit der Hand, als wollte er mir eine Abfuhr erteilen.

Ganz bewusst verzog ich das Gesicht, um ihm zu zeigen, wie verwirrt ich war. »Was ist los?«, fragte ich.

»Passez«, sagte er, erneut mit der Hand fuchtelnd.

Mir war schleierhaft, was er da redete. Ich ignorierte ihn und wandte meine Aufmerksamkeit der Schlange zu. Ich hatte nur eine halbe Stunde zum Umsteigen. Ich war aus Istanbul gekommen und wechselte die Fluggesellschaft, musste also auch das Gepäck neu aufgeben, die Bordkarte in Empfang nehmen, zum Gate gehen und in die Maschine steigen, die mich nach Hause bringen sollte.

Die Schlange bewegte sich kaum vorwärts.

Hinter mir war irgendetwas im Gange, aber ich achtete nicht weiter darauf. Im Moment irritierte mich so ziemlich alles.

Ich gebe es zu: Ich bin süchtig nach Drama. Meine Überseereisen – zumal in Kriegs- oder Krisengebiete, die die meisten Menschen kaum besuchen würden, umso weniger, wenn sie allein fahren und eine Frau sind – waren für mich nicht bloß waghalsige Unternehmungen; aber ein klein wenig Drama und Action, ja schon ein echtes Abenteuer versetzten mich in eine durchaus willkommene Erregung.

Als ich zwei Jahre zuvor in Algier gewesen war, hatten dort Angst und Schock förmlich in der Luft gelegen. Man spürte, was ringsum passierte. Die Terroristen versteckten sich in den Hügeln, und die Bewohner dieser schönen Hafenstadt verkrochen sich in ihren Behausungen. Das Militär regierte das Land.

Diesmal jedoch hatte eine andere Atmosphäre geherrscht. Gewiss, hier und da merkte man, dass sich etwas Unheilvolles zusammenbraute. Wenn meine algerischen Freunde und ich im Auto unterwegs waren, stießen wir nach ein paar Häuserblocks immer wieder auf Straßensperren. Manchmal durchsuchten die Militärpolizisten halbherzig den Wagen.

Aber die enorme Spannung, das Drama war verschwunden. Die Menschen hatten sich daran gewöhnt, mitten in einem Bürgerkrieg zu leben. Vorher waren sie ängstlich in ihren Wohnungen geblieben; jetzt zuckten sie mit den Schultern und gingen ihren alltäglichen Geschäften nach. Viele der jüngeren Araberinnen hatten im Alltag sogar den Schleier abgelegt.

»Siehst und spürst du nicht den Unterschied?«, fragte mich einer meiner algerischen Freunde. »Weißt du, warum sich unser Land verändert hat? Wir haben jetzt Kabelfernsehen ...«

Ich ging zu meinem Hotelfenster, wie ich es auch schon während meines letzten Aufenthalts getan hatte. Damals hallten nachts Schüsse durch die Luft. Jetzt schien die Atmosphäre relativ friedlich, obwohl für diese Woche Wahlen angesetzt waren, die in vielen Staaten Aufruhr und Aggression hervorrufen.

Am nächsten Tag sollte im Stadtzentrum eine Massenkundgebung stattfinden. In früheren Jahren waren derartige Veranstaltungen verboten gewesen. Die Regierung hatte versucht, die Lage zu beruhigen, anstatt sie weiter anzuheizen.

Ich saß auf dem Rücksitz des Autos, als meine beiden algerischen Freunde mit mir den Demonstrationszug passierten, in dem die Anführer lautstark ihre Botschaften verkündeten. Einer schaute mir direkt in die Augen. Ich empfand keine Angst, nur Mitgefühl für diese Menschen, die verzweifelt versuchten, in ihrem Land sowie in ihrem eigenen Leben Frieden und Normalität wiederherzustellen.

Wir umfuhren die Demonstration. Meine Freunde zeigten mir verschiedene Stellen, an denen die Terroristen früher Bomben gelegt hatten, die dann während der Demonstration explodierten. In diesem Jahr gingen dort Paare Hand in Hand spazieren, die sich der vorbeiziehenden Menge zuwandten, um sie näher in Augenschein zu nehmen.

Die dramatischste Szene hatte sich auf dem Flughafen abgespielt, als ich im Begriff war, das Land zu verlassen. Auf dem Weg durch den Zoll fragte mich der Beamte mehrmals nach meinem Beruf. Ich antwortete mehrmals, dass ich Schriftstellerin sei, woraufhin er mich nur düster anblickte. Ich suchte fieberhaft nach den richtigen französischen Wörtern, aber irgendwie fielen sie mir nicht ein. Ich konnte nicht auf Französisch denken.

Schließlich hob er ebenso frustriert wie wütend die Arme.

»Sprechen Sie Französisch!«, brüllte er.

»J'écris des livres [Ich schreibe Bücher]«, sagte ich deutlich und in perfektem Französisch, was mich völlig überraschte. Es war eines dieser kleinen Wunder.

»Gehen Sie weiter«, sagte er, nach vorn deutend.

Von Algier war ich nach Istanbul geflogen. Ich war durchs Landesinnere gereist, beeindruckt von der Landschaft, vor allem von den Bergen. Das ganze Land verbreitete eine ganz bestimmte Atmosphäre. Ich brauchte eine Weile, um sie zu erfassen. Es war reine, rohe Gewalt. Als ich an einem der letzten Abende meinem Führer durch die Straßen von Istanbul folgte, hörten wir plötzlich ein lautes Getrappel; viele Schritte erschütterten das Kopfsteinpflaster. Er nahm mich an der Hand.

»Kommen Sie«, sagte er und zog mich um die Ecke in eine Seitenstraße, weg aus dem Lärm. »Das ist eine Protestdemonstration gegen die Regierung. Gehen wir, bevor jemand verletzt wird.«

Hier war ich auf dieser ganzen Reise dem Abenteuer und Drama am nächsten. Und gerade jetzt sollte ich mich auf Geheiß meines Führers davon lösen? Ich seufzte und folgte ihm. Jede weitere Aufregung, jeder Adrenalinstoß wurde von vornherein unterbunden.

Wohin ich auch ging, befand ich mich in einer so beschützten, sicheren Lage, dass ich genauso gut hätte zu Hause bleiben können, dachte ich, während ich ungeduldig in der Schlange am Flughafen stand, die stillzustehen schien. In den Straßen von Los Angeles hätte ich sicher mehr Dramen miterlebt. Erneut war ich an einigen der potenziell gefährlichsten Orte auf dem Globus gewesen, aber wohin ich meine Schritte auch lenkte, um auf Unruhe und Spannung zu stoßen, senkte sich gnädig Friede übers Land.

Endlich bewegte sich die Schlange vorwärts. Einige Personen vor mir entfernten sich plötzlich. Offenbar hatten sie sich entschieden, in einer anderen Schlange zu warten. Umso besser. Dadurch war ich die Erste. Ich wuchtete meine Taschen aufs Fließband. Gerade als ich etwas sagen wollte, stellte der Mann hinter dem Schalter ein Schild mit der Aufschrift »Geschlossen« vor meine Nase und ging weg.

Was ist nur los?, dachte ich. Wenn ich nicht bald mein Gepäck aufgeben kann, verpasse ich noch meinen Flug. Als ich verwirrt dastand, kam der lästige Uniformierte mit der

Baskenmütze erneut auf mich zu. Diesmal schrie er mir ins Gesicht und schob mich zur Seite.

»Passez! Passez! Maintenant!« Dann schwenkte er vor mir seine Waffe. Verdammt noch mal, dachte ich, was wird hier eigentlich gespielt?

Auf der Suche nach Dramen war ich durch die halbe Welt gereist. Aber ich hatte sie nicht gefunden – und damit auch meine geplante Story nicht schreiben können. Und jetzt konnte ich nicht einmal die Maschine besteigen, um heimzukehren. Ich wurde allmählich wütend.

Ich versuchte diesem Sicherheitsbeamten zu erklären, dass ich dringend zu meinem Flugzeug müsste, wofür mir nur sehr wenig Zeit zur Verfügung stehe, die ich fast ausschließlich in dieser Schlange verbracht hätte, und dass ich nicht wüsste, was als Nächstes zu tun sei.

Das interessierte ihn alles nicht.

»Passez! Passez! Passez!«, schrie er in unverschämtem Ton. Dann stieß er mich vom Schalter und der Stelle weg, wo normalerweise die Schlange stand. Plötzlich erwachte ich aus meinen Träumereien und merkte, wo ich war und was sich ringsum abspielte. Sämtliche Schalter, die ich sehen konnte, waren geschlossen und alle Schlangen aufgelöst. Die Wartenden wurden wie eine Viehherde zusammengetrieben und bildeten nun eine lange Reihe. Der Bereich vor den Schaltern war abgesperrt. In der Halle hielten sich viele uniformierte und bewaffnete Männer auf. Aber warum?

Jetzt wurde mir klar, dass ich auf die andere Seite gehen sollte, wo all die Reisenden standen. Ich schleppte meine Taschen dorthin und stellte fest, dass sogar die Sicherheitszonen zu den Flugsteigen abgesperrt waren. Ich verstand zwar nicht, weshalb diese Vorkehrungen getroffen wurden, aber ich hoffte inständig, rechtzeitig zu meiner Maschine zu kommen, die mich in die Heimat fliegen würde.

Nachdem ich mit meinen Taschen noch etwa 30 Meter zurückgelegt hatte, passierte es.

Peng!

Eine Explosion erschütterte die Halle, schallte laut durch die Luft. Der Boden bebte ebenso wie die Schalter. Die Fenster auf der gegenüberliegenden Seite schienen jeden Augenblick zu bersten. Ich erstarrte auf der Stelle, hielt unter Schock den Atem an. Offenbar war eine Bombe hochgegangen.

Ich rannte zu einem Herrn mitten in der dichten Menge. »Was ist los?«, fragte ich, innerlich darum bittend, dass er nicht auf Französisch antworten würde.

»Wahrscheinlich haben sie da hinten eine herrenlose Tasche gefunden und darin eine Bombe vermutet. Vorsichtshalber haben sie dann die Tasche in die Luft gesprengt.«

Das also hatte der Sicherheitsbeamte mir begreiflich zu machen versucht. Er sagte mir, dass ich schnell weitergehen solle, und zwar sofort.

Die Moral dieser Geschichte ist einfach und angenehm. Wenn wir uns zu sehr um Action, Abenteuer und Drama bemühen, wenn wir Emotionen und Adrenalinstöße erzeugen wollen, anstatt uns dem natürlichen Strom des Lebens zu überlassen, übersehen wir möglicherweise die Geschichte, das Drama und die Lektion, die direkt vor unseren Augen stattfinden.

༄

»Ist innere Ruhe nicht wunderbar?«, sagte der Babalawo im Laufe unseres Gesprächs, bei meiner Verabredung mit dem Schicksal, die viele Stunden dauerte.

Ich bejahte. Aber innerlich war ich mir nicht ganz sicher. Ich mochte den emotionalen Schub. Manchmal war ich sogar überzeugt, dass ein bisschen Dramatik – sei es, dass man selbst in Schwierigkeiten kommt, sei es, dass man anderen Leuten aufmerksam zusieht, wie sie sich in Schwierigkeiten bringen – mich vor einem Leben bewahrte, das mir langweilig und bisweilen profan erschien. Es war, als könnte der Babalawo durch mich hindurchschauen und meine Gedanken lesen. Er erinnerte mich an eine wichtige Lektion, die von persönlicher Stärke handelt – und davon, wie man die eigenen Wünsche und Sehnsüchte zum Ausdruck bringt.

»Wenn wir ruhig und in einem Zustand des Friedens sind«, sagte er, »dann haben wir die Macht, wie ein Magnet das anzuziehen, was wir brauchen und wollen.«

Gelegentlich vergesse ich Dinge, die ich schon weiß. Ich vergesse, dass Loslassen wirksamer ist als Festhalten, und dann vergesse ich loszulassen. Manchmal fixiere ich mich derart auf die andere Person, ihre Bedürfnisse und Wünsche, dass ich vergesse, wie ich selbst mich fühle, was mir wichtig ist, was ich brauche und will. Ab und zu vergesse ich, dass ich ungeachtet der momentanen Umstände Kräfte besitze, die mir zugänglich sind, selbst wenn ich mich ohnmächtig fühle. Ich habe stets die Fähigkeit, zu denken, zu empfinden, um Unterweisung zu bitten, loszulassen und auf mich selbst gut Acht zu geben, egal, was mir widerfährt. Und zuweilen vergesse ich, dass der kurzfristige Energiestoß der Dramensucht im Vergleich zu jener wahren Macht verblasst, mit der wir uns verbinden können, sobald wir im Einklang sind mit der Welt und mit uns selbst.

༄

Es folgt eine weitere eindrückliche Geschichte, die mir ein Freund erzählte. Ein Zen-Meister ging immer wieder zu seinen Schülern und schlug sie ohne erkennbaren Grund mit einem Stock. Nach einiger Zeit waren die Schüler meistens angespannt und ängstlich; sie waren in Erwartung des nächsten Schlags und bereiteten sich darauf vor, ihn schon im Ansatz abzuwehren. Nachdem sie sich echauffiert und ebenso beklommen wie unruhig ihren Unterricht absolviert hatten, sagte ihnen der Zen-Meister, dass sie jetzt imstande seien, die Lektion zu lernen.

»Ihr könnt eure ganze Zeit damit verbringen, angespannt zu sein, den Schmerz zu erwarten und zu fürchten, ihn beeinflussen und behandeln zu wollen, ehe er überhaupt eintritt – oder aber damit, friedlich und gelassen zu bleiben im Wissen, dass das Leben immer ein gewisses Maß an Schmerz beinhaltet, dann abzuwarten, bis er sich bemerkbar macht, und darauf zu vertrauen, dass ihr schließlich mit ihm fertig werdet.«

℘

Einige Wochen nach der Rückkehr von meiner Reise nach Neu-Mexiko, wo ich Scotty getroffen und gesehen hatte, wie sich sein Zustand rapide verschlechterte, und wo mein Schicksalsarmband zerrissen war, kam mir mitten in der Nacht eine Erleuchtung. Jede Perle des Armbands repräsentiert eine andere Geschichte in meinem Leben. Jede(r) von uns trägt ein solches Schicksalsarmband, ob wir uns dessen bewusst sind oder nicht. Einige unserer Geschichten sind bereits geschrieben; andere haben noch nicht stattgefunden. Die eine Perle leitet über zur nächsten. Alle sind miteinander verbunden und schließen sich zum Kreis, von einem einzigen Faden zusammengehalten, den wir als »Schicksal« bezeichnen. Eine winzige Perle kennzeichnet die Geschichte, die wir gerade erleben.

Die Leute fragen sich immer wieder, inwieweit ihr Leben einen anderen Verlauf genommen hätte, wenn dieses geschehen oder jenes nicht geschehen wäre, wenn sie in einer bestimmten Angelegenheit eine andere Wahl getroffen hätten, wenn eine gewisse Person ihnen nicht über den Weg gelaufen wäre. Hätte ich es anders machen können?, fragen sie. Wie kann ich es in Zukunft anders oder besser machen? Oder, schlimmer noch, sie betrachten ihre Vergangenheit und denken, diese sei eine enorme, tragische und bedauerliche Kraftverschwendung gewesen. Warum wusste ich damals nur nicht, was ich heute weiß? Ich hätte mir eine Menge Zeit und Ärger ersparen können.

Wir müssen uns vor Augen halten, dass jede Perle am Armband – selbst jene Entscheidungen, die wir »Fehler« nennen – notwendig war, um unser Schicksal zu gestalten. Und wenn das Armband zerreißt – wenn der Tod nahe ist, ein Verlust bevorsteht, ein geliebtes Wesen sich von uns entfernt –, dann erfährt dieses Schicksal eine Wandlung. Der Riss mag ein Weckruf sein, eine Erinnerung daran, uns selbst zu schützen, zu umsorgen und zu lieben, während die nächste Perle, die folgende Lektion, die anschließende Geschichte sich allmählich offenbart.

∞

»Du bist auf einer geistigen Suche«, erklärte mir einmal ein Freund, als ich ihm erzählte, welche Orte ich bisher bereist, was ich alles erlebt, womit ich mich beschäftigt hatte. Mein Freund hatte teilweise Recht. Aber ich sah mich weniger auf einer geistigen Suche als auf der Jagd nach einem verborgenen Schatz.

Man muss nicht durch die ganze Welt fahren, um nach dem Guten im Leben zu suchen, einige Geheimnisse des Lebens zu verstehen und die einzelnen Punkte allmählich miteinander zu verbinden. Die Jagd nach dem verborgenen Schatz beginnt dadurch, dass wir unsere Persönlichkeit, unsere innere Entwicklung ebenso schätzen wie unsere momentanen Lektionen, und dass wir anhand der Details dieser speziellen Situation herausfinden, was es eigentlich heißt, sich zur eigenen Macht zu bekennen.

»Um zu der allgemeinen Überzeugung zu gelangen, dass alles aus einem bestimmten Grund geschieht, braucht man weniger Glauben als für die Überzeugung, dass man selbst hier und jetzt aus einem bestimmten Grund genau so ist, wie man ist, und dass man nicht ohne Grund genau dort ist, wo man ist – auch wenn man diesen Grund nicht kennt und sich und seinen Zustand überdies nicht sonderlich mag«, sagte mir ein Freund. »Sobald ich das akzeptiere, verschwinden meine Unzufriedenheit und meine negative Einstellung, und ich kann meinen Weg in Ruhe und Dankbarkeit fortsetzen. Das ist für mich der wesentliche Aspekt des geistigen Lebens.«

Als ich an jenem Tag dem Babalawo gegenüber saß und er anfing, die Zeichen im Sand zu lesen, zu beten und mein Dasein zu reinigen, hatte ich keine Ahnung, wie weit dieser Reinigungsprozess gehen würde oder was genau unter der so genannten »Heilung der Vergangenheit« zu verstehen war. Bisher hatte ich es meistens vorgezogen, Teile meiner Vergangenheit abzutrennen und zu ignorieren. Ich dachte: Das ist aus und vorbei, eine Geschichte von früher. Warum soll ich mich jetzt daran erinnern?

Viele Leute sagen, Gott habe für alles einen Plan entworfen und nichts geschehe zufällig. Auch ich glaube, dass jedem Geschehnis ein Motiv zugrunde liegt und dass Gott tatsächlich die Dinge lenkt. Doch wenn wir aus den jeweiligen Umständen keine Lehren ziehen und unsere Wunden – die von gestern und die von heute – nicht ausheilen lassen, werden die Dinge, die aus einem bestimmten Grund geschehen, sich nur ständig wiederholen. Dann landen wir schließlich in einer Talkshow, reden darüber, was uns dauernd widerfährt, und fragen uns, warum das so ist.

Im Zeichen des Millenniums ist die Zeit von ausschlaggebender Bedeutung. Alles tritt stärker hervor, wie vergrößert. Einzelne Begebenheiten können uns überlebensgroß erscheinen. Und das ist so, damit wir die Dinge betrachten und fühlen, damit wir unsere Richtung korrigieren und das Nötige tun. Denn jede unserer Handlungen trägt dazu bei, das Universum zu formen, und beeinflusst die Menschen ringsum.

Oben wie unten, sagt man. Vielleicht tobt der Krieg, der seit ewiger Zeit im Himmel stattfindet, auch hier auf Erden – der uralte Kampf zwischen Dunkelheit und Licht.

Bisweilen brauchen wir nur ein wenig Bewusstsein, um uns von den Schmerzen der Vergangenheit zu befreien. Diese Heilung ist immer möglich, auch heute, wenn eine unangenehme Situation auftaucht, die uns zu reagieren zwingt. Wie fühlen Sie sich? Was denken Sie? Welche Ihrer Gefühle, Gedanken und Erfahrungen gestehen Sie sich selbst ein? Welche grundsätzlichen Entscheidungen haben Sie getroffen in Bezug auf Ihr Leben, die Liebe und die Arbeit? Gehen Sie so weit wie möglich zurück. Gehen Sie dann einen Schritt weiter. Sind die dabei maßgeblichen Gefühle und Überzeugungen tatsächlich die Ihren – oder haben Sie sie von jemand anderem übernommen? Manchmal genügt schon eine kurze Vergegenwärtigung der eigenen Empfindungen und Gedanken – ihrer Ursprünge, ihrer Entwicklungen –, um sich selbst zu befreien. Wenn wir Angst, Hass, Ressentiments, Trauma, Rachsucht und Groll nicht loslassen, erzeugen wir Situationen, die diese Emotionen auch künftig hervorrufen. Das passiert zwangsläufig. Wir handeln automatisch, instinktiv – und benutzen die frühere Negativität, um das Morgen zu gestalten. Das Problem ist nur, dass wir immer in der Gegenwart leben.

Auf meinen Reisen über den Globus habe ich viele heilige Stätten besucht. Mir fiel auf, dass sie deshalb heilig sind, weil sich dort oft eine schreckliche Tragödie ereignet hat und die Menschen dann herbeiströmten, um daran Anteil zu nehmen und zu beten. Im Augenblick der Tragödie galt dieser Ort noch nicht als heilig. Das kam erst später, wenn die Menschen sich des Vorfalls erinnerten und Gebete sprachen. Die Umschwünge und Wendungen in unserem Leben, die im ersten Moment grausam und schmerzlich sind, können im Rückblick zu heiligen Punkten in unserem Leben werden – gleichsam zu Perlen, die zur nächsten Perle am Armband führen. Manches, was wir am meisten bereuen, mag sich als genau das erweisen, was wir hier lernen und tun sollten.

Nachdem der Babalawo jede Geschichte in meinem Leben berührt und dann den Reinigungsakt vollzogen hatte, reichte er mir die Papiertüte, mit der er, inständig betend, auf meinem Körper das Kreuzzeichen geschlagen hatte.

»Nehmen Sie diese Tüte. Stellen Sie sie an einen Baum auf einem Friedhof und gehen Sie dann einfach weg«, sagte er. »Schauen Sie nicht zurück.«

Lassen Sie dem Schicksal seinen Lauf. Aber leisten Sie zugleich Ihren Beitrag. Schließlich wurde mir klar, was an jenem Tag beim Babalawo geschehen war. Um von der Vergangenheit geheilt zu werden, müssen wir in sie zurückkehren und so lange dort verweilen, bis wir gereinigt aus ihr hervorgehen können.

Ich war eine Schülerin mit glatten Einsern, ein missbrauchtes Kind, eine Drogensüchtige, eine Weise und eine Hure. Ich habe Apotheken ausgeraubt, bin im Gefängnis gewesen, habe jahrelang zu Hause gesessen und bin zu einigen der großen heiligen Stätten der Welt gereist. Ich war in Ägypten und in Mittelamerika, wo ich am Seil eines Hubschraubers hing und aus der Luft Aufnahmen von Honduras schoss. Ich war in Algerien, Barcelona und im Palast eines Prinzen in Südfrankreich. Ich war Sekretärin, Besitzerin einer Buchhandlung und Serviererin. Ich habe eine Entziehung gemacht, für eine Zeitung gearbeitet, drei Kinder zur Welt gebracht. Ich habe eines dem Vater überlassen, eines begraben und das andere großgezogen, bis es erwachsen war. Ich hatte katastrophale Beziehungen, war verheiratet, ließ mich scheiden und lebte einige wunderbare, atemberaubende Affären aus. Ich habe Bücher geschrieben, hart an meinem inneren Heilungsprozess gearbeitet und versucht, anderen Menschen zu einer gesünderen Existenz zu verhelfen. Ich habe jahrelang meinen Körper malträtiert oder völlig ignoriert. Jetzt, da ich über 50 bin, bemühe ich mich um den Schwarzen Gürtel, fahre im Kajak aufs Meer hinaus, jogge, weiß genau, an welcher Stelle sich meine Leber und meine Milz befinden, und bin mir nicht nur ihres Zustands, sondern auch meiner Gefühle bewusst.

Ich habe längere Phasen durchlebt, in denen ich mich weigerte, Gott anzuerkennen oder an Ihn zu glauben, aber auch

Momente, in denen ich hörte, wie Engel mir etwas ins Ohr flüsterten.

Ich war so arm, dass ich weder Auto noch Telefon besaß und manchmal auf der Straße lebte. Dann wieder hatte ich genug Geld, um andere Leute wahnsinnig zu machen.

Ich habe mit Obdachlosen auf der Bank Sandwiches mit Erdnussbutter gegessen und gewisse Gemeinsamkeiten entdeckt. Ich habe mit Filmstars diniert, mit Bill und Hillary Clinton an Podiumsdiskussionen teilgenommen und darüber gesprochen, was uns verbindet.

Ich habe bisher zwei Brände, einen Hurrikan, einen Tornado, eine Flut und ein Erdbeben durchstehen müssen.

Ich habe fast alles gehabt, verloren und dann – zumindest teilweise – wiederbekommen. Irgendwann habe ich nochmals alles verloren und darum gekämpft, die Trümmer erneut zusammenzufügen. Ich war auf Platz 1 der Bestsellerliste der *New York Times*. Danach gab es lange Perioden, in denen ich dachte, ich würde kein einziges Wort mehr schreiben.

Ich hatte beste Freunde und schlimmste Feinde – manchmal war ein und dieselbe Person beides.

Ich habe mich geliebt und gehasst – manchmal an ein und demselben Tag.

Über mich erschienen Artikel in den wichtigsten Magazinen der Vereinigten Staaten – und manchmal zog man über mich in der Regenbogenpresse her.

Ich habe richtige geschäftliche Entscheidungen getroffen – und einige andere, die bestenfalls falsch waren.

Ich bin einsam und zutiefst traurig gewesen und habe mir geschworen, niemals mehr Liebe zu schenken oder zu empfangen. Ebenso aber habe ich so viel Liebe erfahren, dass ich mich wie die glücklichste Frau der Welt fühlte.

Ich war auf Postern für Drogenabhängige abgebildet, dann auf den Postern für Co-Abhängige, um mich schließlich in Malibu in Kalifornien niederzulassen, wo Leute, die ich sonst im Fernsehen sehe, an meine Tür klopfen.

Ich habe tief im Landesinnern gelebt, wo sich manchmal monatelang kein Lüftchen regte. Heute kann ich an meinen schlechtesten Tagen aus der Hintertür spähen und mir sagen: *Mag schon sein, dass ich einen langen und beschwerlichen Weg zurücklegen musste, um hierher zu gelangen. Aber was soll's, wenigstens wohne ich jetzt am Meer.*

Man kann all dies aus mindestens zwei Perspektiven betrachten. Entweder denke ich: *Schau nur, was du alles durchgemacht hast.* Oder ich trete einen Schritt zurück und denke: *Wow. Schau nur, was du alles erlebt, gesehen und gefühlt hast.* Und sosehr ich bei jedem Schritt Widerstand geleistet und gekämpft habe, bin ich doch vielleicht gerade deshalb hier, um all das durchzumachen und von meiner Warte aus bewusst wahrzunehmen, wie es sich anfühlt.

Einmal sprach ich am Telefon mit meinem Freund Kyle. Ich erzählte ihm, was ich durchlitten, gesehen, getan und empfunden hatte. »Ich habe alles mitgemacht«, sagte ich. »Ich habe auch ungerechte Urteile gefällt und Menschen verachtet – doch mich letztlich immer so verhalten, wie ich wollte. Es war eine interessante Reise; allerdings bin ich mir nicht sicher, ob noch viel für mich übrig bleibt.«

»Ich weiß, was du bisher noch nicht gemacht hast, aber immer machen wolltest«, sagte er.

»Was denn?«, fragte ich.

Kyle schwieg sehr lange. Ich glaubte schon, er hätte aufgelegt.

»Ich denke nach«, erwiderte er dann. »Jetzt hab ich's. Du bist noch nie aus einem Flugzeug gesprungen.«

Spring noch einmal!

Als ich einmal in Las Vegas war, um die Show eines befreundeten Komikers zu sehen, ging ich in ein Geschäft mit Zauberartikeln, das sich in der Halle meines Hotels befand. Ich mag alles, was mit Zauberei zu tun hat. Ich genieße es, Zaubertricks zu verfolgen, und wollte mir auch selbst einige aneignen. Immerhin hatte ich einen perfekten Vorwand: Ich suchte nach einem Geburtstagsgeschenk für meinen Patensohn Blake. Sein neunter Geburtstag stand bevor.

Der Ladeninhaber führte mehrere Zauberkunststücke vor: eine Spielkarte, die sich eben noch in der Mitte des Packens befunden hatte, lag plötzlich obenauf; eine Dollarnote, die frei in der Luft zu schweben schien; ein Schal, der in der Hand des Zauberers verschwand und wieder auftauchte. Als ich ihm erklärte, ich wolle all das kaufen, schloss er sein Geschäft und schickte die anderen Kunden weg. Man wurde nur dann in die Geheimnisse der Zauberkunst eingeweiht, wenn man sich bereit erklärte, Geld auf den Tisch zu legen und zu lernen, wie die Tricks wirklich funktionieren. Ich war aufgeregt wie ein Kind. Einerseits wollte ich die Geheimnisse erfahren, andererseits nicht zu viel wissen – denn Weihnachtsgeschenke will man ja auch erst an Weihnachten sehen und öffnen. Außerdem verspürte ich den Wunsch, mich der Magie ganz hinzugeben und dabei alle Zweifel zu vergessen.

Er zeigte mir, wie die Tricks funktionierten. Im Grunde waren sie so simpel und profan wie Werbetricks. Auf diese Weise also erzielte man die gewünschten Effekte! Alles war manipuliert. Ich aber glaube lieber an Magie. Sie verleiht dem

Leben einen größeren Reiz. Und sie hilft mir, meinen Sinn für Ehrfurcht und Wunder zu bewahren.

Ich dankte dem Zauberer, nahm meine Tricks und wandte mich zum Ausgang. Ich war auf der Heimreise, durfte mein Flugzeug nicht verpassen. Dann drehte ich mich noch einmal um. »Die Zauberkunst ähnelt doch sehr den zwischenmenschlichen Beziehungen«, sagte ich. »Man bringt den anderen dazu, an eine bestimmte Sache zu denken und seine ganze Aufmerksamkeit darauf zu richten, damit er sich nicht allzu sehr mit den tatsächlichen Ereignissen beschäftigt. Er schaut zu, sieht aber nur, was er ersehnt, hofft und sich vorstellt. Es ist alles eine Illusion, nicht wahr? Gibt es in dieser Welt keine echte Magie mehr?«

»Kommen Sie wieder, wenn Sie mehr Zeit haben«, erwiderte er. »Dann schließe ich das Geschäft und zeige Ihnen weitere Tricks. Die meisten sind einfache Illusionen, leicht auszuführen und noch leichter zu erklären. Aber einige Tricks grenzen wirklich an Magie. Sie führen uns an die Schwelle zum Unfassbaren...«

Viele von uns wollen an die Magie im Leben glauben.

Fast alle Menschen tragen verborgene Träume oder Phantasien – mindestens eine, manchmal auch mehrere – im Herzen; sie malen sich aus, was sie gerne tun würden, was in ihrem Alltag geschehen soll. Träume und Phantasien sind wichtig, zumal jene, die von tief innen kommen. Sie sind der Stoff, durch den wir unseren Schicksalskreis vollenden. Doch manchmal, wenn es darum geht, die Phantasien aus der Traumwelt, aus dem Reich der Einbildungskraft, aus dem Reich des Spirituellen, in der körperlichen Welt zu verwirklichen, sieht die Sache wieder ganz anders aus. Dann sind wir mit der rauen Realität konfrontiert und müssen harte Arbeit leisten.

»Versteh mich nicht falsch«, sagte ich einmal zu einem Freund, als ich zu beschreiben versuchte, wie ich eine bestimmte Aufgabe bewältige. »Es gibt Augenblicke, in denen es wunderbar ist, unglaublich magisch. Doch es gibt auch viele

Augenblicke, in denen es ermüdend, quälend, frustrierend, beängstigend, verwirrend und unglaublich schwierig ist.«
»Wer sagt denn, dass Magie keine Anstrengung erfordert?«, fragte er.
Sobald unsere Illusionen zerstört sind, beginnt die wahre Magie.
Die folgende Geschichte handelt eben davon, wie es ist, Mühsal auf sich zu nehmen, dann bis zu jener Schwelle vorzudringen, wo die Magie das Gewöhnliche mit dem Außergewöhnlichen verbindet, und die Show beginnen zu lassen.

ಸ

Der Mann hielt mir seine Videokamera direkt vors Gesicht: »Wollen Sie den Leuten daheim noch etwas mitteilen?«
Ich murmelte etwas über mein Testament in der zweiten Schublade links im Arbeitszimmer und folgte dann Andy, einem 1,85 Meter großen Mann aus Texas mit breitem Grinsen und leichtem Südstaatenakzent über die Metalltreppe in den Rumpf der *Twin Otter*. Hinter uns stiegen die anderen 21 Passagiere ein.
Das Flugzeug glich diesen kleinen Kisten, die von Minneapolis nach Rochester, Minnesota, oder Des Moines, Iowa, fliegen. In der Maschine war zu beiden Längsseiten eine gepolsterte Sitzreihe angebracht.
Ich holte tief Luft – so tief, wie man nur einatmen kann, wenn man hyperventiliert –, setzte mich neben Andy und schnallte mich an. Die anderen Passagiere, umgeben von lautem Stimmengewirr und durchaus in aufgeräumter Stimmung, legten ebenfalls ihre Gurte an. Die Motoren dröhnten, und das Flugzeug fegte über die kurze Startbahn des Absprunggebiets in Elsinore, Kalifornien. Wir hoben ab.
Die Passagiere kamen aus allen sozialen Schichten – ein Polizist war darunter, ein Koch, ein Hightech-Ingenieur und eine Sekretärin. Wir hatten alle eines gemeinsam: Wir flogen

mit dieser Maschine, würden aber bei der Landung nicht mehr darin sein. Sobald eine Höhe von 12 000 Fuß erreicht war, würde jeder von uns zur offenen hinteren Tür gehen und hinausspringen.

Wir trugen einen Fallschirm auf dem Rücken.

Einige Tage, nachdem mich mein Freund Kyle darauf aufmerksam gemacht hatte, dass Fallschirmspringen zumindest *eine* Sache sei, die ich mir immer schon gewünscht, aber nie unternommen hatte, läutete das Telefon. Am anderen Ende der Leitung meldete sich eine Stimme, die ich vage kannte. Es war der Elektriker und Lichtdesigner, der Monate zuvor in meinem Haus gearbeitet hatte. Er sagte, ich hätte ihm gegenüber erwähnt, dass ich immer schon mal aus einem Flugzeug springen wollte. Er würde mich gerne einladen, ihn zu begleiten und es zu versuchen. Er war Fallschirmspringer.

Man mag darin eine glückliche, wiewohl völlig unerwartete Fügung sehen. Jedenfalls war der zeitliche Zusammenhang zwischen den beiden Gesprächen über das Fallschirmspringen zu eng, um ihn als Zufall abzutun. *Oh*, dachte ich und nahm die Einladung freudig an. *Es muss Gottes Wille sein.*

Der Mann hielt mir erneut die Videokamera vors Gesicht. »Wer ist Ihr bester Freund?«, fragte er.

Ich deutete auf Andy. »Er«, antwortete ich.

Während der nächsten halben Stunde war Andy der Mann, auf den es ankam. Fest mit ihm verbunden, würde ich aus dem Flugzeug springen. Das war mein erster Sprung, und so schien es ratsam, ihn zu zweit anstatt allein zu tun. Von diesem netten blonden Jungen mit einem leichten texanischen Akzent hing mein Leben ab.

Ich musste ihm – einem Mann – voll und ganz vertrauen. Ich lächelte und sagte Andy, wie sehr ich ihn mochte.

»Gott sei Dank«, gab er lächelnd zurück.

Der Fallschirmspringer mir gegenüber trug ein weißes T-Shirt mit der Aufschrift: *Wenn du am Abgrund lebst, dann wohl deshalb, weil du zu feige bist, zu springen.* Ein anderer trug eines, auf dem stand: *Ich jage mein inneres Kind nicht. Ich versuche nur, es einzuholen.* Und das Hemd eines dritten Mannes offerierte folgende kleine Fallschirmspringer-Weisheit: *Das Risiko ist relativ.*

Ich war nicht zu feige zu springen, aber im Laufe des Sicherheitskurses für Anfänger wurde mir doch schmerzhaft bewusst, dass das Risiko ein Risiko bleibt. Auf den Höhenmesser zu achten, den Reservefallschirm zu überprüfen, die richtige Körperhaltung zu bewahren, über die Notfallmaßnahmen Bescheid zu wissen (was etwa zu tun ist, wenn der Fallschirm sich nicht öffnet oder sich verheddert) und irgendwo zu landen, außer auf einem Stromkabel, einem Baum oder mitten auf der Autobahn – all das erschien mir doch sehr kompliziert. Man musste an viel mehr Dinge denken, als ich es mir in meinen Phantasien vorgestellt hatte.

Anfangs wollte ich in Begleitung meiner Lehrer solo springen. In der Luft an einen Mann gekettet zu sein, behagte mir nicht sonderlich. Doch als ich den Kurs absolviert hatte, alle Risiken des Fallschirmspringens kannte und dann Andy traf, konnte ich mich mit diesem Gedanken schon eher anfreunden.

In den frühen Morgenstunden, bevor ich aufgestanden und ins Absprunggebiet gefahren war, hatte sich die Wirklichkeit meiner Träume vom Fallschirmspringen bemächtigt. Hoch oben am Himmel aus einem Flugzeug aussteigen? Im freien Fall auf die Erde zu rasen? Das schien in der Realität doch etwas beängstigender zu sein als in der Einbildung. Aber das ist ja oft so. Der Kurs machte mich vollends mit den Fakten vertraut, die mich regelrecht erdrückten. Man musste in ganz bestimmter Weise abspringen und eine vorgeschriebene Körperhaltung annehmen. Das ist Physik, lernte ich – wenn man den Rücken krümmt, fliegt der tiefste Punkt (die Hüften) zuerst durch die Luft, und das gebogene Rückgrat verleiht während des Falls Stabilität. Das geschieht zwangsläufig, weil sich dabei die Wirkungsweise der Schwerkraft offenbart. Man musste den Höhenmesser beobachten, üben, die Reißleine zu greifen, dann erneut Stabilität und Höhe überprüfen. Bei 6000 Fuß musste man die Augen auf den Höhenmesser heften, der wie eine Armbanduhr am Handgelenk befestigt ist. Bei 5000 Fuß musste man die Reißleine ziehen.

Dann würde sich – hoffentlich – der Fallschirm öffnen.

Auch dieser Vorgang musste überprüft werden. Bildete der Fallschirm ein Rechteck? War er voll aufgebläht oder drehte er sich in Kreisen? Trieb man dahin oder raste man weiterhin mit knapp 230 Stundenkilometern in Richtung Erdboden? Und auch wenn der Fallschirm sich richtig öffnete, musste man fünf Punkte checken: Sind die Fangleinen verwickelt oder straff gespannt? Funktionieren die Steuerleinen, deren kleine Griffe neben dem Kopf baumeln und mit denen man den Fallschirm lenken kann? Sind sie nach wie vor mit dem Klettverschluss verbunden oder abgefallen? Hemmen sie den Fallschirm? Drehen sie ihn nach links? Nach rechts? Ist das Stück Stoff, das aus dem Innern der Schirmkappe herabfällt, die Fangleinen ausrichtet und dann ein wenig über dem Kopf aufliegt, tatsächlich herabgefallen – oder hat es sich in den Fangleinen verheddert? Sind die letzten kleinen Zellen im seidigen Schirm offen? Und wenn man schließlich nach oben schaut – sieht man den Schirm oder den blauen Himmel? Mit anderen Worten: Hat der Schirm Risse oder Löcher? Falls eine dieser Fragen negativ beantwortet wird, muss man entweder den Fehler abstellen oder den Fallschirm abschneiden, um dann den Reserveschirm öffnen zu können.

Und zwar bevor man auf den Boden knallt.

Die Liste enthielt weitere Punkte, die in die Überlegung mit einzubeziehen waren: Zum Aufsprunggebiet steuern – bei Rückenwind auf 1000 Fuß, bei Gegenwind auf 500 Fuß, bei Seitenwind auf 300 Fuß, dann den Zielkreis anvisieren; schließlich landen, indem man in den Wind fliegt und – drei Fuß über dem Boden – flattert und stoppt.

Ich befolgte die Anweisungen, sah dabei aber vor allem den Tod, den grausamen Sensenmann, bei jeder Bewegung auf meinen Schultern sitzen.

Mach's richtig oder stirb – das ist die grundlegende Lektion, die ich in diesem Kurs lernte. Und: Du hast nur eine Chance.

»Wenn die Leute hören, dass du zum Fallschirmspringen gehst, reagieren die meisten so, als gäbe es auf der ganzen Welt nur fünf Fallschirmspringer – dich eingeschlossen – und als wären die anderen vier bereits tot«, hatte mir der mit mir befreundete Lichtdesigner gesagt.

Nach dem Kurs dachte ich das auch. Das Bewusstsein bestraft und belohnt sich selbst.

Bei diesem Sprung aus dem Flugzeug waren viel mehr Vorsichtsmaßnahmen zu beachten, als ich es mir vorgestellt hatte. Immerhin würde Andy helfend eingreifen, falls ich etwas Wichtiges vergaß oder etwas nicht funktionierte. Vier Metallhaken würden mein Gurtwerk mit dem seinen verbinden, wobei einer schon ausreichte, um uns zusammenzuhalten.

So wurde mir wenigstens gesagt.

Der Mann, der links neben mir saß, filmte mich erneut mit seiner Videokamera. »Und Sie wollen mit dem Fallschirm abspringen?«, fragte er.

Damit gab er offenbar den anderen Passagieren das Stichwort, lauthals mit einzustimmen: »Ja! Hurra! Fall-schirm-sprin-gen! Das tut gut!« Sie klatschten ihre Hände gegen meine und feuerten mich an. Hier schien eine fröhliche Veranstaltung stattzufinden. Ich hingegen war nicht froh. Ich sah nur verzerrte Gesichter, die immer länger wurden und in denen die Augen hervortraten. Ihre aufmunternden Kommentare klangen für mich eher wie quälende Sticheleien.

Ich lehnte mich zurück und wünschte mir – anders als bei früheren Flügen –, dass dieser Flug noch lange dauern möge. Einige der anderen Fallschirmspringer unterhielten sich angeregt. Manche waren im Team gekommen, um Figuren zu springen oder gemeinsam harmonische Formationen in der

Luft zu bilden. In Gedanken probten sie ihre Bewegungen, ihre üblichen Handgriffe, während sie mit nach innen gerollten Augen leicht ihre Hände hin- und herschweben ließen, als flögen – oder genauer: als stürzten – sie bereits mit etwa 230 Stundenkilometern Richtung Erdboden.

Mir war heiß und ein wenig übel; zugleich war ich aufgeregt, stimuliert. Ich glaubte, jeden Moment einen Herz- oder Angstanfall – oder beides – zu bekommen.

Eines aber fiel mir besonders auf.

Ich fühlte mich äußerst lebendig.

∽

Auf 1500 Fuß stieß Andy mich an. »Du kannst dich jetzt von deinem Sitz abschnallen«, sagte er.

Ich tat es.

»Was heißt das?«, fragte er, indem er zwei Finger krümmte.

»Rücken krümmen«, antwortete ich.

»Und das?«, fragte er weiter, mit einem Finger direkt auf mich zeigend.

Ich hatte es vergessen. Mein Kopf war völlig leer. »Weiß ich nicht«, sagte ich schließlich.

»Ziehen«, sagte er. »Es heißt, zieh die Reißleine, damit sich der Fallschirm öffnet.«

»Kapiert«, sagte ich.

Meine Hände waren feucht, und mein Körper fühlte sich taub an. Die anderen Passagiere schienen ebenfalls zu schwitzen; einer von ihnen stand auf, rannte zur Tür, zog sie halb zur Seite, um frische Luft hereinzulassen.

Ich konnte durch die offene Tür schauen, die Farben der Erde sehen und diese wie mit dem Lineal gezogenen kleinen Vierecke der Landschaft, die von oben ganz anders aussieht. Ich überprüfte den Höhenmesser an meinem Handgelenk. Wir waren auf 2000 Fuß. Die hereinströmende frische Luft verschaffte mir keine Erleichterung. Alle Lektionen, die ich bis zu diesem Augenblick meines Lebens gelernt hatte, übermittelten mir nur eine Botschaft: dass diese Tür nicht eher hätte geöffnet werden sollen, als wir sicher gelandet waren.

Das Stimmengewirr der Fallschirmspringer ringsum verwandelte sich in einen lang gezogenen tiefen Ton, der dem meines Blutdrucks und meines Herzschlags entsprach. Ich wandte mich Andy zu. »Ich glaube, ich werde ohnmächtig.«

»Dir wird's gleich besser gehen«, sagte er. »Dreh dich mit dem Rücken zu mir, damit ich die Haken befestigen kann.«

Ich lehnte mich mit dem Rücken gegen ihn. Er klinkte die Haken rechts und links an unseren Hüften ein und spannte an dieser Stelle die Gurte. Das Gleiche tat er mit den Haken auf beiden Seiten der Schultern. »Na bitte«, sagte er. »Fertig.«

Plötzlich war ein Summen zu hören. Bei der Tür leuchtete ein grünes Licht auf. Einer der Fallschirmspringer zog die Tür ganz auf und sprang hinaus.

Einer nach dem anderen stürzte sich nach draußen. Wie kleine trainierte Affen hüpften sie durch die Öffnung. Nach wenigen Augenblicken waren nur noch der Mann mit der Videokamera, Andy und ich übrig – sowie der Pilot. *Und der darf im Flugzeug bleiben*, dachte ich.

Der Kameramann kroch nach draußen, hing sich an die Stange über der Tür.

Andy erhob sich, wodurch ich ebenfalls aufstand, da wir ja aneinander geschnallt waren. Wir standen nicht ganz aufrecht, sondern in gebückter Haltung im Mittelgang der Maschine. Andy schob mich Richtung Tür, ich drückte ihn zurück Richtung Cockpit. Aber er war größer und schwerer als ich.

Schon standen wir, durch vier Haken miteinander verbunden, vor der Türöffnung. Ich blickte nach unten. Der Wind schlug gegen meine Schutzbrille, peitschte mir ins Gesicht. Er und die Motoren waren so laut, dass mir die Ohren wehtaten.

Andy und ich hatten den Ablauf geprobt. Ich sollte die Arme vor der Brust verschränken; sobald er *Auf die Plätze!* sagte, würden wir uns nach vorn lehnen, bei *Fertig!* nach hinten, und bei *Los!* springen. Dann würde ich meinen Rücken krümmen, und wir beide würden durch die Luft fliegen.

»Auf die Plätze ...« Wir rückten bis zur Kante vor. Ich konnte nicht mehr atmen.

»Du meinst, dass das ein großes, waghalsiges Abenteuer ist, ein Adrenalinrausch, bei dem man seine Angst überwindet. Aber darum geht es beim Fallschirmspringen nicht, zumindest nicht für mich«, hatte der mit mir befreundete Lichtdesigner gesagt. »Es ist im Grunde eine Meditation, ein meditativer Prozess. Du bleibst ruhig, konzentriert, gelassen und lässt dich von der Strömung, der Kraft einfach durch diese Türöffnung treiben. Wenn es so weit ist, darauf zuzugehen und hinaus zu springen, tust du nur das jeweils Nächste. Besinne dich auf das Wesentliche und vergiss alles andere.« Gute Idee. Aber in diesem Moment war nichts wesentlicher als meine Furcht.

Ich habe Höhenangst.

»Fertig ...« Wir lehnten uns zurück, holten Schwung und erzeugten den nötigen Gegendruck, um hinauszuspringen.

Ich habe immer wieder gehört und selbst auch gesagt, dass alles in unserem Leben aus einem bestimmten Grund geschieht und dass alles, was wir durchmachen, uns auf den nächsten Schritt vorbereitet. Das ist nicht nur meine feste Überzeugung – ich glaube daran aus tiefstem Herzen. Jede Begebenheit in meinem Leben, jede Lektion, die ich zuvor gelernt hatte, bereitete mich auf die kommende Aufgabe vor.

Ich nahm all meinen Mut und alle Kraft zusammen, die mir zur Verfügung stand.

»Los ...«

Ich schleuderte mein ganzes Gewicht zurück in den Gang, aus dem wir gekommen waren, mitsamt den fast 90 Kilo meines Lehrers auf dem Rücken. Gott sei Dank wusste ich über jene Punkte Bescheid, von denen es kein Zurück mehr gibt. Hier handelte es sich weder um Schicksal noch um Zufall noch um Gottes Willen, sondern um eine weitere Gelegenheit für mich, eine genesende Co-Abhängige, Nein zu sagen!

Ich selbst hatte mich in diese heikle Situation gebracht, aber es war noch nicht zu spät, mich daraus wieder zu befreien. Das Ganze mochte etwas peinlich sein, gut, aber inzwischen hatte ich gelernt, meine Stimme zu erheben und auszudrücken, wie ich mich fühlte oder was ich brauchte. Es war immer noch möglich, einen Rückzieher zu machen, aber das musste sofort geschehen. Zum Glück war Andy ein sensibler, aufmerksamer und sanfter junger Mann. Ich wusste, dass er mich verstehen würde.

»Ich hab's mir anders überlegt«, sagte ich. »Ich will dich nicht enttäuschen. Sicher, wir haben den ganzen Tag trainiert und auf diesen Augenblick hingearbeitet. Aber ich werde nicht springen. Ich gehe nicht durch diese Öffnung. Tut mir Leid«, erklärte ich, langsam in Richtung Cockpit zurückkriechend. »Ich kann einfach nicht.«

Dann geschah alles so schnell, dass ich keine Zeit hatte, darauf zu reagieren. »Oh doch, du kannst es«, sagte Andy sanft und mitfühlend, während er mich den Gang entlangzog und durch die Öffnung stieß.

Eine Sekunde später flogen und stürzten wir durch die Luft.

Ich hatte die Lage falsch eingeschätzt. Es gab kein Zurück mehr. Ich war festgeschnallt für diesen Sprung. *Dann sollte ich auch das Beste daraus machen,* dachte ich als Nächstes. *Und wenn das Schlimmste passiert, bin ich wenigstens wieder bei Shane.*

Ich schaltete auf Autopilot. Der Wind war laut, brauste an meinem Gesicht vorbei. Ich fiel schneller, weil noch fast 90 Kilogramm mehr an meinem Rücken hingen. Doch Gott sei Dank war ich nicht allein.

Ich erinnerte mich daran, den Rücken zu krümmen. Ich konnte Bergspitzen und die Sonne sehen. Aber das Einzige, was ich fühlte, war meine Angst. Ich überprüfte den Höhenmesser. Andy zeigte mir den erhobenen Daumen.

Dreimal berührte ich – um zu proben – abrupt und ängstlich die Reißleine, wodurch wir jedes Mal aus dem Gleichgewicht kamen.

Ich schaute erneut auf den Höhenmesser, war jedoch derart in Panik, dass ich ihn gar nicht ablesen konnte. Andy gab mir noch einmal das Daumensignal.

Jetzt war es an der Zeit, wirklich zu fliegen.

Auf Zeichen senkten wir beide den linken Arm, wie Engel, die ihre Flügel senken. Wir drehten uns 360 Grad um die eigene Achse, und zwar nach links. Dann hoben wir den linken Arm wieder, bis beide Arme auf gleicher Höhe waren. Dadurch endete die Kreisbewegung.

Daraufhin senkten wir den rechten Arm und drehten uns im Kreis, diesmal nach rechts.

Einen Augenblick lang kicherte und lächelte ich nur und vergaß meine Angst. So also fühlt man sich, wenn man die Macht der Engel und den freien Willen des Menschen besitzt, dachte ich. Wir gelangten in jenen Raum, wo der Himmel die Erde berührt.

Andy tippte auf meinen Höhenmesser.

6000 Fuß. Unsere Zeit als Engel war vorbei. Noch ein paar Sekunden, und wir mussten die Reißleine ziehen. Ich sollte warten, bis wir eine Höhe von 5000 Fuß (1500 Metern) erreichten. Aber ich konnte mich nicht mehr zurückhalten. Die Spannung machte mich fast wahnsinnig. Ich musste herausfinden, ob sich dieser Fallschirm tatsächlich öffnen würde. Oder eben nicht.

Mit der rechten Hand griff ich nach hinten, fand den orangefarbenen Holzgriff und zog.

Anstatt weiter Richtung Erdboden zu rasen, schossen wir mit der Wucht einer sanften Explosion plötzlich nach oben und trieben der Sonne entgegen. Abermals ergriff mich Panik. Ich schloss die Augen, hielt meinen Körper starr. Ich ertrug es nicht, um mich zu blicken. »Hat er sich geöffnet?«, rief ich Andy zu und kniff die Augen hinter meiner Schutzbrille zusammen. »Schau einfach nach oben«, sagte er.

»Ich hab Angst, meine Augen zu öffnen«, gestand ich. »Sag mir einfach, ob alles okay ist.«

»Nein«, erwiderte er. »Schau hin. Überprüf die einzelnen Punkte und berichte mir dann.«

Ich hob die Augen ein wenig, wollte mich nicht zu heftig hin- und herbewegen. So weit, so gut. Offenbar bestand keine Gefahr. Ich sagte ihm, dass alles in Ordnung schien. Er pflichtete mir bei. Dann reichte er mir die Steuerleinen und befahl mir, den Schirm zu lenken.

Meine Finger umklammerten derart krampfhaft die Enden der Steuerleinen, dass Hände und Arme taub wurden. Ich wünschte mir nichts sehnlicher, als mit den Füßen den Boden zu berühren. Mein Körper war so hart wie ein Brett.

Die Baumkronen, die Häuser, die Straßen – von hier oben wirkte alles winzig. »Steuere du. Ich kann die Leinen nicht mehr halten. Es ängstigt mich zu sehr«, sagte ich.

Er nahm mir die Leinen aus der Hand, drehte nach rechts, dann nach links. »Tu das nicht«, schrie ich. »Du machst mir nur noch mehr Angst.«

»Ich muss steuern, um uns ans Ziel zu bringen«, sagte er. »Außerdem tue ich bloß, was Fallschirmspringer normalerweise tun sollten.«

In diesem Augenblick spürte ich es an meinem Handgelenk. Ich hatte dem Babalawo einen weiteren Besuch abgestattet. Mein neues Schicksalsarmband, es war da an meinem Arm – unversehrt. Möglicherweise würde ich aus dieser Sache doch heil herauskommen.

Ich begann wieder zu kichern. »Zeit des Gleitens« wird dieser Zustand genannt. Plötzlich hatte ich keine Angst mehr. Das Fallen war zum Fliegen geworden. Jetzt trieben wir durch die Lüfte. Es war wie auf einer riesigen Achterbahn. Anstatt so viel Angst und Schrecken zu empfinden, war es wohl höchste Zeit, die Reise zu genießen.

Nichole ging es gut. In New York hatte sie einen passenden

Job und ein angenehmes Leben. Sie fehlte mir daheim, aber für uns beide hatte eine neue Lebensphase angefangen.

Ihr Vater war ebenfalls wohlauf. Er lebte nun seit drei Jahren abstinent und hatte intensiv an der Beziehung zu seiner Tochter gearbeitet. Dann aber hatte er plötzlich zwischen Leben und Tod geschwebt. Der Anruf hatte mich mitten in der Woche erreicht: Er musste sich einer Herzoperation unterziehen. An sieben Stellen waren Bypässe zu setzen. Die Ärzte wussten nicht, ob das gelingen würde, aber die Operation verlief erfolgreich. Soweit man einem Menschen das Leben auf diesem Planeten garantieren kann, wurden ihm zumindest weitere zehn Jahre gegeben.

»Ist Papa nicht lieb und wunderbar und klug?«, hatte Nichole mich kurz nach der Operation gefragt. Für einen Augenblick musste ich den ganzen Kummer wegen meiner gescheiterten Ehe hinunterschlucken. Nach der Scheidung und besonders nach dem Tod meines Sohnes hatte ich immer wieder mit mir gehadert und mich gefragt, ob meine Entscheidung wirklich richtig gewesen war. Vielleicht brauchte David die Erfahrungen, die er infolge der Trennung machte, genauso dringend wie ich die meinen. Ich liebte ihn und würde ihn immer lieben. Deshalb konnte ich zu Nichole nur sagen: »Ich bin froh, dass du jetzt siehst, in was für einen wunderbaren Mann, brillanten Therapeuten und liebenswürdigen Menschen ich mich verliebt habe, um ihn dann zu heiraten. Das ist der wahre Charakter deines Vaters.«

Und Scotty? Auf seltsame Weise spürte ich, dass er sich in relativ gesunder Verfassung befand. In der vergangenen Woche hatte er mich angerufen. Von Zeit zu Zeit war auch mir schon der Gedanke gekommen, mich bei ihm zu melden, aber ich hatte Angst, allzu genau nachzuforschen. Manchmal wusste ich nicht, ob er tot oder am Leben war.

»Hallo Kleine, wie geht es dir?«, hatte er gefragt.

»Gut, und dir?«, hatte ich zurück gefragt.

Dann war eine sehr lange Pause entstanden. »Liebling«, hatte er gesagt, »mir geht's nicht besonders. Letzte Woche war ich am Dialysegerät. Es wird ziemlich schwer. Damit komme ich zum Anlass meines Anrufs und zu dem, was ich dir jetzt sagen möchte. Du hast mir erklärt, wie wichtig ich für dich bin. Ich glaube, du hast keine Vorstellung davon, wie sehr ich dich liebe. Und ich möchte mich entschuldigen für jeden Schmerz, den ich dir zugefügt habe. Ich versuche dir zu helfen, ob wir zusammen sind oder nicht, indem ich dir positive Energie und Gedanken sende. Ich weiß, dass du mich nach Shanes Tod sehr gebraucht hast. Ich rufe dich nur an, um zu sehen, ob's dir gut gehen wird und ob du bereit bist, mich loszulassen. Ich werde müde.«

»Erinnerst du dich noch, worum ich dich gebeten habe, als du nach Shanes Tod wieder in mein Leben getreten bist?«, hatte ich ihn gefragt. »Ich habe dich gebeten, mich in die magischen Geheimnisse einzuweihen. Woraufhin du mir geantwortet hast, ich solle mich an das erinnern, was ich schon weiß. Du hast mir viel beigebracht. Aber du hast mir immer noch nicht alles beigebracht, was *du* weißt.«

»Ist dir noch gegenwärtig, was Yoda sagte, kurz bevor er starb?«, hatte Scotty erwidert, auf einen jener *Star-Wars*-Filme anspielend, die wir uns oft zusammen angeschaut hatten. Luke Skywalker, der lernte, ein Jedi zu sein, war Hilfe suchend zu Yoda gegangen. Aber der lag inzwischen auf dem Sterbebett, war krank, alt und müde. Skywalker sagte zu ihm, er dürfe nicht sterben, er müsse dableiben und ihn unterrichten. Yoda erwiderte, dank der Kraft sei er zwar stark, aber nicht übermächtig. Der Tod gehöre zum Lauf der Dinge, sei Ausdruck der Kraft. Er gab Luke zu verstehen, dass dieser bereits alles Nötige gelernt habe, um ein Krieger zu werden.

»Du warst eine gute Schülerin«, hatte Scotty gesagt. »Vergiss nicht: Die Stärke eines Kriegers stammt aus der Kraft. Und hüte dich vor der dunklen Seite«, hatte er in Anlehnung an Yoda hinzugefügt. »Sobald du den dunklen Weg beschreitest, wird er immer über dein Schicksal bestimmen.«

Weiter hatte er gesagt: »Sei dir über eines stets im Klaren. Du bist dann am schönsten, wenn du verliebt bist. Nicht in einen Mann, sondern in das Leben, sodass du förmlich glühst. Ich habe dich an den Rand des Universums geführt und dann wieder hierher gebracht. Du weißt, dass du wohlauf bist – wohin dich das Leben auch treibt, was immer geschieht, wohin du deine Schritte lenkst. Und wenn ich meine Sache gut mache, wenn ich im Fluss bleibe und das Nächste tue, wird selbst der Tod nicht allzu schlimm sein. Er ist der nächste Augenblick in meinem Leben.«

Erneut war eine lange Pause entstanden. Ich hatte geschwiegen.

»Ich warte auf deine Antwort«, hatte Scotty gesagt.

»Mir wird's gut gehen«, hatte ich erwidert. »Du kannst dich zurückziehen.«

Vielleicht, dachte ich jetzt, Richtung Erde schwebend, *fühlt sich so wahres Loslassen an.*

»Ich werde jetzt die Haken an unserer Hüfte losmachen«, sagte Andy. Ich spürte, wie er nach dem linken Haken griff.

»Ja nicht!«, schrie ich. »Was ist, wenn ich ohne dich falle?«

»Wirst du nicht«, versicherte er. »Zieh die Knie an. Heb sie hoch in die Luft. Der Wind bläst stark. Ich weiß nicht, was für eine Landung wir hinlegen werden. Eventuell müssen wir über den Boden gleiten.«

Die Erde rückte immer näher, die Schwerkraft zog uns unerbittlich nach unten. Dieser Sturz aus dem Himmel war mir entsetzlich lang erschienen, zumal in der Angst. Plötzlich aber wurde mir bewusst, wie kurz wir uns in der Luft aufgehalten hatten. Meine Füße berührten im selben Augenblick den Boden wie die von Andy. Wir liefen noch ein paar Meter weiter. Der Fallschirm fiel in sich zusammen und senkte sich hinter uns herab.

Ganz sanft, als würden wir den nächsten notwendigen Schritt tun, landeten wir auf den Füßen. *Aha, so fühlt es sich an, wenn man auf die Erde kommt*, dachte ich.

Der Mann mit der Videokamera wartete schon. Er rannte auf uns zu, hielt mir die Kamera vors Gesicht. Ich hatte den Wunsch gehabt, das ganze Unternehmen aufzuzeichnen, damit ich es mir später in Ruhe anschauen konnte. Ich hoffte nur, dass die kleine Episode oben vor der Tür nicht auch auf dem Film war.

»Herzlichen Glückwunsch!«, sagte er. »Sie haben's geschafft. Sie sind gesprungen.«

Ich fuhr mir mit der Hand durchs Haar. »Nicht wirklich«, erwiderte ich, auf Andy zeigend. »Nicht ich bin gesprungen. Er hat mich durch die Türöffnung geschoben.«

»Ich habe dich nicht geschoben«, sagte Andy, »sondern gezogen.«

»Wie fühlen Sie sich?«, fragte der Mann.

Ich holte tief Luft.

»Ich will noch einmal springen.«

∽

»Denken Sie daran, dass Sie sich nie im Nachhinein kritisieren dürfen«, sagte der Babalawo, als er mir das neue Schicksalsarmband um das Handgelenk band. »Leben Sie nicht vom Kopf her. Tun Sie nur das, was Sie tief im Herzen fühlen.« Er deutete auf einige Aktenschränke.

»Alle Geheimnisse des Schicksals, die im Laufe der Jahre zusammengetragen wurden, befinden sich in diesen Ordnern«, sagte er, während er eine Schublade herauszog. »Sie wurden an mich weiter gegeben. Ich habe das Gefühl, dass Sie eines Tages darüber schreiben werden. Sie werden der Welt einige dieser Geheimnisse mitteilen.«

Ich zuckte mit den Schultern und schwieg. Sogar das Schicksal konnte sich irren.

Danksagung

Zunächst möchte ich Gott, meiner Höheren Macht, für all die Gaben und Gunstbeweise danken – sowie für den Beistand bei der Niederschrift dieses Buches.

Die folgenden Personen haben weit mehr als ein »Dankeschön« verdient:

Meine Mutter für alles, was sie durchgemacht hat, für all ihre Geschenke, ihre unverbrüchliche Liebe und ihr nie erlahmendes Interesse – sowie dafür, dass sie mich in diese Welt gebracht und aufgezogen hat, was immer das im Einzelnen bedeutet haben mag.

Mein Vater für seine Geschenke und seine Liebe – und dafür, dass er freiwillig die Herausforderung annahm, mein Papa zu sein.

Meine Kinder, die jetzt an verschiedenen Orten leben, für ihre unschätzbare Hilfe, Ermutigung und Liebe: Shane, Nichole und John mitsamt seiner Familie – Jeanette, Brandon und Courtney.

Kyle Mathews, meinem besten Freund und Ex-Geschäftspartner in der Buchhandlung (möge sie in Frieden ruhen), für seine wichtige tägliche, manchmal sogar stündliche Unterstützung und Ermunterung, seinen Ansporn und Elan, seine Einsichten und Bestätigungen, seinen Glauben an mich und an dieses Buch – und dafür, dass er meinen Seufzern und Klagen immer wieder bereitwillig Gehör schenkte. »Schreib einfach deine kleinen Geschichten«, sagte er oft. »Am Ende werden sie sich schon zusammenfügen.«

Francisco für seine Gebete und seine geistige Unterstützung – sowie dafür, dass er mich mit dem Babalawo bekannt gemacht hat.

Der Babalawo – dafür, dass er mir sein Herz öffnete und neue Lektionen beibrachte.

Louie – dafür, dass er an mich glaubte und mich dabei unterstützt hat, ins Leben zurückzukehren und dieses Buch zu schreiben.

Die Bodines – Mae, Echo, Michael, Katie, Bianca und mein wunderbarer Patensohn Blake – für ihre Liebe, ihren Rat und ihre enge Freundschaft.

David – dafür, dass er der Vater meiner Kinder ist, und dafür, dass er mir geholfen hat, meine Co-Abhängigkeit besser zu verstehen.

Scotty für seine Liebe und für alles, was er mir beigebracht hat.

Andy für seine Geduld und Entschlossenheit, mir das Fallschirmspringen beizubringen, sowie sämtliche Mitarbeiter der Fallschirmspringerschule in Elsinore.

Michael – dafür, dass er mich in die Kunst des Fallschirmspringens einführte.

Becky, Karen, David, Joe, Vickie, Clay und das gesamte Personal der *Hazelden Information and Educational Services* – dafür, dass sie mich erneut mit offenen Armen empfangen haben, sowie für ihre Geduld, ihren Glauben, ihre Fertigkeiten, ihre Integrität und Hingabe. Dieses Projekt ist das Ergebnis einer gemeinsamen Anstrengung, und ich fühle mich geehrt, Teil des Teams zu sein.

Schließlich Ann und Elizabeth Poe – dafür, dass sie ihre außergewöhnlichen, geschärften redaktionellen Fähigkeiten in letzter Minute mit eingebracht und mich nicht selten aufgerichtet haben, als wir uns mit diesem Buch schreiend der Ziellinie näherten.